광주학총서 **11**

근현대
광주 사람들

광주학총서 11

근현대
광주 사람들

초판 1쇄 찍은 날 2021년 12월 15일
초판 1쇄 펴낸 날 2021년 12월 20일

지은이 이동순, 김허경, 박경섭, 주광, 천득염, 김현숙, 전용호, 정철훈, 신은주, 박선희

펴낸곳 (재)광주광역시 광주문화재단
발행부서 (재)광주광역시 광주문화재단 문화융합본부 지역콘텐츠팀
　　　　61636 광주광역시 남구 천변좌로 338번길 7(구동)
　　　　전화 062-670-7492

만든곳 도서출판 심미안
주소 61489 광주광역시 동구 천변우로 487(학동) 2층
전화 062-651-6968
팩스 062-651-9690
메일 simmian21@hanmail.net
블로그 blog.naver.com/munhakdlesimmian
등록 2003년 3월 13일 제05-01-0268호

값 16,000원
ISBN 978-89-6381-376-9 03900
간행물등록번호 11-B553052-0000013-10

광주학총서 11

근현대
광주 사람들

이동순 김허경 박경섭 주 광 천득염
김현숙 전용호 정철훈 신은주 박선희

심미안   광주문화재단
Gwangju Cultural Foundation

나는, 우리는 어디에서 왔으며 어떤 사람들과 함께 이 시대를 살아가고 있는가. 내가 발 딛고 서 있는 이 도시와, 장소와 뿌리에 대해 알고 싶어하는 마음은 특정 분야를 넘어 모든 사람들의 공통된 욕구일 것이다. 타인과 다른 나만의 색깔을 찾아 헤매듯 내 지역과 공동체의 정체성을 알고 싶고 공감대를 확인하고 싶은 그 마음을 조금이나마 함께 해소하고자 마련한 자리가 '광주학 콜로키움'이다. 광주학 콜로키움이 2015년부터 올해까지 32회차를 열어왔다는 것은 새삼 우리가 지역 고유의 문화·예술·역사에 대한 갈증이 얼마나 컸던가를 돌이켜보게 한다.

광주학 콜로키움은 2015년 6월 '광주학 어떻게 할 것인가'를 주제로 처음 문을 열었으며, 2018년까지 광주 고대사의 흔적들과 불교 및 백제유적, 광주천의 다리와 지명, 읍성과 광주 정신의 기원 등 우리 지역의 유구한 역사적 윤곽을 그려왔다. 그리고 2020년부터 최근 2년간 일제강점기부터 격변의 근현대사를 살아온 광주의 '사람들'과 '예술가'를 조망하면서, 우리 지역의 과거의 현재의 거울을 함께 비추어 보는 시간을 가졌다.

2020년 광주학 콜로키움에서는 "근현대 광주 사람들"을 테마로 노블레스 오블리주 정신을 실천해온 일제강점기 부자들에 대한 이야기, 광주의 서양화단을 개척해온 사람들과 화단의 역사, 급격한 도시화의 영향을 받았던 광주천과 주변 사람들, 광주를 노래한 대중음악가들, 그리고 근현대 광주 건축의 역사와 김태만의 건축세계 등을 온·오프라인 강좌를 통해 시민들과 공유하는 자리를 마련했다.

또한 "근현대 광주 예술가들"이라는 테마로 진행한 2021년 광주학 콜로키움에서는 1980년대 전후 광주의 민중예술운동을 살펴보고, 아동 음악가 정근, 명창 박동실, 무용가 박금자, 시인 김태오를 차례로 집중 조망하면서 우리 지역 출신 예술가들의 독보적인 활동과 작품을 소개하였다.

하지만 일회성의 강좌만으로는 그동안 발굴해온 광주 문화자산의 가치가 자칫 휘발될 수 있음을 참여자들 모두가 우려하였고, 이에 10개의 강좌를 맡은 발제자들이 직접 귀한 자료와 원고를 한 권의 책으로 녹여내는 작업에 함께하게 되었다. 하루가 멀다 하고 사라져가는 근현대 문화유산 중에서도 특히 인물자원은 누군가 기억하고 기록하지 않으면 잊히기 쉬운 무형의 자산이라는 점에서 이번 광주학 총서는 의미가 깊다.

특히, 그동안 우리에게 활동의 면모가 잘 알려지지 않았던 인물을 새롭게 발굴하고 알리는 데 의의를 두었으나, 그럼에도 이 한 권에 담지 않았거나 미처 담지 못한 인물들이 훨씬 더 많다. 앞으로 우리 도시의 문화적 가치들을 발굴하는 여정이 너나 할 것 없이 계속 이어지기를 바란다.

이런 의미 있는 길에 초석을 닦고 방향을 함께 고민해준 천득염 원장님, 이동순 교수님을 비롯하여 광주학 콜로키움을 같이 만들어온 전문위원님들께 깊은 감사를 드린다.

2021년 12월
광주문화재단

차례

01

광주의 노블레스들

이동순 조선대학교 자유전공학부 교수

근대 광주의 유지들이 광주의 가난한 사람들을 위하여 헌신과 봉사, 나눔을 실천하였던 사례는 광주가 아름다운 도시였다는 것을 말해준다. 근대 광주 사람들이 보여준 나눔, 더불어 함께 살았던 아름다운 가치를 실현한 모습은 광주 사람들의 시대정신이다. 이들은 시대정신을 어떤 합리적인 근거들이나 이론적인 뒷받침을 통해서 증명하는 것이 아니라 구체적인 삶으로 증명하였다. 그런 점에서 후대에게 어떻게 살아야 하는지 그 기준을 제시해준 많은 단체와 개인들의 나눔과 걸인공제조합과 궁민구제연구회, 계유구락부의 활동은 모범적이었다.

광주의 노블레스들
– 아름다운 나눔과 보듬의 공동체

머리말

근대 광주에 처음으로 들어온 일본인은 전라도 관찰사 윤흥렬을 등에 업고 온 오꾸무라엔싱(奧村圓心)과 여동생 오꾸무라이오꼬(奧村五百子)다. 이들은 본원사를 짓고 일본인들 유입의 발판을 마련한 가운데 일제 자본가들이 총독부와 함께 충장로 일대를 장악했다. 일본 요리집이 들어섰고 가설극장 형태의 영화관이 문을 열었다. 광주 권번에서는 기생들이 소리를 했고 또 일부 소리꾼들은 '양명사'라는 창극단을 꾸려 무대에 공연을 올렸다. 다양한 형태의 문화가 습합과 이접의 양상을 거듭한 가운데 근대도시 광주의 규모는 점차 커졌다.

그런 한편 서양의 선교사들이 양림동에 터를 잡고 병원과 학교를 세워 의료와 교육의 도시가 되어갔다. 교회는 신자들이 많아졌고, 찬송가와 더불어 서양의 음악이 들어왔다. 도시라고는 했지만 여전히 농경 중심의 산업기반을 유지하고 있었던 광주는 일제의 자본 상징인 종연방적이 새로운 형태의 산업시설로 자리 잡았다. 뒤이어 면화와 생사, 직물을 생산하는 공장을 임동에 신설했다. 그곳에서 어린 소녀들은 직공이 되어 열악한 노동환경과 저임금 시달리면서 일했다. 수백 년 광주를 지켜온 광주 읍성은 허물어지고 그 자리에는 조선총독부가 산하의 기관들이 들어섰다. 일제가 점령한 광주의 모습도 변해갔다.

일제의 식민통치와 자본력을 앞세운 일본 상인들의 의도와 달리 광주는

〈매일신보〉, 1920. 3. 4.

잠식되기는커녕 오히려 더 활발한 자치활동과 민족자본으로 대응했다. 광주는 여타의 지역과 달리 호남은행을 설립하여 민족자본으로 일제에 대응했다. 호남은행은 광주군 광주면 북문통 9번지에 자리를 잡고 1920년 8월 16일에 '호남은행 창립총회'를 열었다. 취체역에 김형옥(金衡玉), 현준호(玄俊鎬), 김상섭(金商燮), 문재철(文在喆), 차남경(車南鏡), 김병로(金炳魯), 정수태(丁秀泰), 고광준(高光駿), 최종남(崔鍾南)이, 감사역에 박현경(朴賢景), 박하준(朴夏駿), 지응현(池應鉉), 박종식(朴鍾息), 오완기(吳完基)가 피선되었다. 다음 날 취체역 회의를 개최하고 선한 결과 두취에 김상섭(金商燮), 전무 취체역에 현준호(玄俊鎬), 지배인에 이항종(李恒鍾)이 피선되었다. 일제에 맞서 민족자본을 형성하기 위해 설립한 호남은행 창립에 함께한 사람들은 목포의 자본가 김상섭, 영암 출신의 대지주 현준호, 변호사인 순창 출신의 김병로와 김영무, 창평 출신의 지주 고광준, 무안 출신의 지주 차남진, 광산군의 대지주이자 시인 박용철의 아버지 박하준, 담양 출신의 지주 지응현, 곡성 출신의 지주 정수태 등이었다. 호남은행은 5개의 지점을 거느린 은행으로 성장해 나갔다. 민족자본으로 대응하는 한편, 지역민들을 위하여 유지들의 기부 문화도 형성되었다. 최명구가 가장 앞장섰다.

全南 光州郡 효천면 陽林리 崔命龜氏는 萬與圓의 자기 財産을 들여 光州 邑內에 興學官이라는 집을 크게 建築하여 公會堂과 같이 사용하기로 광주 一般社會에 寄贈하였다. 지난 3일 回甲을 맞이하여 官民 300명을 招待하고 興學官 落成式을 거행하였다. (…) 다음 날에는 崔命龜가 임의 주최한 湖南 庭球大會를 열었는데 1등 선수 김용훈과 최석채에게는 20원이나 되는 모본

단 우승기와 70원이나 되는 銀時計 2개를 상으로 수여하였다. 그리고 5등
까지 多數의 上品을 授與하였는데 一代 盛況을 이뤘다. 湖南 일대에 이러한
公共事業의 慈善家는 오늘날 처음으로 나타났다.[1]

양림동에 살았던 최명구(崔命龜, 1852~1931)는 1921년 4월, 회갑에 맞
춰 흥학관을 완공하여 광주 사회에 기증하였다. 그 자리에는 관민 300명
이 초대되었으며 한바탕 잔치가 벌어졌다. 호남정구대회도 열렸다. 최명구
는 흥학관을 기증함으로써 '호남 최초의 공공사업의 자선가'로 나눔을 실천
한 사람이 되었다. 덕분에 흥학관은 광주의 중요한 일을 결정하는 장소가
되었다. 광주청년회와 광주청년연맹, 광주소년운동연맹, 신간회 광주지부,
광주부인회가 탄생했다. 광주소작인대회를 비롯하여 전남 123개 단체 노
동연합대회와 광주전남 지역사회의 문제를 토론하고 결정하는 진보적 활
동의 거점이 되었다. 뿐만 아니라 시대를 고민하고 시대를 돌파하고자 하
였던 광주 사람들이 비밀결사를 도모하는 한편으로 부당함에 목소리를 함
께 높였던 민족운동의 근거지가 되었다.

또 대지주였던 지응현(池應鉉, 1869~1959)은 서로득 목사가 운영하던
'숭명교(崇明校)'에 운동장으로 150평을 기부하였고[2] 지금의 쌍촌동에 '응
세농사훈련소(應世農事訓練所)'를 세우고 훈련생에게 농사경영법을 전수
하면서 24명 전원에게 1개월 동안 강습비를 비롯한 학용품과 식사비 등 일

---

1   〈매일신보〉, 1921. 4. 15.

2   〈동아일보〉, 1927. 12. 5.

〈매일신보〉, 1921. 4. 15.

체를 무료로 제공하였다.[3] 최명구와 지응현에 이어 '양파정'을 지은 정낙교(鄭洛敎, 1863~1938)는 1925년에 광주청년회관이 불에 타 소실된 것을 신축하기 위하여 광주청년회관 1만 원의 부지 1,300평과 3만 원을 들여 건물을 신축하여 기증[4]하였다. 최명구의 기부에 이은 지응현과 정낙교의 기부로 지주들도 지역사회와 함께하는 공동체를 모색하였다. 또한 가난한 사람들과 더불어 사는 방법을 모색하고 실천함으로써 근대 광주정신의 초석을 다졌다. 이 글에서는 나눔과 보듬의 공동체를 만들어 나갔던 1920년대와 1930년대의 핵심 단체를 중심으로 단체의 활동과 회원들의 발길을 따라가 보고자 한다.

광주의 사회운동단체들

광주에는 일제의 탄압과 지역사회의 부조리에 맞서는 청년단체들이 조직되어 활동하였다. 먼저 1920년에 '전남구락부(全南俱樂部)'가 조직되었다. '전남구락부'는 순회강연단을 조직해서 제1대는 양원모, 김안식, 최영

---

3   〈동아일보〉, 1934. 12. 19.
4   〈동아일보〉, 1926. 7. 28.

욱, 설병호, 박봉의, 오석균, 제2대는 정수태, 서우석, 차남진, 국기열, 최남립이 연사로 나서서 담양, 곡성, 영광, 함평, 목포, 나주와 해남, 강진, 장흥, 병영, 영암 등 각지를 순회하며 강연을 했다.[5] 강연을 통해 민족운동과 계몽운동을 했다.

이때 광주청년회는 조선민권해방을 강령 삼아 광주보통학교에서 경영하던 사업을 그대로 이어받음과 동시에 여성해방을 목표로 여자야학을 시작하였다. 그러다가 여자야학은 광주여자청년회에게 양도하고 학령이 초과된 농촌 청년들을 위하여 청년학원을 경영하였다. 4년 동안에 그곳을 거쳐 간 청년이 수백 명이 되었다. 그런 한편으로 조선물산장려운동의 일환으로 광주 시내를 돌며 시위하고 선전을 했다. 광주청년회는 계급적 단결로 해방운동의 전위가 되어 민중 본위의 신사회 건설을 목표로 하는 강령을 제시한 가운데 적극적 투쟁을 전개하였다. 그 과정에서는 광주청년회관이 전소되기도 하는 어려움을 겪었다. 그럼에도 불구하고 다시 운동의 통일과 충실을 도모하기 위하여 광주협회를 창립하여 활동하였다. 광주협회는 민족운동과 노동운동에 앞장선 청년단체로 전흥선과 김재명 등이 앞장섰다.

1920년에 서정희, 김용기를 중심으로 창립된 광주노동공제회는 착취당하는 소작인을 위하여 소작운동을 일으키고 각 면에 소작인회를 조직하였다. 그리고 각종 노동단체를 조직하여 착취계급에 반기를 들고, 일반 무산 아동을 위해서 노동야학을 운영하였다. 5년 만에 수백 명의 문맹을 퇴치하였으며 조선 기아구제회에서 제2차 구제금으로 보내온 400원을 기초로 노동자 합숙소인 '비한사'를 세우기로 광주청년회와 협의하였다. 광주기독청년회는 1921년 창립, 이사제에 서무, 교육, 운동, 사교, 종료 등의 부서로 나누어 활동했고, 광주유치원과 서북 여자야학 등을 운영했다. 그리고 1924년부터는 농촌사업에 착수하여 시내에서 가까운 8개 촌부락에 농촌 사업반을 조직하여 산업장려, 교육 등에 치중하였다. 최흥종, 김철 등이 진력하였다. 전남청년연맹은 전남의 청년운동을 통일하기 위하여 1923년에 창립하여 전남 각지의 청년단체 70여 개의 세포 단체들을 설치하여 서무, 교양, 조사 등의 부서에서 중앙집행위원 15명이 사무를 분담하였다. 상

---

5 〈동아일보〉, 1920. 8. 8.

무위원은 유혁, 송동현, 이일선, 박공근, 김용환 등이었다. 광주여자청년회는 1923년에 김홍은, 윤경옥, 정순이, 정은순 등의 발기로 창립되었다. 회원은 50여 명에 달했다. 위원제에 서무, 교양, 조사, 사회 등의 부서를 나누어 활동하였고 여자야학을 경영하였다.

해방운동자동맹은 1925년에 임문호, 전수, 조극환, 강석봉의 발기로 창립한 뒤 전남운동에 대한 정책을 수립하며 이론과 전술을 연구하였다. 광주신우회도 사회운동에 희생적으로 투쟁하는 18명이 결속하여 사상연구에만 치중하였으나 1924년부터는 총 간사제로 서무, 노동, 교양 등의 부서를 두고 실제 운동에 착수하여 적극적으로 투쟁하였다. 강석봉, 지용수가 가장 노력하였다. 광주소년회도 1926년 7월 박오봉, 서재익 등의 발기로 회원 26명이 창립한 뒤 서무, 체육, 지육부를 두고 위원제로 운영하였다. 광주점원청년회는 유한욱, 이성식 씨의 발기로 광주 시내 각 상점에서 노동하는 청년 130여 명으로 창립하였는데, 서무, 재무, 교양, 구호 4부를 설치하였다. 회무를 분담케 하고 자체수양을 위하여 기회 있는 대로 강습회 등을 개최하였다. 광주형평청년회는 1926년 2월 김갑수, 조영규 씨 등의 발기로 회원 50여 명 창립하였다. 집행위원 9명이 서무, 교양, 구호, 운동 등의 사무를 분담하였다.

인쇄직공조합은 1919년 김성옥 씨 등의 발기로 조합원 60여 명이 위원제로 서무, 교양, 조사, 구호 등의 부서를 설치하였다. 자유노동조합은 1926년 4월 중 노명석, 최준영 등의 발기로 조합원 170여 명이 창립하였다. 위원제로 서무, 교양, 조사, 구호 등의 부서를 설치하였다. 광주이발직공조합은 1926년 3월 중에 조합원 26명이 창립하였다. 위원제로 서무, 교양, 조사, 구호 등의 부서를 설치하였다. 정미노동조합은 1926년 2월 중에 장순기, 김정석 씨 등의 발기로 조합원 200여 명이 창립하였다. 위원제로 서무, 교양, 조사, 구호 등의 부서를 설치하였다. 광주철공조합은 1925년 11월 중에 한길상, 김종식 씨 등의 발기로 조합원 70여 명이 창립하였다. 위원제로 서무, 교양, 조사, 구호 등의 부서를 설치하였다. 광주면 소작인회는 1923년 3월 중에 최종섭, 최영균 씨 등의 발기로 수백여 명 회원으로 창립되었다. 위원제로 서무, 교양, 조사, 구호 등의 부서를 설치하였다. 착취에 급급하여 여념이 없는 지주계급에 대항하여 4년 동안 적극적으로 투쟁하는 반면에 많은 희생도 냈다.

이 밖에도 십팔회, 광산회, 광주근로공제회, 여자기독청년회, 북문외일려청년회, 남문외일려청년회, 광주인쇄공청년회, 광주마차부조합, 광주임은노동조합, 광주토목공조합, 광주소작인회연합회, 광주임금노동조합, 자동차운전사조합, 토목공조합, 광주소작인회, 광주소년군, 광주정구단, 화성단, 육영단 등[6]이 결성되어 활동하였다.[7] 여기에 재만동포옹호동맹이 결성되어 활동했는데 위원은 정수태, 최홍기, 전홍, 서광설, 인두환, 심덕선, 최상식, 김상순, 김용철, 현준호, 최한영, 김양실, 강태성, 차문걸, 문태곤, 김용환, 김태오, 조우선, 최종섭, 서우석, 전문기, 최선식, 장석천, 김재명, 지창선, 손종채, 최영균[8] 등이었다. 만주의 동포구제에도 노력했다. 이 단체들은 서로 상호협력하고 연대하면서 지역사회운동과 민족운동에 심혈을 기울였다. 도시의 규모가 커지자 광주로 유입해 온 인구가 급속도로 증가했다. 그에 따른 문제들이 발생했다. 오갈 데 없는 걸인들과 집 없는 사람들이 많아졌다. 그 문제를 해결하기 위해서 나선 사람들이 있었다. 단체를 만들어 가난한 사람들과 함께 살고자 했다. 대표적으로 걸인공제조합과 궁민구제연구회를 들 수 있다.

궁민을 보듬은 단체와 사람들

걸인공제조합

걸인공제조합은 1930년 12월 1일에 설립했다. 걸인공제조합이 결성된 배경을 짐작할 수 있는 의미 있는 기사가 있다. 기사 내용은 1927년 10월 25일, 현준호의 집 대문 앞에는 앞을 못 보고 다리를 저는 남녀노소 걸인들이 수백 명이 모였다. 수년 전부터 매월 음력 보름과 그믐을 정하여 걸인구제를 해 왔던 터라, 그날도 역시 사방에서 모여든 남녀 걸인이 약 200명이 넘었다. 모인 사람들에게 모두 금전을 나눠주었는데 그날 나눠준 금액은

---

6   〈시대일보〉, 1925. 6. 30.

7   〈동아일보〉, 1926. 10. 2.

8   〈중외일보〉, 1927. 12. 24.

人類愛의發露

基本金一萬圓으로
乞人共濟組合創立
今年內에完成을計劃
光州官民의此美擧!

勤勞精神을培養

共組發起와經緯

門前에乞人群
玄俊鎬氏의慈善

2

六千圓基本金으로
乞人收容所
◇光州에새로생겨
공제조합을조직해가지고

3

1 걸인공제조합, 〈매일신보〉, 1930. 7. 22.
2 현준호 걸인구제, 〈조선일보〉, 1927. 10. 29.
3 걸인공제조합설립, 〈동아일보〉, 1930. 12. 8.

15원이었다. 한 달이면 30여 원이나 되었다.[9] 현준호의 자선을 보도한 것이기는 하지만 보도의 내용을 보면 광주에 걸인들이 많았다는 것이고 개인이 해결하고 있었던 것이다. 그래서 광주의 유지들은 걸인 문제를 고민하였고 문제를 해결하기 위해 나선 것이다. 구체적인 계획을 세워 실행에 옮기기 위해 걸인공제조합을 설립했는데 과정을 들여다보면 그럴 수밖에 없었던 사정을 알 수 있다.

광주경찰서에서 1930년 1월 30일 경찰을 총동원하여 시내에 걸인 26명을 검속하고 3일 동안 조사했다. 그 결과 아픈 사람들은 광주불교자광회에 수용하고 건강한 사람들은 철도공사에서 일할 수 있도록 했다. 그리고 나머지는 여비를 주어 고향으로 돌려보냈다.[10] 조선의 보고였다고 보도될 만큼 물산이 풍부했고 부자도 많았던 광주에는 걸인도 많았던 것이다. 많은 걸인을 구제하기 위해서 지방의 유지와 경찰은 6천 원의 기본금을 마련하여 걸인공제조합을 설립했다. 걸인공제조합의 조합장은 최상현이고 부조합장은 최선진, 이사는 박계일, 평의원은 최준기, 김기호, 지덕선, 이기호, 김상준, 이경필, 문진행, 현준호, 지응현, 정낙교였다. 걸인공제조합을 설립한 후 1930년 12월 1일에 광주 동구 금정 81번지에 임시수용소를 세웠다. 임시수용소에 일차적으로 어린이와 장애우 15명을 먼저 수용했다.[11] 유리걸식하던 걸인들을 구제할 목적으로 지방 유지들이 설립했던 걸인공제조합이 설립된 이후에도 박하신은 3천 원을, 박하준은 1백 원을 조합에 기부하였다.[12] 그날도 경찰은 걸인을 닥치는 대로 잡아들였다. 30여 명이나 되었는데 신원을 조사하여 본적지로 송환하고 무의무탁한 걸인들만 공제조합에 수용하였다.[13]

걸인공제조합장인 최상현은 흥학관을 지어 기부한 최명구의 장남으로 묵묵히 지역사회에 헌신하였다. 부조합장인 최선진은 호남은행 창립 발기인이자 이사로 목화와 쌀, 가마니 장사로 재산을 축적했다. 축적한 자본으

---

9 〈조선일보〉, 1927. 10. 29.
10 〈동아일보〉, 1930. 2. 19.
11 〈동아일보〉, 1930. 12. 8.
12 〈동아일보〉, 1932. 3. 7.
13 〈동아일보〉, 1932. 3. 7.

로 사립학교를 세우기 위해 8명이 설립추진위원회를 구성해서 1921년 지금의 광주세무서 자리에 광주사립호남보통학교를 설립했다. 한편으로 여객운송사업을 시작했다. 또한 1935년에는 자본금 30만 원으로 광주극장을 개관한 데 이어서 송정리에는 송정극장, 충남 강경에는 강경극장을 운영했다. 또한 조선인만 채용해서 꾸린 전남인쇄소를 차리고 인쇄와 도서를 간행하는 등 사업의 영역도 확장해 나갔다. 활발한 경제활동으로 남긴 이윤으로는 학교를 세워 인재를 양성했다. 박하신과 박하준은 광산구의 대지주이자 민족운동가다. 박하준은 시인 박용철의 부친으로 조선총독부가 수탈을 위해 조성하겠다는 송정수리조합을 끝까지 반대하여 관철시키기도 했다.

> 걸인! 걸인! 불쌍한 걸인 걸인이 생기는 원인이 무엇인가를 찾아서 그 원인을 꿋침이 근본 문제일 것이다. 그 근본 문제는 그만두고 다만 지엽 문제일망정 우선 그 걸인을 구제하여야 하겠다는 몇몇 유지의 열정의 결성으로 작년 12월에 비로소 생긴 것이 광주의 걸인공제조합이다. 목하 삼십여 명의 청소년 걸인을 수영하고 교양 혹은 생활의 기초를 주려고 노력하는 금일이다. 그 조합이 생긴 이후 음조에 뜻이 깊은 각 방면 인사로부터 간혹 누가 보내는 줄 모르는 물품이 들어오는 일이 있었는데 금번 추석 명절을 앞두고 광목 두 필을 또한 무명씨의 이름으로 보내는 이가 있어 시접낫치해서 요긴하게 썼다는데 현재 그 조합의 간부는 보낸 사람이 누구인지 알고자 많이 고심한 나머지에 대개 누구인 것은 짐작하였으나 뜻으로 성명은 발표하지 않으나 일찍이 이 조합의 창설에 노력하든 모 방면의 인물인 듯하다는데 수용된 조합원 일동은 이 거룩한 인정의 발로에 많은 감화를 받아 더욱 진취의 피안은 결심을 하는 사람이 많다 한다.[14]

불쌍한 사람들을 위하여 드러나지 않게 나누면서 함께 사는 삶을 선택했던 유지들이 있었다는 훈훈한 기사다. 오른손이 한 일을 왼손이 모르게 했던 것이다. 그 뒤에도 혹한으로 헐벗고 굶주림에 많은 인명피해가 발생하는 지경에 이르자 기아와 동사를 방지하기 위해서 광주의 상업가와 유지들이 백

---

14 〈조선일보〉, 1931. 9. 30.

미 11두를 기부했다. 광주교회에서는 현금을 보탰다. 그래서 겨울 내내 광주 중앙교회 앞뜰에서 흰 죽을 쑤어 하루에 50~60명의 걸인들에게 따뜻한 한 끼를 제공하고 광주교 근처의 빈터에다 밤이면 잠을 잘 수 있도록 토막을 지어서 혹한을 피할 수 있게 하였다. 아름다운 사업은 2월 말까지 계속했다.[15]

뿐만 아니라 광주 유지들은 무의탁 아동들의 구제하기 위해서 광주공제 조합을 설립했다. 조합장 최상현의 뒤를 이어 호남은행장이던 현준호가 조합장을 이어받아서 지역의 범위를 넓혀서 전남공제회로 개칭한 뒤 고아들을 위한 사업에서 양로, 교화사업까지 확장하여 구제대상과 범위를 확대시켰다. 현준호는 조합장이 되면서 2천 원을 기부하고, 미수한 기부금 3천원까지 대납하여 사업을 촉진시켰다. 조선 최대의 자선기관으로 확장하고 위생시설을 겸비하도록 신관 공사까지 착수하였다.[16] 전남공제회는 소태동에 69명의 고아를 수용하고 있었지만 영구히 유지할 만한 재산이 없다는 것을 고민했다. 광주 유지들은 호남은행 2층에 모여서 장시간의 토론을 통해 10만 원의 기금을 조성하여 재단법인을 조직하기로 했다. 그 자리에서 자진 출연한 이는 현준호, 최상현, 최선진, 지창선, 손종채, 박하창, 김신석, 이홍래, 지정선, 송화식, 이병순, 문진행, 최준기, 김기호, 박계일, 최영중, 최당식, 최상순 등이었다. 소식을 들은 춘목암의 여급 일동도 십시일반으로 50원을 모아 동참하였다.[17] 이렇게 아름다운 사람들이 모여서 더불어 함께 사는 방안을 모색한 공동체가 근대 광주를 만들었다.

궁민구제연구회

궁민구제연구회는 1932년 8월 13일에 조직했다. 일제의 토지조사사업은 광주천 주변의 공유지에 살고 있던 가난한 사람들을 쫓아내고 주변을 개발하기 위해, 가난한 사람들은 그 작은 거처마저 살 수 있는 자격을 박탈하였다. 일제의 횡포는 말로는 다할 수 없이 잔혹하기만 하였다. 가난한 사람들이 갈 곳은 하늘 아래 어디에도 없었다. 나라 잃은 설움도 큰데, 이제 광주천 맑은 물에 기대어 사는 꼬막껍질을 엎어 놓은 것 같은 작은 집마저도 뺏

---

15 〈동아일보〉, 1936. 2. 4.
16 〈조선일보〉, 1935. 4. 14.
17 〈동아일보〉, 1936. 5. 14.

겨야 하는 설움이 닥치고 만 것이다. 그렇게 오갈 데 없게 된 토막민들은 대책을 요구하였지만 일제는 무대책으로 일관했다. 광주 천변에 많은 사람들이 수해와 침수로 목숨을 잃고 집을 잃은 사례가 빈번했다. 그때 광주 유지들은 어려움에 처한 사람들을 구하기 위해서 한마음으로 모였다. '궁민구제연구회'를 조직한 것이다.

> 광주읍에서 천정 일대의 빈터에다가 오막사리 집을 짓고 살아오든 궁민의 집 2백여 호를 강제로 헐어버렸음으로 올데갈데 없는 궁민 8백여 명이 도로에 방황중이라는 함은 본지에 기보하였거니와 이 소식을 들은 광주시대의 각 방면의 유지 30여 명이 지난 13일 오후 9시부터 황금정 서석의원에서 회합하야 최흥종 씨 사회를 개회하고 김재천 씨로부터 사실 보고가 있을 수 그 대책 강구로 장시간 분분한 논의를 하였다. 광주읍가옥철거구 궁민구제연구회를 조직하기로 만장일치되어 즉석에서 좌긔 부서 위원을 선정하고 동 11시 반에 산회하였다.

> | 집행위원 | 최흥종 |
> |---|---|
> | 서 무 부 | 오헌창, 최영균, 김창호 |
> | 조 사 부 | 김응모, 김유성, 진재순, 고재섭, 정인세 |
> | 교 섭 부 | 유인상, 최영욱, 김재천, 최원순, 김용환[18] |

위 보도에 따르면 1932년 8월 13일 황금동 최영욱의 병원인 서석의원에서 궁민구제연구회 설립총회를 열었다. 광주읍에서 천정 일대의 빈터에다 오막살이 집을 짓고 살던 200여 호를 강제로 헐어버려서 올 데 갈 데가 없어진 궁민 800여 명이 도로에서 취식을 하는 것을 보고 광주 유지 30여 명이 모였다. 최흥종이 사회를 보고 김재천이 취지를 설명하였다. 이어 고재섭이 궁민들이 처해 있는 사실을 보고하였다. 그래서 궁민들이 처한 상황의 심각성을 고려하고 대책을 마련하기 위한 논의 결과 '광주읍 가옥 철거구'의 궁민들을 어떻게 하면 구제할 수 있을 것인가를 연구하는 조직을 꾸

---

18 〈동아일보〉, 1932. 8. 16.

1 궁민구제연구회조직, 〈동아일보〉, 1932. 8. 16. 2 광주읍 궁민가옥 강제철거, 〈동아일보〉, 1932. 9. 1.

린 것이다. 그리고 궁민구제를 위한 대응책을 마련키 위하여 부서를 정하고 위원을 선정하였다. 집행위원에는 최흥종, 서무부는 오지창, 최영균, 김창호, 조사부는 김응모, 김유성, 진재순, 고재섭, 정인세, 교섭부는 유인상, 최영욱, 김재천, 최원순, 김용환이 맡았다.

　빼앗긴 나라 조선, 일제가 점령한 서러움도 모자라 집까지 헐어버려서 "약간은 어디로 떠나버렸으나 그 대부분은 집이 뜯겨버린 자리에다가 살림살이를 차려놓고 그야말로 속수무책의 비참한" 지경에 있었으나 "광주읍당국에서는 하등의 구제책도 세우지 않고 떠나라고 독촉"만 할 뿐이었을 때 총독 정치에 맞서서 함께 살기를 도모한다는 소식을 들은 궁민들은 눈물과 한숨으로 날을 보내다가 대책을 강구한다는 소식을 듣고 "궁민 100여 명이 회의장인 서석의원 문전에 쇄도하여 좋은 소식"[19]을 기대하며 모여들었다. 궁민들의 생활은 그만큼 절박했다.

　광주읍 천정 일대에 작은 흙집을 짓고 살던 궁민들의 가옥을 광주읍에서는 강제로 철거하는 바람에 800여 명 주민이 도로에 방황하는 참상을 더

---

19 〈동아일보〉, 1932. 9. 10.

이상 방치할 수 없다고 판단한 1932년 8월 18일 궁민구제연구회 교섭부 위원 최영욱, 김재천, 최원순, 김용환은 광주읍장과 부읍장을 직접 찾아가서 궁민들의 가옥 문제 해결을 요구하였다. 그러나 200여 호뿐만 아니라 계속 "호남정, 누문정을 동하야 약 300호"를 헐어내야 하고, "전후 2천여 명의 궁민이 도록에 방황하게 될 것"이니 "광주읍으로서도 중대한 문제"[20]라고만 할 뿐 구제대책 마련에는 미온적이었다. 그래서 궁민구제연구회는 집을 뜯겨버린 궁민 200여 호와 앞으로 뜯기게 될 300호의 궁민들을 위해 교섭부 명의로 광주읍의원 14명 전부를 시내 중앙의원 3층으로 초대하였다. 출석자는 6명에 불과했지만 최흥종의 개회사, 최원순의 취지 설명, 김재천이 경과보고를 했다. 격의 없는 간담회는 장시간의 논의 끝에 읍의원 측에서 읍의원 간친회를 열어서 궁민구제 문제를 강구하기로 했다.[21]

궁민구제연구회가 이렇게 적극적으로 나서게 된 데에는 예정대로 300여 호를 철거한다면 광주읍 총인구의 3분의 1 가량이 기거할 곳을 잃게 되는 지경이었기 때문에 이것을 어떻게라도 방지하기 위해서였다. 궁민들이 애초에 광주읍지에 무허가 가옥을 건축한 것은 잘못이었다. 하지만 광주읍지에 세운 집을 철거하더라도 적당한 이주나 이전비, 또는 신축비 등을 마련한 다음에 철거를 했어야 마땅한데 아무런 대책이 없이 광주읍에서는 무조건 철거를 해버린 것이 문제의 발단이었다. 서울이나 다른 도시에서는 전례가 없는 일이 광주에서 발생한 것이다. 그래서 광주 유지들은 분개하였고 궁민구제연구회를 조직하여 문제를 해결하기 위해 나섰던 것이다. 그러나 광주읍 당국에서는 대책을 내놓지 않았다.[22] 그래서 급기야 〈동아일보〉는 「사설」로 다루고 나섰다.

> 광주읍 급 읍회라는 것은 누구를 위하여 존재한 것이냐. 읍의 궁민이 제삼자의 손으로 그 가택을 철훼 당한다 할지라도 광주읍은 그것을 구제할 의무가 있겠거늘 이것을 철거하는 당사자가 읍당국임에라. 만일 광주읍이 읍유지를 사용치 않으면 안 될 경우에 처해 잇다면 그 사용으로 인하야 생활

---

20 〈동아일보〉, 1932. 8. 21.
21 〈동아일보〉, 1932. 8. 27.
22 〈동아일보〉, 1932. 9. 1.

수입의 증가는 이 궁민들로 하야금 딴 저렴한 기지를 매입하야 제공할 여유가 잇슬 것이다. 그리고 그때 설치부족이 생한다 할지라도 읍당국은 그 자체의 힘으로써 읍민에게 적당한 정도의 부과를 부할 수 잇슬지오 그리고도 또한 부족을 말한다할 진대 다시 상급관청에 그 보조를 의뢰할 수 잇슬 것이다. 이러한 고려도 대책도 해보기 전에 광주시민의 구제운동이 이러낫슴에도 불구하고 그 대책이 없다고 일취하는 것은 무책임하기 작이업다 아니할 수 업다.

끝으로 총독부당국은 이 문제에 대하여 속히 안주지를 택하여 줄 것을 언명하얏거니와 이것은 인도상 중대문제로 일지방 문제가 아니니 관계 당국자의 급속한 대책을 촉한다.

－「다시 광주궁민문제에 대하여」, 「사설」, 〈동아일보〉, 1932. 9. 5.

광주 유지들의 노력만으로 문제가 해결되지 않자 동아일보사에서도 문제의 심각성을 인식하고 총독부를 압박하고 나선 것이다. 그래도 해결이 되지 않았다. 1932년 9월 8일 호남 순시차 우가키 가즈시게(宇垣一成) 총독이 광주에 왔다. 그때를 이용하여 최원순, 김재천 김용환은 우가키 가즈시게 총독을 만나서 "광주읍에서는 그기채상화의 필요상 그 소유토지를 처분하려고 궁민 등의 집을 강제로 철거하여 버렸으나 2천여 명의 인구가 도로에 방황하고 있는 것은 인도상으로 광주시가 미관상으로 보아도 도저히 방임할 수 없는 바이오니 임동에 있는 국유지 1만 평 가량, 그들이 이주하기에 가장 적당한 후보지인 즉, 그것을 광주읍에 대부하야 궁민 등의 안주지대로 하여 달라"[23]고 요구하였다. 우가키 가즈시게(宇垣一成)총독은 "아직 그런 보고를 보지 못하였지만 빈한한 궁민을 그대로 내쫓는다고야 할 수 있소. 읍으로서 상당한 고려를 하여 적당한 이주지에 안정케할 수 있도록 알아서 하겠다"[24]고 대답했다. 우도(牛島) 내무국장도 "조선에는 남의 땅에 함부로 집을 짓는 일이 많아서 걱정이다. 그들이 토막민과 같이 불쌍한 사람인 이상 철거를 시킴에 상당한 이주지와 비용의 일부라도 보조하여

---

23 〈동아일보〉, 1932. 9. 10.
24 〈동아일보〉, 1932. 9. 10.

안주할 곳을 정해줌이 좋겠다. 그들의 구제에 대하야는 사회과와 내무국이 한가지로 생각할 것인데 아직 보고를 듣지 못했으니 보고가 있는 대로 적당하게 처치하겠다"[25]고 했다. 그러나 광주읍 당국이 문제해결을 위해서 적극적으로 나선 것은 아니었다. 하지만 궁민구제연구회는 가난한 사람들에게는 큰 힘이 되어가고 있었다. 궁민구제연구회에는 기부가 이어졌고 문제해결을 위한 실마리들이 마련되어갔다.

> 뜯기게 될 2천여 명의 궁민들을 위하여 광주지방 유지들은 분기하여 광주읍 가옥철거구 궁민구제연구회를 조직하여 활동하고 있다.
>
> 그럼으로 전 광주의 조선인 시민은 신경을 날카로이 하야 이 구제연구회의 활동 여하를 주목하고 잇던 중이었는바 지난 7월 중에 천정 일대에서 집을 뜯긴지 40여 일 동안에 그들은 노천생활을 계속한 뿐이라 변변히 식료품을 먹지 못한 관계로 그 대부분이 부황증이나 혹은 설사병에 걸려서 그 생명이 풍전등화와 같은 참상이라는 것을 알게 된 광주협동조합과 권계수 씨, 정운채 씨, 춘목암 네 곳에서는 각각 만주조 한 가마니씩을 구제연구회에 보내서 궁민들에게 분배하여주라고 의뢰했다.
>
> 좁쌀 4가마니를 받은 구제연구회에서는 궁민 중에서도 가장 어려운 64호를 조사하여 가지고 10일에는 한 사람에게 한 되씩 273명에게 분급하였다. 그뿐만 아니라 궁민구제연구회원인 서석의원장 최영욱 씨는 그 많은 병자들을 일일이 진찰한 후에 약까지 전부 무료로 주었다. 그리고 광주협동조합에서는 임동에다가 임시 수용소를 지어서 노천생활을 면하도록 해주었다.[26]

궁민구제연구회의 활동으로 이웃의 어려움에 십시일반하는 사람들이 늘어갔다. 가난한 사람들의 위해 나누는 것이 일반화되어 갔다. 그리고 궁민구제연구회의 요구와 주장과 광주읍 당국이 주장하는 것에 이견이 있었지만 여러 차례의 타협과 회의를 통해 의견의 차이가 좁혀져 갔다. 그 결과 궁민구제연구회에서 주장했던 임정(하천의 국유지)으로 궁민들을 이주시

25 〈동아일보〉, 1932. 9. 10.

26 〈동아일보〉, 1932. 9. 10.

林町의 國有地를
窮民의 安住地로
구제 연구회 위원 총독 면회
宇垣總督善處明言

光州(窮民)(上)分栗 下)診療光景

궁민구제연구회, 〈동아일보〉, 1932. 9. 10.

키게 합의하였고, 9월 10일, 연구회에서는 48명의 인부를 동원하여 그곳을 지평공사를 시작했다.[27] 궁민들은 임정(임동)에 건축하게 될 가옥을 기대할 수 있게 되었다.

그런데 이런 궁민구제연구회의 노력에도 불구하고 집이 뜯기고 난 뒤 40여 일 동안 노천생활에 설상가상으로 부황병, 설사병 등에 걸렸고 전염병 환자까지 발생했다. 그래서 궁민구제연구회에서는 식료품을 분배하고 의사에게 치료와 처방을 받게도 했다. 서석의원의 최영욱은 진찰과 치료와 처방을 했다. 궁민들의 참상을 듣고 현준호는 50원, 김흥열은 10원, 손이채는 5원을 궁민구제연구회에 기부했다.[28] 이렇게 궁민들의 가옥 문제가 해결되어 가는 듯하였으나 다시 문제가 발생했다.

궁민들의 가옥을 대책 없이 강제로 철거하여 버린 뒤 문제해결을 위해 나선 궁민구제연구회의 활동에 동의하였던 광주읍은 궁민구제연구회 간부들과 구제책에 대하여 수차례 협의를 했음에도 불구하고 결국에는 의견이 일치하지 않아 교섭은 파열되고 말았다. 그래서 궁민구제연구회에서는 1932년 9월 19일 광주읍장에게 "귀하와 본회 대표 간에 광주읍 가옥철거구

27 〈동아일보〉, 1932. 9. 12.
28 〈동아일보〉, 1932. 9. 17.

궁민구제 방침을 수차 협의하였으나 귀하는 약속을 무시하고 재삼자의로 협정을 번복하며 시일을 연장시킴으로써 능사를 삼으니 차는 읍의 최초 의사를 고집키 위하여 총독 각하의 융화협조라는 지시를 위반함으로 본회는 차에 상읍과 교섭할 여지가 전무케 됨을 통분"[29]하며 교섭 파열 통고문을 보냈다. 날은 날마다 추워지는데 집을 뜯긴 궁민들의 걱정은 날로 커져 갔다. 그나마 다행이라면 구제연구회가 임정(인동)에 건설하였던 임시수용소에서 한겨울을 날 수 있게 되었고, 또 궁민구제연구회 위원 일동이 주머니를 털어서 30여 호 토막을 세워준 것이다.[30] 광주읍에게 가옥을 철거당한 지 5개월 만에 집에서 살 수 있게 된 궁민들은 궁민구제연구회에 감사의 인사를 했다.

> 저이들이 지난 7월 중에 4, 5년 동안 살아오든 가옥을 광주읍에게 강제로 헐린 이후 5개월 동안에 저이들이 맛본 쓰라린 이야기야말로 말할 것도 없지만 저이들을 위하야 여러 선생님들이 조직하신 바 구제연구회의 꾸준한 활동과 많은 동정금품에 대하여서는 실로 우리 궁민들의 생활의 원천이 되었습니다. 그런데 이번 또 이와 같이 일제히 집을 짓게 하여 주심에 대하여서는 무엇이라고 말슴드려야 좋을는지 알지 못하나 여러 선생님이 건강하기만 축원할가 합니다.[31]

하늘도 무심하여 통곡도 부족한 그때 가난한 이웃을 위해서 발 벗고 나선 사람들, 불편부당한 일제의 몰인정과 잔인함에 대항하면서 앞장서서 목소리를 높였던 광주 유지들의 숭고한 헌신과 선구적인 나눔과 보듬은 광주 사람들의 정신으로 승화되어 갔다. 그 오갈 데 없는 빈민들에게 안식처를 마련해주기 위해서 동분서주하고 광주읍 당국에 대책을 요구하고 협상을 진행하였던 궁민구제연구회의 최흥종, 최영균, 최원순, 오헌장, 김창호, 김응모, 김유성, 진재순, 고재섭, 정인세, 유인상, 최영욱, 김재천, 김용환은 광주의 모범이었다. 궁민구제연구회가 궁민들의 문제를 해결하였던 선례

29 〈동아일보〉, 1932. 9. 22.
30 〈동아일보〉, 1932. 12. 2.
31 〈동아일보〉, 1932. 12. 2.

는 그 뒤에 발생한 문제를 해결하는 데 큰 영향을 미쳤다.

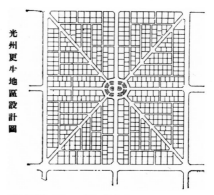

光州更生地區設計圖

광주갱생지구도, 〈동아일보〉, 1936. 4. 21.

당시의 〈동아일보〉 보도를 보면 "6년 전의 본지에 누보하였거니와 광주천 하류 현재 광주대교 부근의 하천을 정리할 때에는 5백여 호의 주민 등에게 이주지를 지정하여 주지 아니하였음은 물론이요 이전료도 주지 아니하고 읍당국에서는 5백여 호 주택을 강제철거하였기 때문에 일대 사회문제화하여 4개월 동안이나 분운한 문제가 층생첩출하였다."는 문제를 언급한 뒤에 "광주부 당국에서는 이번 하천정리를 기하야 집을 헐리게 되는 5백여 호에게 이전료를 지급할 뿐외라 갱생지구를 설치하야 그네 등의 영원한 안주지로 할 계획"을 세우게 했다. 그리고 "사통 발달하게 도로를 개축하고서 중앙에는 공동 정호 2개소와 공동세탁소를 설치하는 동시에 하수시설도 완비"하고 "촌락 중심의 간이학교를 설치하야 그네 등의 자녀교육을 하는 동시에 중심인물을 선택하야 교화사업"도 하는 어느 도시에서 볼 수 없는 "이상촌을 건설"하겠다고 발표했다. "광주부회에서 갱생지구 설치에 거액의 예산을 세운 것은 불가하다고 반대도 있었으나 다수 조선인의원 등의 절대 지지로 인하야 원안이 통과[32]된 것도 궁민구제연구회의 활동이 큰 힘으로 작동한 것이다.

궁민구제연구회의 활동은 광주부가 광주천주변의 금정(금동)과 양림정(양림동) 일대의 500여 가옥을 철거할 계획을 세우면서 이주비와 안주지를 설계하고 가옥을 철거하는, 이전에는 볼 수 없었던 절차를 밟아서 진행됐다. 그리고 광주부회의 조선인 부회의원들이 일본인 부회 의원들의 반대를 무릅쓰고 예산을 증액해서 관철시키는 것으로 이어졌다. 이런 과정을 거쳐 '광주갱생지구'가 조성되었다. 갱생지구라는 이름으로 도로, 우물, 하수

---

32 〈동아일보〉, 1936. 4. 21.

구 등의 제반 시설을 완비한 마을 학동 8거리는 광주지역사회의 요구에 광주부가 마지 못해서 도시계획을 세워 건설한 동네. '광주 갱생지구 설계도'를 보면 사방으로 길을 낸 다음 다시 사이를 대각선으로 가로지르는 길을 또 내서 8개의 골목을 만들었다. 가난한 사람들의 거처를 마련해준다는 선심성으로 건설하기는 했지만 그렇게라도 이주단지가 만들어졌고 광주천 주변에서 살던 사람들이 작은 집이지만 마음 기대어 살 수 있게 되었다.

광주 갱생지구는 광주천 주변의 공유지에 살았던 사람들을 쫓아내려다가 거센 항의에 부딪히자 어쩔 수 없이 마련한, 일제가 이주대책을 세워서 빈민들의 주거 문제를 해결한 거의 유일한 곳이다. 1930년대 건설된 갱생부락, 대략 1만여 평에 이른 땅을 여덟 구획으로 나누어 쪼갠, 8개의 골목이 들어선 이 작은 마을은 길 없는 길을 걸으며 길을 만들었던 궁민구제연구회를 비롯한 광주 유지들의 아름다운 마음과 걸음들이 만들어 낸 것이다. "보성을 떠나 광주까지 가는 사이에 환영은 이루 언급하기조차 어려울 정도였다. 역로마다 수많은 동포들이 대기, 환영하니, 어떤 날은 3~4차를 경유한 적도 있었다. 이로부터 며칠 후 광주에 도착하여 보니, 도처에서 동포들이 주는 각종 기념선물, 해산물, 육산물, 금품 등 종합한 것이 차에 가득찼다. 광주에 전재민이 많다는 말을 듣고 시장을 초청하여, 다소간 전재민을 돕는데 보태어 쓰라고 부탁하여 주고 광주환영회"(『백범일지』)를 마친 백범 김구가 숨결을 나누어주고 간 곳이 학동 8거리 바로 옆 백화마을이다.

계유구락부

가옥을 강제로 철거당한 사람들에게 보금자리를 마련해 주었던 궁민구제연구회 사람들은 또 다른 형태의 단체를 조직했다. 계유구락부는 1933년 3월 12일, 광주읍의 인구가 3만 명에 달했음에도 불구하고 민중을 대표할 만한 기관이 없는 것을 문제로 인식하고 유지들이 발의하여 꾸린 모임이다. 각 분야에서 활동하였던 광주 유지 35명이 본정 3정목(충장로)의 중앙의원에 모여서 계유구락부를 김응모의 사회로 창립한 후 그 자리에서 최원순, 김응모, 최영식, 김흥열, 최영균, 김용환 6명을 간사로 선정했다.[33]

---

33 〈동아일보〉, 1933. 3. 16.

계유구락부가 제일 먼저 한 일은 특별강연회를 개최한 것이다. 창립하고 2개월밖에 되지 않은 1933년 5월 13일 조선일보, 조선중앙일보, 동아일보 3개의 신문사 광주지국의 후원으로 춘계 특별강연회를 열었다. 제일공립보통학교 대강당에서 열린 특별강연회의 사회자는 김응모였다. 강연자는 이헌구, 김현준, 서춘으로 동아일보 정치부장 겸 편집국장 대리였던 최원순과 함께 일본 동경에서 1919년 2·8독립운동에 참여했던 동지들이다. 이헌구는 「조선농촌에 미치는 세계공황의 영향」, 김현준은 「사회생활과 경제적 기초」, 서춘은 「교육보급에 대하야」를 강연하였다. 명사들의 강연을 듣기 위해 모여든 청중은 무려 700여 명이나 되었다.[34] 특별강연회가 대성황을 이루자 계유구락부에서는 가을에도 대강연회를 개최하였다. 역시 조선일보, 조선중앙일보, 동아일보 3개 신문사 광주지국의 후원으로 1933년 11월 15일 광주공립보통학교 강당에서 추계 대강연회를 열었다. 춘계 특별강연회보다 훨씬 많은 무려 1천 명에 달하는 청중이 모였다. 그날 강연자는 몽양 여운형이었다. 여운형은 「생리학상으로 세계의 불건」이라는 주제로 1시간 동안 열변을 토하였고, 광주의 민중들은 큰 감동을 받았다.[35]

강연회장에 청중들이 대거 모여들어 새로움에 대한 열망을 높여가자 계유구락부는 매주 2회씩 대강연회를 개최하기 시작했다. 1934년에는 6월 4일 오후 9시부터 김용환의 사회로 중앙교회당에서 동아일보 광주지국의 후원으로 농촌문제 대강연회를 개최하였는데 이때의 강연자는 숭실전문대 이훈구였다. 이훈구는 「조선농민은 어떻게 하면 살 수 있을까」라는 주제로 2시간의 강연하였고 그날의 청중도 600여 명이나 되었다.[36]

그동안의 강연자를 서울에서 모셔왔다면 1934년 10월 20일 강연회는 계유구락부 위원들이 강연자로 나섰다. 오후 7시에 광주공립보통학교 대강당에서 열린 이날의 강연회는 동아일보, 조선일보 광주지국의 후원으로 최흥종, 최원순, 김찬흠이 강연자로 나섰다. 최흥종은 「종교와 일상생활」, 최원순은 「경제와 일상생활」, 김찬흠은 「전남금융계의 근황」에 대하여 강연을

---

34 〈동아일보〉, 1933. 5. 17.
35 〈동아일보〉, 1933. 11. 22.
36 〈동아일보〉, 1934. 6. 8.

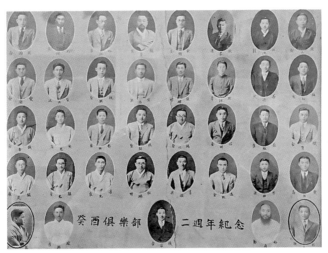

계유구락부 2주년 기념사진

하였다. 일상생활, 특히 경제생활과 관련한 내용이었다.[37]

광주 유일의 조선인 민간단체였던 계유구락부는 1935년 3월 12일 제2회 정기총회를 열고 회계 보고 등을 마친 다음에 선거를 통해서 신임 감사로 양태승, 최영욱, 최원순, 송화식, 구형서, 최환균을 임원으로 뽑고[38] 그 뒤로도 강연회를 중심으로 광주 지역민들의 갈증을 해결해주었다. 1936년 7월 10일 조선일보 편집 차장 함상훈을 초청하여 광주극장에서 「조선인 의무교육 실시」에 대한 강연회를 열었다. 정문모의 사회로 열린 이날의 강연을 듣기 위해서 모인 청중은 400여 명에 달하였다.

계유구락부를 구성하고 있는 사람들에 대해서는 누구인지 구체적으로 알려지지 않았으나 조금이라고 기억해주기를 바라면서 여기에 밝혀서 적는다. 1933년 결성 때는 35명이었으나 2주년을 기념하는 사진 속에는 37명이 있다. 회원이 2명 더 늘어난 것이다. 아래의 이름은 2주년 기념 사진 속의 인물들이다.

37 〈동아일보〉, 1934. 10. 20.

38 〈동아일보〉, 1935. 3. 17.

김우영(金雨英), 백남섭(白南燮), 김희성(金喜誠), 최석식(崔●植), 김흥선(金興善), 최흥종(崔興琮), 김광진(金光鎭), 고광연(高光寅), 지정선(池正宣), 최영균(崔煐均) 최영욱(崔泳旭), 김흥열(金興悅), 최상채(崔相彩), 최원순(崔元淳), 박홍주(朴●柱), 최석휴(崔錫休), 지창선(池昌宣) 최선진(崔善鎭), 김찬흠(金讚欽), 정문모(鄭文謨), 김신석(金信錫), 구형서(具炯書), 김용환(金容煥), 김희술(金熙述) 김명신(金明信), 이종묵(李鍾默), 양태승(梁泰承), 유연상(劉演相), 심덕선(沈德善), 최준기(崔駿基), 손우채(孫祐彩), 정상호(鄭尙好), 손이채(孫二彩), 고재섭(高在燮), 김응모(金鷹模), 송화식(宋和植), 정문모(鄭文謨)

나오면서

근대 광주의 유지들이 광주의 가난한 사람들을 위하여 헌신과 봉사, 나눔을 실천하였던 사례는 광주가 아름다운 도시였다는 것을 말해준다. 근대 광주 사람들이 보여준 나눔, 더불어 함께 살았던 아름다운 가치를 실현한 모습은 광주 사람들의 시대정신이다. 이들은 시대정신을 어떤 합리적인 근거들이나 이론적인 뒷받침을 통해서 증명하는 것이 아니라 구체적인 삶으로 증명하였다. 그런 점에서 후대에게 어떻게 살아야 하는지 그 기준을 제시해준 많은 단체와 개인들의 나눔과 걸인공제조합과 궁민구제연구회, 계유구락부의 활동은 모범적이었다.

광주는 민주, 인권, 평화의 도시라는 별칭을 갖고 있다. 인간이 누려야 할 가장 기본적이고 보편적인 가치를 지키며 함께 살아가는 도시가 광주라는 말이다. 개인과 개인이 모여서 이룬 작은 사회가 모이고 모여 공동체를 형성하고 살아온 광주, 광주정신은 하루 아침에 만들어지는 것이 아니고 만들 수도 없다. 자본이 인간을 지배해버린 시대, AI가 인간을 대신하고 있는 시대가 되었다고 하지만 그럼에도 불구하고 인간이 인간다워질 때 행복함을 만끽할 수 있다. 인간다운 삶을 솔선수범한 근대 광주 사람들에게 인간의 길, 그 해답을 찾을 일이다.

02

근대 서양화의 도입과
광주 서양화단

김허경 전남대학교 기초교육원 강의교수

광주·전남 화단은 일본 유학을 떠난 세대들이 해방의 시기인 1945년대를 전후하여 광주와 목포에 정착하면서 회화의 표현방법에 있어 시대적 전환기를 맞게 된다. 무엇보다 자연주의와 인상주의의 한계를 벗어나지 못한 상황에서 오지호를 중심으로 한 구상회화와 강용운, 양수아의 추상미술이 대립구도를 이루며 발전해 나간다. 하지만 호남 화단에 실질적인 서구의 조형방식이 유입되던 시기는 이들이 일본 유학을 통해 교육을 받고 돌아온 일제강점기에 속하기 때문에 해방 전까지 전개된 근대화가 진정한 우리 것이었는지는 아직까지 많은 부분에서 의문으로 남아있다. 왜냐하면 식민 치하에서 자주성과 독창성, 자유로운 사고의 표현이 불가능했으며 서양의 오랜 역사 속에서 배양된 서양미술을 이해하고 체질화하기에는 역부족이었다. 하지만 식민지라는 시대적 상황과 일반인들의 이해가 부족했음에도 불구하고 이들이 작품을 제작하고, 탐구하였다는 점에서 근대 서양화의 정착에 기여한 바가 크다.

근대 서양화의 도입과 광주 서양화단

일제강점기에 시작된 서양화의 도입과 화단의 형성은 시대별로 변화의 양상을 보였다. 1910년대는 전통 양식과 외래 양식이 갈등을 겪으며 서양의 근대적 양식을 수용하는 첫 단계였다면, 1920년대는 서양의 양식이 점차 정착하는 단계였고, 1930년대는 서양의 기술을 바탕으로 자신의 고유 성향을 드러내는 단계였다.[1] 이러한 변화에 대한 관점은 서구미술의 단순한 수용과 전개과정에서 나타난 외형적 형식이 아닌 주체적인 입장에서 어떻게 인식하고 극복하려 했는지에 관한 태도를 반영한 것이다. 특히 1930년대는 한국 서양화단이 형성되어 한국의 미의식을 천착하고 탐구하기 시작했을 뿐 아니라 동시에 호남 화단의 형성과 전개방향을 유추해 볼 수 있어 매우 중요한 시기로 여겨진다.

1910년대 서양화의 도입

한국 근대미술사에서 서양화가 본격적으로 도입된 것은 1910년 중반의 일이다. 한국 최초의 서양화가로 불리는 고희동(高羲東, 1886~1965)을 비롯해 김관호(金觀鎬, 1890~1959, 1916년 귀국), 김찬영(金瓚永, 1893~1960), 나혜석(羅蕙錫, 1896~1948) 등이 일본 유학을 통해 서양화

---

1   오광수, 서성록(2001), 『우리 미술 100년』, 현암사, 46쪽.

를 배우고 1915년부터 차례로 돌아오면서 출발선 상에 서게 된다. 그러나 서양화의 유입과 관련된 기록들은 1910년대보다 한참 이전인 16세기로 거슬러 올라간다. 고찰해 보면 1594년 임진왜란 중 고니시(小西行長)를 따라서 한국에 온 그레고리오 데 세시페데스(Gregorio de Cespespedes) 신부에 의해 반입되었던 성서와 성화를 그렸던 성도가 있었으며 1637년 병자호란 이래 연경을 왕래하던 사행원이 가져온 교리서와 성서에 수록된 교리해설 삽화 등이 있다. 또 볼모로 청에 갔던 소현 세자가 1644년 조선으로 돌아올 때 북경주교인 예수회 신교 아담 살(Joannes Adam Sall Van Bell)로부터 받았던 성화는 당시 소각되고 말았지만 한국으로선 최초로 유입된 서양화라 할 수 있다. 하지만 우리가 접하게 된 서양화는 선교용 도서, 고지도 등 인쇄물에 의한 전래였거나 중국을 통한 몇몇 사행원의 견문(見聞)을 통한 주로 간접적인 경로에 의한 것이었다. 이 과정 중에 전통적 화풍에 서양화법인 원근법, 명암법을 부분적으로 적용시킨 태서법(泰西法)이 등장한다. '태서'는 동양 고유의 준법을 무시하고 명암으로 입체감을 내거나, 사물의 색을 가하는 서양의 화법을 가리켰다. 서양화법의 사용은 관념의 세계에서 현실에 입각한 사실 세계, 즉 회화관의 현격한 변혁을 의미한다.

18세기에 등장한 이희영의 「견도」(도판 1)는 서양화의 사실적인 표현방법에 대한 영향이 분명하게 나타난다. 1926년 오세창은 서양화법에 근거하여 표현한 이 동물 소묘에 대해 "서양화법으로 그린 것으로 우리나라의 효시"[2]라고 발문을 쓰고 있다. 이 밖에도 서양화의 명암과 원근 표현은 18세기 강희언의 「인왕산도(仁王山圖)」와 강세황의 「영통동구(靈通洞口)」 등 다수의 산수화를 포함하여 조선 후기에 성행하였던 초상화에서도 확인할 수 있다. 이들은 산과 암석의 표현방식에 있어 전통적인 준법(皴法)을 따르지 않고 묵백(墨白)의 대비로 산과 바위를 두드러지게 표현하였으며, 조선 말기의 초상화 제작에서도 근대 사진술의 영향을 받아 안면의 골격을 세밀하게 묘사하였다. 이러한 변화는 원근법과 명암법을 사용하여 대상을 사실적으로 재현하는 서양미술의 도입으로 이어졌다. 서양 회화에 대한 내용은

---

2   이구열(1972), 「한국 근대미술 산고」, 을유문고, 10쪽.

실학자 이익이 『기하원본(幾何原本)』을 읽고 서양화 기법을 언급한 바 있으며, 1780년 청나라를 다녀온 박지원이 『열하일기(熱河日記)』에 북경의 천주교성당에 그려진 천정화에 대한 소감을 남겼으며, 19세기에는 이규경이 자신의 저서 『오주연문장전산고(五洲衍文長箋散稿)』를 통해 서양화의 사실적인 기법에 대한 인상을 남김으로써 거론되었다. 이 같은 시대적 흐름을 거쳐 19세기 말에 이르면 서양문물이 본격적으로 들어오면서 근대의 세계로 전환하는 분기점을 맞이한다.

도판 1 이희영, 「견도」, 18세기, 종이에 수묵, 28×32.3cm, 숭실대학교 한국기독교박물관

서양화에 대한 보다 직접적인 인식은 1897년 대한제국으로 국호가 바뀌고 서울에 외교공간이 들어선 데 이어 서양 기술자들의 내한이 빈번해지면서 그 변화의 흐름이 두드러진다. 19세기 말 궁정에 초빙되어 온 외국인 화가와 기술자들에 의해 국내에서 서양화 제작이 이루어진 것이다. 당시 작품으로는 1891년 1월 서울에 온 영국의 화가 헨리 새비지 랜더(Henry Savage Landor)가 출간한 『고요한 아침의 나라 조선(Corea, The Land of the Morning Calm)』(1985)에 실린 고종 초상과 1894년 프랑스『르 프티 파리지앵 Le Petit Parisien』(8. 12.)에 실린 「조선의 왕과 신하들」의 삽화에서 확인할 수 있다.[3]

현재 남겨진 유화작품으로는 1899년 6월 궁정의 초청으로 온 네덜란드계 미국인 휴버트 보스(Hubert Vos)가 그린 「고종 황제 어진」(도판 2)과 중추원 의관을 그린 「민상호 초상」, 「서울 풍경」 등 3점이 있다. 보스가 그린

---

3 이 밖에도 영국 스코틀랜드 출신의 여성화가 콘스탄스 테일러(Constance J. D. Tayler)가 1904년에 출간한 『Koreans at Home』에 실린 그림사진이 있으며, 1902년 조선에 온 프랑스의 조셉 드 라 네지에르(Joseph de la Neziere)가 그린 초상화의 경우, "한국 황제의 공식 초상화로 프랑스 작가의 작품"이라는 설명과 함께 『일러스트레이티드 런던뉴스』(1907. 7. 2.)에 실린 적이 있다. 권행가(2006), 「사진 속에 재현된 대한제국 황제의 표상」, 『한국근대미술사학』 제16집, 20쪽·31쪽 참조.

이 그림들은 〈황성신문〉(1899. 7. 12.)을 통해 1900년 파리 만국박람회의 미국관에 출품될 것이라고 보도되었다. 서양인에 의해 그려진 「고종 황제 어진」은 공식적인 어진이 아닌 관찰 대상으로 그려진 것이었다. 사진을 참고로 하여 그린 이 초상화는 여러 인종에 대한 서구의 관심을 대변하는 당시의 문화현상으로 파악된다. 1901년 12월에는 프랑스 세브르제작소의 도예가인 레오폴드 레미옹(Leopold Rémion)이 내장원 소관 비기창(砒器廠)의 기술 업무를 협력하기 위해 공식 임명되었으나[4] 서양식 도자기 제작 설비를 갖추었음에도 비기창의 예기치 못한 운영 위기로 무산되고 만다.

도판 2 휴버트 보스, 「고종황제 초상」, 1899, 198.9×91.8cm, 국립현대미술관과천

본격적인 서양화의 도입은 내부의 자각에 의한 현상이 아닌 1900년 초반 서양식 미술교육을 수용한 데서 연유한다. 미술교육은 한·일합방 이후 일본인 화가들의 내방이 활발해지면서 학교에 '도화'라고 하는 서양식 미술시간이 도입되어 서양화 이입의 가교 역할을 담당하였다. 한국인에 의한 직접적인 서양화 교육의 체험은 고희동이 1910년 동경미술학교에 입학하면서 시작되는데 이는 최초로 서양화를 전공한 미술가의 탄생을 의미한다. 우리나라의 경우 근대미술의 초창기부터 일본 식민통치가 끝나는 1945년까지 정규 미술학교가 설립되지 못한 까닭에 일본 유학을 가게 되는 배경을 제공하였다.

고희동은 관립한성법어학교에서 프랑스어를 전공하던 중에 프랑스인 교장 에밀 마르텔(Emile Martel)의 초상을 목탄으로 그리던 레미옹을 통해 유화와 수채화를 접하게 된다. 이는 고희동이 1909년 동경 유학을 결정하

---

4   小村, 「韓廷雇外國人解傭處分ニ關スル件/機密五一號」, 『駐韓日本公使館記錄』 第24券(1904年 5月 30日).

게 된 하나의 동기가 되었다. 훗날 고희동은 당시 상황을 두고 "내가 22세 시(時)였다. 그때가 마침 일본이 우리나라를 보호국으로 만든 지 2년이 되었고 필경 병합(倂合)의 욕(辱)을 당하게 되기 4년 전이었다. 그리하여 이 것저것 심중에 있는 것을 청산해 버리고 그림의 세계와 주국(酒國)에로 갈 길을 정했다"[5]라고 회고했다. 1915년에 졸업한 고희동은 귀국하여 〈매일신보〉(1915. 3. 11.)에 '조선인 서양화가 1호'로 공인되었다. 현존하는 고희동의 유화작품은 졸업 작품으로 그린 「정자관을 쓴 자화상」(1915)을 비롯하여 「부채를 든 자화상」(1915), 「두루마기 입은 자화상」(1915) 등이 있다. 이 중 고희동이 서가를 배경으로 그린 「부채를 든 자화상」은 화면 왼쪽 상단에 '1915 Ko Hei Tong'이라는 영어 서명이 표기되어 있어 근대 지식인이자 서양화가로서의 자의식을 담아낸 것으로 보인다. 그의 자화상에는 프랑스 살롱화가 라파엘 코랭(Raphaël Collin, 1866~1924)으로부터 그림을 배워 일본에 서양 미술이론을 처음으로 전한 구로다 세이키(黑田淸輝, 1866~1924)가 구사했던 일본의 절충된 외광파와 아카데미즘의 특성을 엿볼 수 있다. 당시 일본은 외광파의 도입이 활발하게 진행되었지만 인상파의 색채분할기법에 관한 이해가 완전히 이루어지지 않은 상황에서 절충적인 양식에 머물러 있었다.

김관호가 졸업 작품으로 제작한 「해 질 녘(夕ぐれ)」(도판 3)은 1916년 일본 관전인 《문무성미술전람회(약칭, 문전)》의 서양화부에 출품한 1천5백46점 가운데 특선 작 11점 중 하나로 뽑혀 〈매일신보〉(1916. 10. 20.)에 '조선 화가의 처음 얻은 영예'라는 제목으로 보도되었다. 「해 질 녘」은 그림 속 벌거벗은 여인으로 인해 신문에 작품사진이 게재되지 못했지만 서구 인체미술에 대한 새로운 인식을 제공한 최초의 누드화로 화제를 모았다. 김관호는 이 그림에 대해 해 질 무렵 능라도를 배경으로 대동강 변에서 목욕을 마치고 나온 두 여인을 묘사한 것이라고 설명했다. 「해 질 녘」은 현실적인 일상성에서 벗어나 있지만 황혼의 서정적인 분위기와 이상적인 나체의 미를 강조한 일본의 아카데믹한 서양화풍을 보여주고 있다.

김관호는 동경미술학교 수석 졸업생이자 《문전》 특선작가로 귀국 후

---

5   고희동, 「나와 書畫協會時代」, 『新天地』(1954. 2.), 179~183쪽.

도판 3 김관호, 「해 질 녘」, 1916, 캔버스에 유채, 127.5×127.5cm, 동경예술대학 대학미술관

1916년 고향인 평양에서 한국인 최초로 서양화 개인전을 열었다. 하지만 1923년《조선미술전람회》(朝鮮美術展覽會, 약칭 선전)에 「호수」를 출품한 이후 공식적인 활동기록은 남아 있지 않다. 같은 고향 출신인 김관호의 뒤를 이어 평양에서 활동한 김찬영은 1917년 귀국 이후 작품 활동보다는 『창조』, 『영대』, 『폐허』 등 문예지 동인에서 문필 활동에 매진하였다. 그의 작품으로는 현재 「자화상」한 점과 『창조』 8호(1921. 1.)와 9호(1921. 6.), 『영대』(1924) 등의 표지화만 남아 있다.[6] 김찬영은 김관호와 함께 1925년 '삭성회 회화연구소'를 개설하여 후진양성을 도모하였으나 미술학교 설립이 좌절된 이후 두 사람 모두 화단을 떠나게 된다.

나혜석은 1918년 여성미술전문 고등교육기관인 동경 여자미술전문학교를 졸업한 한국 최초의 여성 화가였다. 그림과 문학적 소양도 뛰어났던 나혜석은 귀국 후 〈매일신보〉(1919. 1. 21.~1919. 2. 7.)에 세시풍속을 만화형식으로 그려 연재하였으며[7] 1921년 서울 경성일보사 내청각(3. 19.~3. 20.)에서 한국화가로서 두 번째 개인전을 개최하여 국내 서양화단에 활기를 불어넣었다.

살펴본 바와 같이 1910년대 서양화를 도입한 첫 세대들은 기법과 주제, 양식 등에서 큰 변화를 가져왔다. 하지만 이들은 새로운 조형언어인 유화를 수용했음에도 불구하고 해방 이전까지 창작 활동을 이어가지 못하고 내용보다는 형식에 치중했다는 평가를 받는다. 고희동은 1918년 "신구서화계(新舊書畫界)의 발전과 동서미술(東西美術)의 연구, 향학후진(向學後進)의 교육, 공중의 고취아상(高趣雅想)을 증강케 함(제2조)"을 목적으로 한

---

6   김현숙(1998), 「김찬영 연구」, 『한국근대미술사학』 6, 134~174쪽 참조.
7   윤범모(1999), 「나혜석 예술세계의 원형 탐구」, 『미술사논단』 9, 185~186쪽 참조.

'서화협회(書畫協會)'의 창설을 주도적으로 이끌었다. 그는 1921년부터 《서화협회전》(약칭 협전)을 통해 근대적 전환을 시도하였으나 일제의 집요한 문화통치에 의해 1936년 15회 《협전(協展)》을 끝으로 활동을 중단하였다. 《협전》은 1922년부터 시작된 조선총독부 주최의 《선전》에 대적한 우리나라 미술인들의 유일한 대형 전시였으며[8] 당시 그림을 펼쳐 보던 전통적인 방식의 감상에서 대중을 위한 근대적 전시로의 전환을 보여주었다. 그러나 고희동은 시대적 인식의 한계로 인해 1927년 서양화를 완전히 그만두고 동양화로 전향하게 된다. 고희동은 서양화의 시도에 대해 "딴 게 무엇이 있어야 할 텐데 잘 표현이 안 된다"[9]며 창작에 대한 고민을 토로했다. 그의 전향을 두고 안석영은 "이것은 회구(繪具)에 있어서 유화고 당채(唐彩)고 문제가 아니라 고희동 씨에게 있어서 동양인으로서 동양인의 정서를, 정조를 표현하기 쉬운 방법으로 바꾼다는 것이니 이를 얼른 생각하면 쉬운 것 같으나 여기에도 그것에 강한 사람에게는 그리 쉽사리 될 일이 아니라 하겠다.(…) 그러나 아직은 고독한 걸음걸이임에 장래를 주목하고 싶다"[10]라고 평하였다.

근대화 과정에서 일제에 의한 국권 상실은 정치적 예속만을 의미하는 것은 아니었다. 제1세대 서양화가들은 문화식민정책이 실시됨에 따라 민족의 적극적인 회화의식을 갖는 데 어려움이 따랐다. 이는 식민지 시대 지식인으로서 작품 활동에 대한 신념과 현실과의 갈등에서 오는 이중고를 겪으면서 동시대 사회구성원과 공동체 의식을 수립하지 못했기 때문이다.

근대미술의 시작, 결국 근대라는 시기에 받아들인 서양미술은 일제 식민지 시대와 중첩되는 특수성으로 인해 절충된 형태로 유입되었다. 19세기 말 일본에 이식된 인상주의와 아카데믹 화풍이 결합한 양식은 한국 최초의 서양화가인 고희동을 비롯한 김관호, 김찬영, 나혜석 등 제1세대 미술가들에게 공통적으로 나타나는 특징이다. 따라서 이들이 남긴 작품에는 일본적 혹은 서구적 '형식'만 도입되어 인상파를 비롯한 아카데미즘이나 부르주아

---

8   고희동, 앞의 글, 181쪽.
9   〈조선일보〉, 1938. 7. 22.
10   안석영, 「협전인상기 3」, 〈조선일보〉, 1929. 11. 1.

미학과 같은 제한적이면서도 아류적인 양상만 띠게 되었다.[11]

1920년대 광주·전남의 1세대 서양화가

광주·전남에서 근대화의 도정은 이미 내부에서 싹트기 시작한 자각 현상과 때를 맞추어 전통회화와는 상이한 서양화의 재료와 제작방법을 탐구하면서 시작되었다. 호남 화단에 서양화가 도입된 것은 광주·전남 최초의 서양화가로 불리는 여수 교동 출신의 김홍식(金鴻植, 1897~1964)이 1924년 동경미술학교에 유학하면서 시작된다. 김홍식에 이어 1926년 오지호(吳之湖, 1905~1982), 1927년 박근호(朴根鎬, 1902~?), 1929년 김두제(金斗濟, 1908~1955) 등[12]이 차례로 동경미술학교에 유학하여 서양화를 배움으로써 광주·전남 제1세대 서양화가로 성장하게 된다. 이들이 입학한 동경미술학교는 1944년까지 서양화과에서 46명의 조선인 졸업생을 배출하였고 호남에서는 김홍식을 비롯해 오지호, 박근호, 김두제 등 4명이 졸업 작품으로 자화상을 남겼다. 이들은 프랑스·이탈리아 등 유럽에서 이식해 온 일본 근대미술의 경향을 바탕으로 직·간접적인 경험을 통하여 서구적 조형어법을 받아들였다. 1920년대에 이르면 그룹의 성향이 강한 '고려미술회(1923)', '삭성회(1925)', '토월미술연구회(1925)', '창광회(1927)', '녹향회(1928)', '동미회(1930)'가 형성되어 두드러진 활동을 보이기 시작한다. 실질적인 한국 화단의 형성은 이들 단체의 창작 활동에 힘입어 1930년대에 접어들면서 구축된다.

따라서 서양화 단체의 형성시기와 개인전 개최, 조선미전 입선자 배출 등을 종합적으로 판단해 보면 1925년 전후에 대도시 중심으로 서양화가 자리 잡기 시작하였으며, 지역별로 일정 범위의 서양화 인구를 확보한 '화단'이 형성되었음을 알 수 있다. 동경미술학교 외에도 일제강점기로부터 태평

---

11 윤범모(2000), 『한국근대미술』, 한길아트, 180쪽.
12 해남 출신인 박남수(1905~?)는 입학 연도는 알 수 없지만 1926년 휴학을 한 뒤 이듬해 제적된 경우로 이후의 활동에 대해서는 정확한 기록이 없다. (사)한국미술협회 광주광역시지회(2007), 『광주·전남 근현대 미술총서(Ⅰ)』, 49쪽.

도판 4 김홍식, 「자화상」, 1928, 캔버스에 유채, 60.8×45.7cm, 일본 동경예술대학 예술자료원
도판 5 김홍식, 「나녀」, 1928, 캔버스에 유채, 60.8×45.7cm, 일본 동경예술대학 예술자료원
도판 6 김홍식, 「잔몽(殘夢)」, 1956, 캔버스에 유채, 52.8×73cm, 유족 소장

양전쟁을 거쳐 해방 직전까지 일본 유학을 떠난 전남 출신 화가들은 무려
20여 명에 이른다. 서울과 평양 다음으로 가장 많은 유학생들을 배출한 호
남 화단은 해방 후 이어진 이들의 독자적인 활동을 통해 한국 근·현대미술
의 흐름 속에서 주요한 역할을 수행하게 된다. 일본 유학을 통해 서구 조형
어법을 습득한 이들의 경험은 미술교육, 전시, 미술조직 등과 연계된 화단
의 형성에 영향을 주었으며 해방 이후 '구상'과 '추상'의 전개와 발달에 밑거
름이 되었다. 광주·전남의 근대미술은 서양화가들의 움직임이 1920년대에
시작된 것으로 볼 때 한국 근대미술사의 흐름과 견주어 10여 년 안팎의 차
이를 두고 형성되었음을 알 수 있다.

　광주·전남 화단은 서양화 수용의 초보적인 단계에서 사실성에 대한 인식
과 기법의 습득 과정을 근거로 '표현'에 대한 탐구로 방향을 설정해 나갔다.
김홍식이 1928년 졸업 전시에 출품한 「자화상」(도판 4)과 「나녀」(도판 5)를
비롯하여 「잔몽」(도판 6)에는 단순하고 경직된 윤곽선으로 주관적인 감정이
드러나지 않고 오로지 객관적 대상으로서 입체감을 중시한 표현방법을 보
인다.[13]

　김홍식의 작품은 철저하게 빛의 변화를 따른 것은 아니지만 전통회화와
는 달리 빛에 의해 명암을 의식한 후 대상을 파악하고 있다. 이는 사실주의

13　지금까지 김홍식의 알려진 작품으로는 「자화상」, 「나부」, 「욕장」 등의 인물화와 누드 4점, 「다리가 있는 풍
　　경」, 「설경」 시리즈 등 풍경화 8점, 「백모란」, 「화병」 등 정물 4점이 있다.

에 대한 초보적인 이해를 통해 대상의 재현에 치중한 결과라고 할 수 있다. 서구화풍의 기초인 데생 능력과 형체 묘사가 탄탄하지 않다는 한계는 한국 근대 유화의 일반적인 특징이자 초기 광주·전남 작가들의 작품에서도 공통적으로 나타나는 현상이다. 하지만 1920년대 후반 오지호에 의해 인상파의 토착화와 향토색을 통한 고유정서의 재발견이라는 자각이 시작된다. 이는 호남 화단에 뿌리내리고 있던 남종화의 영향과 동경미술학교 시절 스승인 후지시마 다케지(藤島武二)의 인상주의 화풍에서 그 연관성을 찾을 수 있다.

1920년대 일본은 구로다 세이키(黑田淸輝)가 미술 관련 정책과 교육을 주도적으로 이끌면서 대다수 일본 유학생들이 프랑스로 유학을 가게 되었다. 1905년 후지시마 다케지는 일본 문부성 장학생으로 선발되어 프랑스에서 교육을 받으면서 직접적으로 체득한 인상주의 화풍을 구사하게 된다. 결국 일본 근대회화의 선구자로 꼽히는 후지시마 다케지는 김홍식과 오지호, 박근호, 김두제 등을 직접 가르쳤던 지도교수로서 이들에게 인상주의 화풍을 전수한 것으로 이해할 수 있다.

이들 중 오지호는 후지시마 다케지의 수업을 통해 1·2학년에 걸쳐 석고와 인물 사생을 배웠고 1928년 3학년 때부터 본격적으로 유화재료로 인물화를 그리면서 「소녀」(1928)를 비롯해서 1931년 졸업 작품인 「자화상」(도판 7) 등을 제작하였다. 오지호는 1931년 졸업 후 귀국하여 동문인 김주경의 권유로 우리 문화와 풍속에 대한 관심에서 출발한 국내 첫 양화단체인 '녹향회(綠鄕會)' 2회전(4. 10.~4. 15.)에 참여하였다. 1928년 '녹향회' 창립 무렵, 오지호는 유학 중이었기에 1931년 제2회 《녹향회전》(4. 10.~15.)부터 참가할 수 있었으며 참여 작가 중 가장 많은 17점을[14] 선보였다. 출품한 대다수의 작품들은 동경미술학교 시절 제작한 것으로 대상을 관찰하여 형태를 묘사하는 구상 경향을 보였다. 유진오가 「제2회 녹향전의 인상」에서 오지호의 작품을 평한 내용을 보면 동경미술학교 시절, 실내 수업의 영향으로 암갈색을 주조색으로 사용하였음을 알 수 있다.

---

14 오지호의 작품은 「風景1」, 「꽃」, 「五月風景」, 「雪」, 「風景2」, 「마루」, 「雪景」, 「晴朝後庭」, 「風景3」, 「女像」, 「早春」, 「風景4」, 「兒」, 「風景5」, 「殘雪」, 「靜物」, 「自畵像」 총 17점이다.

도판 7 오점수(吳占壽), 「자화상」, 1931, 캔버스에 유채, 60.8×45. 7cm, 일본 동경예술대학 예술자료관
도판 8 박근호, 「자화상」, 1932, 캔버스에 유채, 60.8×45. 7cm, 일본 동경예술대학 예술자료관
도판 9 김두제, 「자화상」, 1933, 캔버스에 유채, 60.8×45.7cm, 일본 동경예술대학 예술자료관

> 색채는 변화가 풍부하지 아니한 것이 아니나, 결코 對峙되는 양색을 극
> 단으로 驅使함이 없다. (중략) 그것은 씨가 상당히 강렬한 색 또는 형상을
> 가진 대상을 화재 삼을 때도 그것을 씨의 성격에 동화하여 그 대상의 강렬
> 성을 나타내지 못하는 점이 그것이다. 「6월 풍경」의 햇빛은 좀 더 부시고 뜨
> 거워야 하겠으나 「설경」은 좀 더 맵고 차야 하겠다.[15]

오지호는 초기 서양화 도입의 단계를 지나 민족미술과 조선 자연의 색채
를 밝히려는 노력과 함께 인상주의 화풍의 정착을 위한 발판을 구축해 나
갔다. 그는 서구 인상주의처럼 객관화된 대상을 감각적으로 묘사하기보다
는 전통 남종화의 표현기법인 사의(寫意)를 바탕으로 사물의 형태보다 그
내용과 정신을 그리는 일에 치중하였다.

1927년 동경미술학교에 진학한 박근호의 경우 학교기록에 '서양화과 입
학(4월 5일)', '특별학생(特別學生)'이었으며 '사비(私費)'로 교육을 받았다고
기재되어 있다. 박근호는 1931년 졸업을 앞둔 학생 신분으로 오지호와 함

---

15 유진오, 「제2회 녹향전의 인상」(1)~(4), 〈조선일보〉, 1931. 4. 17.

도판 10 김두제, 「소녀」, 1933, 동경미술학교 졸업 작품
도판 11 박근호, 「나부」, 1932, 동경미술학교 졸업 작품
도판 12 오지호, 「나부」, 1931, 동경미술학교 졸업 작품

께 '조선양화의 토대건설과 미술의 민중화'라는 기치를 내건 제2회 《녹향회전》에 출품하였으며 재학 중에는 제10회·11회 《선전》에서 작품이 입선하여 주목을 받았다. 동경미술학교 졸업 전 출품작인 박근호의 「자화상」(도판8)은 민족적 자의식을 상징하는 하얀 두루마리 한복을 사실감 있게 묘사하여 그가 아카데믹한 사실성에 충실하였음을 알 수 있다. 김두제는 1933년에 동경미술학교를 졸업했는데 그가 남긴 회화작품은 졸업 작품인 「자화상」(도판 9)과 「소녀」(도판 10)를 포함하여 총 2점이 전부이며 동경예술대학 예술자료관에 소장되어 있다는 것 외에 알려진 바가 없다.

다행히 1989년 주한 일본대사관 광보문화원이 개최한 《동경미술학교유학 한국인43의 얼굴전》(9. 18.~10. 17.)에서 그의 자화상이 공개되었다. 1933년에 그려진 김두제의 「자화상」은 인물 표정이나 의습을 세밀하게 표현하기보다는 외광파 화풍의 영향으로 인해 빛에 의해 조형성이 강조된 변화를 보인다. 박근호가 자화상과 함께 졸업 작품으로 출품한 「나부」(도판 11)는 오지호의 「나부」(도판 12)와 유사하게 인물의 표정과 이목구비 등이 정교하게 그려져 있어 이들이 인체의 형태와 사실적인 표현에 매우 치중했음을 알 수 있다. 김홍식, 오지호, 박근호가 인물상으로 나부를 그린 것과는 달리 김두제는 단정하게 교복을 입고 있는 〈소녀〉상을 감각적으로 그려냄으로써 사물의 형태를 구체화시키는 것보다 색채와 기법에 변화를 주려 했다.

이들이 유학한 동경미술학교 서양화과는 자화상을 졸업 작품으로 제출하게 함으로써 동경미술학교 자료관에 영구 소장될 수 있었다. 이를 근거

도판 13 「新春을 裝飾한 池君의 個人展」, 〈동아일보〉(1934. 01. 14.), 3면

로 광주·전남 서양화가 제1세대들은 인상주의 화풍의 사실감이 넘치는 형태미와 아카데미즘에 충실한 인물상을 즐겨 그렸음을 확인할 수 있다. 그러나 이제까지 이들의 작품은 야외광선을 끌어들여 밝은 화면으로 처리된 그림을 일컫는 외광파(外光派)라고 불리면서 정확한 미술사적 맥락의 이해 없이 아카데믹한 양식으로 알려졌다. 광주·전남 제1세대 서양화가들은 인상파적 아카데미즘 즉 인상파와 신 고전풍을 다소 절충시킨 경향을 보임으로써 '내용'보다 '형식'에 치우쳐 있었다.

1920년대를 거쳐 1930년대에 이르면서 지성렬(池成烈, 1909~?)과 김영자(金英子, 1922~2015)의 활동도 주목받은 바 있다. 광주 출신인 지성렬의 경우 1934년 〈동아일보〉(1. 14.)의 「新春을 裝飾한 池君의 個人展」(도판 13)이라는 제목의 신문기사를 통해서 그의 생애와 작품, 활동사항 등에 대한 단편적인 사실을 확인할 수 있다. 기사에 따르면 지성렬은 1930년 동경미술학교 서양화과에 입학했으나 3학년 때 가정 형편으로 중퇴했으며 그가 광주로 돌아와 유화 49점을 전라남도 상품진열관에서 개인전을 가졌다는 내용이다. 당시 관람객이 수천 명에 이르렀으며 대부분의 그림이 팔렸다는 내용도 함께 전했다. 지성렬 개인전은 신문지면에 소개된 최초의 서양화 전시라고 할 수 있는데 같은 해인 9월 8·9일 이틀간 여수·여천금융조합에서도 전시가 이어졌다. 당시 "여수에서는 처음 보는 전람회"[16]라고 신

---

16 「池君의 個人展 여수에서 개최」, 〈동아일보〉, 1934. 9. 5, 3면.

문기사에 소개된 것으로 보아 여수에서 일반 대중에게 관람 형식을 띤 첫 전시였음을 유추할 수 있다.[17] 목포 출생의 김영자는 1938년 고교 시절, 제17회 《선전》에서 「반찬의 재료」라는 그림으로 입선하여 주목을 받은 '목포의 최초 여성화가'였다. 김영자는 1943년 미술교육을 본격적으로 받기 위해 일본 유학을 떠나 우에노 미술전문학교에 입학한다. 하지만 2년 후 자녀 출산으로 인해 학업을 마치지 못하고 귀국했으며 이내 닥쳐온 한국전쟁을 겪으면서 잠시 활동을 중단하게 된다.[18] 1949년 목포에서 첫 개인전을 가진 김영자는 한국여성미술의 선구자로서 서양화를 공부한 '호남 최초 여성화가'로 불린다.

그러나 유학 후 돌아온 이들의 활동에도 불구하고 김홍식, 박근호, 김두제 등은 사회적인 갈등구조와 무비판적인 현실인식에 가로막혀 작품 활동을 활발하게 펴지 못하였고 오지호는 서울에 머물러 있었던 까닭에 호남 서양화단이 활성화되지 못했다. 더구나 기존 전통회화에서 볼 수 없었던 여인의 나체를 그린 서양화는 당시의 보수적인 상황에서 쉽게 받아들여지지 않았다. 김홍식은 부친의 반대에 불구하고 동경에 유학했지만 귀국 후 그림을 그릴 만한 여건이 되지 않아 상당 기간 좌절과 갈등을 겪어야만 했다. 박근호와 오지호도 1931년 제2회 《녹향회전》에 참가하여 어둡고 불투명한 색채 감각에서 벗어나고자 노력하였으나 귀국한 지 얼마 되지 않아 새로운 작업에 어려움을 느꼈으며 일제의 방해로 인해 녹향회 활동까지 그만두게 된다. 광주·전남에 서양화를 도입한 제1세대 화가들은 시대상황이 배제된 형식주의와 서양화법의 기술도입이라는 단계의 수준을 뛰어넘지 못했다. 하지만 1930년대 이르러 오지호는 색채를 통해 한국적 인상주의, 조선의 향토적 정서를 구현하고자 민족 회화의 이념정립에 앞장섰으며 신안 출신의 김환기도 1933년 일본 유학을 떠나면서 한국 비구상 회화의 선구자로 떠오른다.

오지호의 활동은 1930년 〈동아일보〉 기사내용을 통해 확인할 수 있다. 「제2회 녹향전 명춘 개최키로 제3회 총회서 결정」(9. 30.)이라는 글에서 오

---

17 (사)한국미술협회 전라남도지회(2017), 『전남미술사 총서 1900-2015』, 478쪽.

18 1953년 광주, 대전에서의 개인전을 시작으로 1954년 목포공보관(제1회), 1955년 목포 남가화랑을 비롯하여 60여 차례의 개인전을 선보였다. 신안나·정태영(2006), 『목포의 화맥』, ㈜뉴스투데이, 68쪽.

도판 15 오지호·김주경, 「吳之湖·金周經 二人畵集」 표지, 한성도서주식회사,
    1938
도판 16 원색 『2인 화집』 발간 후. 오지호(좌), 이무영(가운데), 김주경(우), 1938

지호가 '녹향회'의 신입회원이 되었음을 알리고 있으며, 「제9회 조선미전과
조선화단」(5. 24.)에서는 오지호의 작품에 대한 평을 볼 수 있다. 김용준은
《선전》에서 보인 오지호의 화풍을 두고 "풍경에 있어서는 자연의 생명을
엄중하게 포착한다. 그리고 경건한 색채이다. 무엇보다도 충실한 태도가
매력"이라고 평가하였다. 1938년 오지호는 김주경과 함께 한국 최초의 화
집인 『吳之湖·金周經 2人 畵集』(1938)을 출간하고 자신만의 회화관을 피력
하였다(도판 15, 도판 16). 화집에는 각각 10점의 작품과 함께 오지호의 「순
수회화론」, 김주경의 「미와 예술」이라는 두 논문을 실었다. 이들은 화집 발
간과 함께 회화에 대한 입장을 개진함으로써 일본에 정착한 인상파를 수용
하되 조선화단의 실정에 맞는 것이어야 한다는 한국적 인상주의에 대한 재
해석을 시도한다.
  '녹향회'는 미술 자체의 발전과 미술 대중화를 위한 운동을 추구하고 동
시에 '조선 미술의 완성'을 목표로 향토적 정서를 탐구하였으나 곧 총독부
의 방해로 해산된다. 이를 계기로 오지호는 1932년부터 《선전》에 대항한다
는 의식 속에 정형화된 전람회 제도의 개정을 요구하거나 작품을 출품하지
않음으로써 불만을 표명하였다.[19]

---

19 오지호는 《선전》에 1928년부터 1932년까지 총 6점을 출품했고 제7회 「조춘소경」(1928), 「창」(1928), 제8
    회 「책 읽는 여인」(1929), 제9회 「나무습작」(1930), 「풍경」(1930), 제10회 「나부」(1931)가 입선하였다.

도판 17 오지호, 「일본풍경」, 1928, 캔버스에 유채, 45×52.5cm, 국립현대미술관 소장, 제7
회 조선미술전람회 입선작
도판 18 오지호, 「시골소녀」, 1929, 캔버스에 유채, 45×38cm, 개인소장

　오지호는 동경 유학 시절 그의 스승 후지시마 다케지로부터 대상 해석과
색채기법, 이를 통한 감정이입법(感情移入法)을 토대로 한국적 색채와 조
형미를 추구해 나간다. 후지시마는 구로다 세이키를 중심으로 한 외광파와
는 다른 프랑스 인상파의 영향을 강하게 받았으며, 한국에 대해서도 좋은
감정을 가지고 있었던 터라 조선을 방문한 후에 남긴 글에서 조선의 자연
환경과 풍광에 대해 극찬하였으며 조선 예술의 우수성을 언급하였다.[20] 오
지호는 흐리고 어두운 일본 기후에 비하여 조선이 밝고 투명한 자연환경을
갖고 있다는 사실을 새로이 인식하면서 밝은 빛과 색채로 인상주의 기법을
구사하였다. 그는 자연과 풍토성을 들어 일본미술과 한국미술의 차이를 강
조하며 독자적으로 회화론을 펼쳐 나간다.

　오지호가 1928년 동경에서 그린 「일본풍경」(도판 17)은 잿빛 하늘, 때 없
이 내리는 가랑비, 암갈색의 색조 등으로 인해 습윤한 공기가 느껴진다. 황
갈색을 주조로 무거운 색조가 지배적으로 사용된 풍경은 일본의 독특한 풍
토성을 느끼게 한다. 그는 야외사생을 할 때에도 튜브에서 짜낸 색채가 너
무 밝고 강해서 팔레트 위에서 한참 동안 짓이겨야 눈에 보이는 대상과 비

20　후지시마(1914), 「朝鮮觀光所感」, 「藝術新報(大正 13年), 3月.

숫한 색조가 나왔다고 어려움을 토로하였다. 풍토와 기후에 관한 색조는 다음 해인 1929년에 제작한 「시골소녀」(도판 18)에서 변화를 보이기 시작한다. 김용준은 『吳之湖·金周經 2人 畵集』에 실린 오지호의 「시골소녀」를 가장 인상 깊은 작품으로 여기고 거기에 등장하는 소녀가 조선 땅의 소녀임을 누구에게든 자랑하고 싶다고[21] 평가하였다. 「시골소녀」는 무거운 분위기와 암갈색에서 벗어나 있으며 한국적인 서정을 반영하는 밝은 원색으로 소박한 미를 담아냈다.

> 앞으로 우리가 지탱해야 할 민족미술은 명랑하고 투명하고 오색이 찬연한 조선 자연의 색채를 회화의 기조로 한다. 그러기 위해서는 조선인이 일본으로부터 배운 암흑의 색조를 팔레트에서 驅逐한다.[22]

오지호는 회화의 궁극적인 본질을 인상파에서 발견하고 한국적 자연에 입각한 빛과 색채학적 연구를 통해 『순수회화론』에서 한국적 풍경에 관한 자연관을 밝힌다. 그가 실행한 인상주의는 색채의 원천인 '광(光)'을 통해서 본 '생명', 즉 감정이입의 태도에 기초하고 있어 눈에 보이는 대로 순간적인 인상을 표현하는 서양의 인상주의와 분명 다르다. 서구 인상주의는 시시각각 변화하는 빛의 현상을 그리는 것에 중점을 두었다면 오지호는 '광'에 의해서 약동하는 '생명'을 '조선의 풍경'에 담아내고자 노력하였다. 정규는 「한국 양화의 선구자들」(1952)에서 "화가 오지호의 경우에 있어서 비로소 우리나라 자연을 조형의 상으로 삼고 있는 것이다. 그리고 조형의 방법을 인상주의인 기법으로써 통일하고자 하던 것이다"[23]라며 오지호를 우리의 자연을 인상주의로 소화한 화가로 평가하였다. 석도륜도 "인상파의 전통적인 계승자며, 그것의 토착화를 하여 깊게 꾸준한 일을 해왔던 화가"[24]로 평가한 바 있다.

오지호는 인상파 화풍을 받아들여 조선의 자연과 빛을 탐구해 나갔으며 밝고 선명한 색채를 통해 일본과 다른 한국의 자연을 표현함으로써 향토색

---

21 김용준, 「화집 출판의 효시 『吳之湖·金周經 2人 畵集』 평」, 〈조선일보〉, 1938. 11. 17.
22 이구열(1980), 「도입기의 양화」, 『한국현대미술전집』 2, 정한 출판사, 100쪽.
23 정규(1957), 「韓國洋畵의 先驅者들 隨想的 美術家系譜」(五), 『新太陽』 8월, 176~180쪽.
24 석도륜(1968), 「공간 서평 오지호저 현대회화의 근본문제」, 『공간』 12월, 83쪽.

표현의 한 갈래를 구축하였다.

광주·전남 일본 유학생의 활동

호남 지역은 역사적으로 남화산수의 전통이 뿌리 깊은 곳이며, 근대에 들어서도 자연주의 미술이 중심이 될 만큼 아성을 이루고 있었다. 기존 작가들이 자연주의와 인상주의 미학의 한계를 벗어나지 못하고 있던 상황에서 일본 유학생들이 전위적 회화를 경험하고 돌아와 끼친 영향은 클 수밖에 없었다. 일본 유학생 중에 서양화 전공이 우세했던 이유는 일본을 통해 근대를 흡수해야 하는 식민지 시대라는 불가피한 조건 속에서 새로운 돌파구를 찾고자 했던 호남 지역의 청년 세대들이 있었기 때문이다. 특히 1939년부터는 배동신, 강용운, 양수아, 백영수, 문원, 백홍기 등이 한꺼번에 일본 학교에 입학하면서 해방 직후 광주·전남의 화단 형성에 지대한 영향을 미치게 된다. 여기에 경남 창녕 출신인 김보현은 태평양미술학교를 졸업한 후 1946년 광주에 정착하면서 호남 화단에 활기를 더하는 데 일조하였다. 호남 출신 작가들의 입학 연도를 정리한 아래의 표에서 나타나듯이,[25] 이들의 일본 유학은 1939년에서 1940년대 초반까지 증가하다가 해방을 앞두고 1942년 이후부터 급격하게 줄어들었다. 유학생들의 출생지와 귀국 후의 활동 범위를 토대로 살펴보면 주로 광주와 목포를 중심으로 활약하면서 서양화단의 새로운 출발을 예고하였다.

호남 출신 작가의 일본미술학교 입학 연도(1920년대, 1939~1944)

년도	성명	출신	학교	입학 연도
1920년대	정영철(1895~1966)	여수	동경미술학교	졸업 후 서예가 활동

25 신경호(1986), 「현대 호남화단의 형성과 전개: 전남 서양화단의 형성」, 『교육연구』 12, 30, 89~90쪽; 『광주전남미술50년』(1989), 조선대학교 미술관, 247-251쪽; 조인호(2001), 『남도 미술의 숨결』, 다지리, 170쪽 참조.

1920년대	김홍식(1897~1964)	여수	동경미술학교	1924
	오지호(1905~1982)	화순	동경미술학교	1926
	박근호(1902~미상)	여수	동경미술학교	1927
	김두제(1908~1955)	해남	동경미술학교	1929
	박남수(1905~미상)	해남	동경미술학교	1926년 제적
1930년대	지성렬(1909~미상)	광주	동경미술학교	1930년 입학 후 중퇴
	김환기(1913~1974)	신안	일본대학 예술학원 전문부	1933
	배동신(1920~2008)	광주	동경 천단화학교	1939
	장 덕(1910~1976)	서울	동경미술학교	1933
	강용운(1921~2006)	화순	동경 제국미술학교	1939
	양수아(1920~1972)	보성	가와바타화학교	1939
	백영수(1922~)	수원	오사카미술학교	1939
	백홍기(1920~1967)	목포	태평양미술학교	1939
	문 원 (1918~1950=문재덕)	신안	동경제국미술학교	1939
1940년대	고화흠(1923~1999)	구례	동경녹음사화학교	1940
	김동수(연도 미상)	목포	태평양미술학교	1940
	김수호(1926~1990)	목포	가와바타화학교	1940
	문동식(1919~1976)	영암	태평양미술학교	1942년 졸업
	양인옥(1926~2000)	제주	오사카미술학교	1940
	윤재우(1917~2005)	강진	오사카미술학교	1940
	천병근(1928~1987)	경북	동경미술학교	1940
	허 림(1917~1942)	목포	가와바타화학교	1940
	천경자(1924~2015)	고흥	도쿄여자미술전문학교	1940
	김인규(1922~1972)	장성	태평양미술학교	1942
	신재호(1920~미상)	고흥	가와바타화학교	1942
	김영렬(1923~2004)	강진	일본미술원 수료	1943
	김영자(1922~2015)	목포	동경우에노미술전문학교	1943
	김정현(1915~1976)	영암	가와바타화학교	1943
	손 동(1924~1991)	화순	가와바타화학교	1944

　이들은 크게 두 지역, 즉 광주와 목포 등지에서 시차를 두고 일본 유학을 떠났다. 광주 지역을 중심으로 한 유학생으로는 배동신, 강용운, 양수아, 고화흠, 김인규, 신재호, 손동 등이 있고 목포 지역에서는 백홍기, 문원, 김동수, 김수호, 문동식, 김영자 등이 일본으로 유학하였다. 동경미술학교는

1924년부터 1932년까지 조선과 대만 등 외국학생의 특별입학을 허용하였기 때문에 1920년대에 유학을 떠난 김홍식, 오지호, 김두제, 박근호 등 유학 제1세대들은 동경미술학교의 입학이 용이하였다. 그러나 1930년대 중반 이후부터는 일본인 지망생과 똑같이 치열한 경쟁을 통해 시험을 통과해야만 했다. 이때부터 유학생들은 비교적 입학이 쉽고 자유로운 가와바타화학교, 태평양미술학교 등 사립미술학교를 선택하게 되었다. 당시 동경미술대학과 오사카대학, 일본대학 미술학부 정도가 미술대학의 틀을 갖춘 곳이었다면 이 외에는 유명작가나 미술단체가 운영하던 미술학원 성향을 띠었다.

기록에 의하면, 호남 출신 서양화가로서 최초의 해외전시이자 첫 개인전은 1936년 11월 동경천성화랑(東京天城畵廊)에서 가진 김환기의 전시회였다. 광주·전남 지역에서 서양화가 단체로 일반 대중에게 첫 선을 보인 것은 1945년 서양화부와 동양화부가 함께 참여한 종합전시회로 광주 중앙국교 강당(12월)에서 열렸다. 1945년에 귀국한 배동신은 1947년 광주도서관(현 제일극장)에서 광주 지역 최초로 개인전을 열어 유화와 수채화를 선보였다.

광주·전남 화단은 일본 유학을 떠난 세대들이 해방의 시기인 1945년대를 전후하여 광주와 목포에 정착하면서 회화의 표현방법에 있어 시대적 전환기를 맞게 된다. 무엇보다 자연주의와 인상주의의 한계를 벗어나지 못한 상황에서 오지호를 중심으로 한 구상회화와 강용운, 양수아의 추상미술이 대립구도를 이루며 발전해 나간다. 하지만 호남 화단에 실질적인 서구의 조형방식이 유입되던 시기는 이들이 일본 유학을 통해 교육을 받고 돌아온 일제강점기에 속하기 때문에 해방 전까지 전개된 근대화가 진정한 우리 것이었는지는 아직까지 많은 부분에서 의문으로 남아 있다. 왜냐하면 식민 치하에서 자주성과 독창성, 자유로운 사고의 표현이 불가능했으며 서양의 오랜 역사 속에서 배양된 서양미술을 이해하고 체질화하기에는 역부족이었다. 하지만 식민지라는 시대적 상황과 일반인들의 이해가 부족했음에도 불구하고 이들이 작품을 제작하고, 탐구하였다는 점에서 근대 서양화의 정착에 기여한 바가 크다.

해방을 맞이한 광주는 목포에 비해 다소 침체되었지만 유학 후 광주에 정착하기 시작한 화가들의 개인전과 단체전이 이어지면서 화단 형성의 서

막을 알렸다. 1946년부터 광주 화단은 귀국 후 광주로 돌아온 천경자와 배동신의 개인전이 연이어 개최되는 등 지역과 중앙의 격차를 특별히 인식하기 어려울 만큼 활기가 넘쳤다.

1947년 4월 광주 화단의 첫 서양화 그룹인 '황우회(黃牛會)'가 전남여고 교사들을 주축으로 발족되었고 그해 5월 광주여고 강당에서 첫 전시회를 개최하였다. 당시 김인규, 배동신, 손동, 이경모, 김원룡 등이 참여하였지만 제1회 전시로 막을 내렸다. 같은 해 6월 조선대 교수로 부임한 김보현을 주축으로 윤재우, 이경모, 최용갑, 김원룡 등이 '광주미술연구회(光州美術研究會)'를 창립하여 광주 서양화의 질적 향상과 보급을 도모하였다. 하지만 이듬해 전시 계획에도 불구하고 실질적인 활동을 이어가지 못하였다. '광주미술연구회'는 1948년 서울에서 활동했던 오지호가 광주에 내려와 김인규, 강용운, 김상중 등 10여 명과 함께 재결성되었다. 광주에 정착한 오지호는 '광주미술연구회' 주최, 호남신문사 후원으로 첫 개인전인 《오지호화백작품전》(10. 15.~18.)을 열어 한국적 정서와 자연색광을 담은 인상주의 경향의 작품 35점을 선보였다. 광주금융조합 2층에서 가진 오지호의 작품전은 그가 1938년 10월 『이인화집』을 출간한 지 10년 만에 개최한 개인전이자 광주 화단에 서양화를 알리는 의미 있는 전시였다. 더불어 같은 해 일본 유학파 중심의 '일본대학동창회' 주최로 열린 《전국학생미술실기대전》은 서양화를 대중에게 알려 주목을 받았다.

03

도시화의 시대,
광주천과 사람들

박경섭 전남대학교 5·18연구소 전임연구원

광주는 도시화, 산업화 과정의 첫 번째 도시화를 통해 숲과 물의 도시에서 자동차와 아파트의 도시로 탈바꿈했다. 그 과정에서 광주천과 시민들의 삶은 분리되었고 폭력적인 개발로 인해 광주천 인근의 시민과 노동자들의 문화와 역사는 지워졌다. 광주의 두 번째 도시화는 그런 전철을 밟아서는 안 된다. 자동차와 아파트 중심의 생활은 기후위기에 대응하는 지속가능한 삶에 역행하는 것이다. 지천들을 복원하여 다시 숲과 물의 도시를 만드는 것이 광주의 미래다. 눈에 보이지 않지만 존재하고 있는 광주천의 개울과 냇가의 목소리에 귀를 기울여 우리의 도시의 미래를 지금 여기에서 시작해야 한다.

도시화의 시대,
광주천과 사람들

광주천으로부터

광주천은 영산강의 지류이자 광주를 관통하는 중심하천이며 지금은 보이지 않지만 많은 지천들로 구성되어 있다. 오랫동안 광주 사람들과 함께 해온 광주천의 모습이 가장 극적으로 변화했던 것은 일제강점기의 하천 정비와 개발 때문이었다. 구불구불했던 과거의 모습과 수려한 풍경은 일제강점기 직강하(直降下) 공사를 통해 현재와 같이 직선에 가까운 형태를 갖추게 되었다.

직강하 공사 이전의 광주천의 모습이 사진으로는 거의 남아 있지 않기 때문에 옛 지도를 통해서나마 과거의 광주천을 상상해 볼 수 있다. 옛 광주천의 모습은 조선 말의 지도인 호남읍지(1895)와 광주읍지(1899)에서 잘 드러난다.

호남읍지와 광주읍지에서 광주는 광주천의 본천과 지천에 둘러싸여 있다. 두 지도에서 광주읍성의 오른편이 광주천의 본천이고, 왼쪽 하단에는 경양호와 태봉산이 보인다. 옛 지도에는 보이지 않지만 다른 자료와 사람들의 증언 속에서 많은 실개천과 무수한 지천과 저수지가 존재했기에 이전의 광주는 물의 도시였다고 볼 수 있다.

농업 중심 사회에서 도시화, 산업화를 통해 근대적 도시로 변화한 광주를 광주천 100년의 역사를 통해서 살펴보는 것은 현재를 성찰하고 미래를 상상하는 것이기도 하다. 이 글은 광주천을 통해 도시를 들여다보고 광주

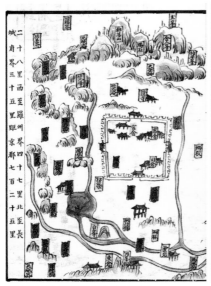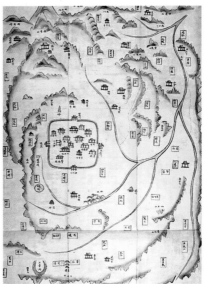

호남읍지와 광주읍지상의 광주천

천의 목소리를 들으며 광주의 역사와 문화를 이야기하고자 한다.

이 글의 구성은 광주천의 역사 및 관련된 자료의 성격에 따라 세 부분으로 나뉜다. 글의 초반부에서는 옛 사진과 이야기를 중심으로 일제강점기에서 1970년까지 살펴보고, 두 번째 부분에서는 1970년 광주천의 일부 구간을 복개하여 등장한 양동복개상가 등장에서 복개사업이 완료된 1990년대까지, 나머지 부분에서는 2000년 이후 광주천 복원과 관련된 논의들을 살펴보고자 한다.

1970년대 광주천 항공사진을 보면 사진 하단으로부터 금교, 부동교(일명 불로동다리), 광주교, 광주대교가 놓여 있다. 이 사진과 최대한 비슷한 위치에서 찍은 〈전남일보〉 2018년 11월 21자 기사에 실린 항공사진은 아래부터 부동교, 광주교, 광주대교가 보인다. 하지만 금교, 부동교, 광주대교를 알고 있고 자신의 삶과 관련한 기억을 가지고 있는 사람이 얼마나 있을까? 특히 다리의 이름들은 지금 세대에게는 별다른 의미가 없으며 수많은 다리를 구분하지도 못한다. 왜냐하면 지금의 20대, 30대는 광주천과 철저하게 분리된 생활을 해왔기 때문이다.

1970년대의 광주천(왼쪽)과 2018년의 광주천(오른쪽) 출처 : 『사진으로 본 광주 100년』 85쪽

필자가 광주천과 관련된 다양한 자료와 문헌들을 수집하고 정리하면서 내린 결론은 100여 년의 역사 동안 강과 사람의 분리, 광주천과 시민의 삶이 단절되었다는 사실이다. 광주천과 사람들의 생활의 단절로 인해 광주천에 대한 사람들의 기억과 경험은 옛이야기와 사진으로만 남아 있다. 이제 광주천으로부터 사람들이 어떻게 멀어졌고 새로운 기억과 문화를 만들 수 없게 되었는지 살펴보자.

광주천 개발의 짧은 역사 : 일제강점기에서 1970년대까지

직강하 공사 이전의 광주의 수계(水系)를 잘 보여주는 것은 『광주도시계획사』에 실린 「1915년경의 광주면의 수계」이다. 작성한 분에 따르면 이 수계는 일제강점기 측량과 토지조사를 토대로 작성된 지적원도를 일일이 확인하면서 만들었다고 한다.

이 수계가 보여주는 것은 구곡양장(九曲羊腸)의 광주천이다. 경양지(혹

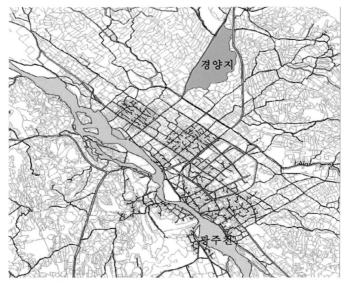

광주면의 수계(1915년경) 출처 : 『광주도시계획사』(2014), 54쪽.

은 경양호, 경양방죽)는 동계천과 합류하여 지금의 양동복개상가 하단과 합류하며 광주 어르신들의 증언에 따르면 광주천의 폭이 당시에는 100m가 넘었다. 이러한 광주천이 지금의 직선 모양이 된 것은 일제강점기 도시계획과 광주천 개수공사 때문이다.

당시 광주면의 하천정리사업(1926~1928년)으로 인해 광주천의 원래의 다양한 기능과 구불구불한 모습을 상실하기 시작했다. 첫 공사구간은 '금교'(옛 양림파출소 맞은편)에서 출발하여 당시 신설예정이었던 운동장 부지(현 양동시장 자리)와 그 맞은편의 '누문천' 유출구에 이르는 좌, 우안 모두 합쳐 약 3,000m(한쪽만으로는 약 1.5km)에 이르는 것이었다. 이 사업으로 인해 장터가 사라졌으며 배후습지는 모두 매립되었고 광주천의 폭도 크게 줄어들었다. 하천정리사업으로 인해 광주천 주변에 택지가 생겼고 1920년대 후반부터 '궁민'[1]들이 모여들기 시작하면서 집단거주지를 형

---

1   당시 총독부에서는 조선 내의 빈민의 실태를 조사하였는데, 거주의 상태, 세대의 구성, 직업의 종류 등을 기준으로 세민(細民), 궁민(窮民), 걸식(乞食) 등 3가지 종류로 빈민을 구분하고 있다. '세민'은 생활상 궁박(窮迫)을 고하는 상태에 있어도 반드시 타인의 구호를 받아야 할 정도에는 이르지 않아 다행히 생계를 영위할 수 있는 자이며, '궁민'은 생활상 궁박을 고하여 긴급히 하등의 구제를 요하는 상태에 있는 자를 말한다(정경운 2013: 140쪽).

성했다. 이 하천부지는 당시 광주읍 소유지였기에 집단거주지에 대한 철거에 들어갔고 240여 호 가옥 중 198채가 헐렸고, 쫓겨난 궁민은 869명이었다(정경운 2013: 138쪽). 일제는 광주의 임정(林町)으로 빈민들을 이주시켰고, 이후 빈민들을 체계적으로 통제하기 위해서 학강정(鶴岡町)에 갱생지구를 설치한다(한정훈 2018: 229쪽). 이러한 광주천변의 궁민 문제는 도시 빈민 구제를 위한 광주 지역 최초의 사회운동을 불러왔다. 동시에 하천정리사업을 통해 광주천이 정비되면서 방직공장이 등장했다. 1926년 지역 최초로 전남제사공장이 광주천변(현재 양동 금호아파트 부지)에 설립되었던 것이다. 일제강점기의 천변 정비와 개발은 방직공장의 설립과 더불어 도시 빈민들의 삶과 밀접하게 연관되어 있었다.

전라남도의 광주천 수선공사(1932~1933년)에 의해 광주천의 개수가 이루어지는데, 그 구간은 각각 770m, 791m(총연장 1,561m)로 광주천의 지천인 누문천(동계천의 하류로서 지금은 모두 복개되어 있음)에서 출발하여 현 전남방직 전면도로의 교차점에 이르는 것이었다. 광주천변의 개발사업은 1936년에 속개되어 '방수공사' 및 '갱생지구설치'라는 명목하에 금교에서 철교에 이르는 양안과 철교에서 원지교에 이르는 우안으로까지 확대되었다. 1937년에 원지교 부근에서 광주천 하류 끝까지 전 구간에 제방을 쌓기 위한 '광주천개수공사'를 착수했고 그중 현재 학동 및 양동의 시가지에 연한 부분의 호안공사는 1937~1938년간에 우선적으로 실시했다. 천변개발 사업은 다시금 강제 철거로 이어지면서 지역사회의 투쟁으로 나타났고 행정당국은 도시빈민 문제를 해결하기 위한 정책을 강구할 수밖에 없었다.

일제강점기인 1925년 본격적 의미의 인구조사 실시되었는데 당시 광주 인구는 23,197명으로 4년 전인 1921년에 비하여 10,664명이 증가(85% 증가)했다. 1930년 인구는 32,547명(5년 전에 비하여 40% 증가)이었고, 1935년 광주부의 인구는 52,674명으로 한국인은 44,715명(84.9 %), 일본인은 7,735명(14.7%), 외국인은 224명이었다(「광주도시계획연혁」, 70~73쪽). 당시 특기할 만한 사실은 남녀의 성비가 남자가 26,141명에 여자 26,533명으로 여자가 392명이 더 많아 여초 현상을 보이기 시작했다는 점이다. 당시 여초 현상은 도시화 현상으로 이해되었다.

1937년 광주 3대 공장 종업원 및 생산액

종별	종업자			1년 평균 취로일수	생산액(원)
	총수	남	여		
전남도시제사주식회사	630	64	566	330	950,214
종연방적주식회사광주공장	352	33	319	338	563,425
종연방적주식회사 전남공장	2,560	500	2,060	331	1,050,000
약림제사방적주식회사 광주공장	231	19	212	321	349,700
계	3,773	616	3,157		2,913,339

출처 : 「광주도시계획사」 608쪽.

1937년 당시 광주의 3대 방직공장은 전남제사공장, 종연방적공장, 약림제사공장(지금의 북성중 인근)이었다. 전남방직의 전신인 종연방적 광주공장은 1935년 설립에 설립되었다. 해방 후 1945년 11월 4일 미군정청은 귀속재산이 된 종연방직 광주공장의 관리 책임자로 김형남을 임명하였으며, 이름도 전남방직공사로 개칭되었다. 이후 한국전쟁 중인 1951년 김형남이 전남방직공사를 불하를 받았고 1953년 전남방직주식회사로 개칭하였다(이희영 2008: 176쪽).

1940년의 통계를 보면 광주부의 인구는 60,463명이었다. 1935년 자료를 근거로 1937년 광주 인구를 약 5만 7천여 명으로 추정할 수 있는데, 1932년에 토막에 살았던 궁민들이 6천여 명이 크게 줄거나 늘지 않았다면 1937년경 궁민은 인구의 약 10%를 차지했을 것으로 추정할 수 있고 3천 157명이 방직공장에서 일하는 여성들이었으므로 인구의 약 5%가 여공이었다. 광주천 인근의 방직공장에서 일했던 광주·전남의 어린 여성들이 광주경제를 지탱했던 것이다. 광주천은 일제강점기와 한국전쟁 전후까지 지역 산업화의 중심지역이었고 도시화로 인한 빈민 문제가 불거진 공간이자 사회운동이 배태되던 장소였다.

광주천 개발과 도시빈민 주거지에 대한 강제 철거의 역사는 해방 이후에도 지속되었다. 1974년은 광주천 정화사업이 있던 해였고 천변의 전남제사공장이 그해 철거되었다. 당시 하천변에는 즐비하게 들어서 있던 유명한 양동 판자촌 상가와 불량주택들이 정화사업을 통해 사라졌다.

1966년 이후 전국 대도시에서 도시 경관 미화란 목적으로 무허가 불량주택들에 대한 대대적인 단속과 철거 시작되었다. 광주에서는 1970

양동시장 입구 판자촌 상가(1970년)
출처: 「사진으로 본 광주 100년」, 53쪽.

년대 초반부터 본격적으로 토지구획정리사업 전개되었고, 1975년과 1976년 두 차례에 걸쳐 기존 시가지의 황폐화 및 사회계층간 괴리 현상 등을 해소하기 위한 일환으로 '도시계획재정비 사업'을 시행했다. 도시재개발로 인해 1972년에 토지가격이 거의 300배 가까이 상승했고, 특히 1970년대 초반부터 본격적으로 토지구획정리사업이 전개되면서 주택양식이 변모하자 부동산 투기 붐이 일어나기 시작했다. 특히 우산, 풍향, 지산 일대의 지가와 주택 가격이 급상승했다(김원 2011: 355쪽).

광주천과 바로 접해 있는 양동시장 입구 쪽에 있었던 판자촌 상가의 사진은 현재의 도시재생 측면에서 잘 단장하면 멋진 가게들로 이루어진 핫플레이스가 될 수도 있었겠지만 당시는 불량한 건물로 간주되었다. 현재 광주천 본천과 바로 접하고 있는 상가나 주택은 중심사천의 일부를 제외하고는 존재하지 않는다. 광주천과 물리적·일상적으로 연결되어 있던 서민들은 광주천 정비와 개발로 쫓겨나고 그 자리는 대부분 자동차 도로가 차지하게 되었다. 광주천은 시내를 관통하고 있음에도 일본과 유럽의 다른 도시들과 달리 천 양쪽이 모두 차도로 둘러싸여 있어 시민들의 접근성이 떨어지고 광주천의 풍경 또한 삭막해졌다.

1960년대 말부터 1970년대 중반까지 도시빈민들의 터전은 천변과 양동시장의 판자촌 상가였다. 당시에 진행된 강제 철거와 폭등하는 부동산 가격으로 인해 도심에서 쫓겨난 도시빈민들 중 하나가 무등산 타잔 박흥숙이었다. 1977년 4월 20일 오후 3시경 광주시 동구 운림동 산 145번지 증심사 계곡 덕산골(속칭 무당골)에서 무허가 건물을 철거하러 갔던 광주시 동

발산부락 천변 무허가 건물 철거(1974년)
출처 : 「사진으로 본 광주 100년」, 197쪽.

구청 소속 철거반원 7명 가운데 4명이 살해된 사건이 벌어졌다. 박흥숙은 시골에서 광주로 이주하여 양동에서 열쇠 수리공 일은 하다가 60일 동안 끼니를 거르며 무등산 덕산골에 집을 지어 어머니에게 선물로 바쳤다(김원 2011: 378쪽). 그 집이 철거되는 과정에서 불행한 사고가 생겼던 것이다.

박흥숙 사건의 배경에는 폭력적인 도시재정비 사업이 있었다. 1975년과 1976년 두 차례에 걸쳐 '도시계획재정비 사업'이 이루어졌음에도 이전보다 오히려 주거지역이 크게 감소함으로써 주택 문제는 오히려 심화되었다. 그 결과 집 없는 많은 서민들은 셋방살이를 전전해야 했다. 광주천 일대의 양동, 임동은 집 없이 셋방살이를 하는 서민들의 집단 주거지였고, 지금의 광천 초교 근방에는 산동네가 형성되어 있었다. 박흥숙 일가 역시 바로 이 시기에 농촌에서 생활고를 견디지 못하고 광주라는 도시로 흘러 들어온 무주택 도시 빈민층이었던 것이다(이영진 2014: 11쪽).

〈매일경제〉 1967년 10월 30일자 기사에서는 당시 48만 인구의 광주를 생산도시라기보다 소비도시로 묘사하고 있다. 전국적으로 이름 있는 업체로는 일신방직 및 전남방직공장과 건전지를 생산하는 호남건전지공장 등이 있는 정도였다. 이처럼 대규모 공장과 생산시설이 빈약한 광주시에 정부는 2차 5개년 계획 사업의 일환으로 연산규모 1만 대 정도의 자동차공장을 건설하려 했고 이것이 기아자동차의 전신인 아세아자동차 공장이다. 광주공업단지의 핵심이 될 아세아자동차는 광천동 32만 평 대지에 설립되었고 당시에 2만 5천여 명의 종업원이 필요할 것으로 예측되었다. 하지만 이로 인해 광천동 일대 땅값이 4배로 폭등했고, 상가예상지역은 평당 5천 원 내지 6천 원까지 20배 정도가 뛰었다. 소비도시로 규정되었던 광주는 아세아자동차가 들어섰음에도 생산도시에 대한 열망을 멈추지 않았다.

아세아자동차가 들어섰음에도 당시 광주천변에 살고 있었던 광주의 노동자들과 도시빈민들의 삶은 처참하기 이를 데 없었다. 1979년 5월 3일 〈전남대학보〉(현재 전대신문)에는 광주공업단지(지금의 광천동 일대)에 대한 실태조사보고서가 게재되었다. 광주공업단지 노동자들의 50%가 최저임금 이하였다. 이 보고서는 〈전남대학보〉 다음 호까지 실리고 나서 외부의 압력으로 연재 중단되었을 정도로 당시 참혹한 노동자들의 삶을 적나라하게 보여주었다. 광주천 개발의 역사는 당시 노동자들과 도시빈민의 고달픈 삶과 강제 이주의 역사와 겹쳐 있다. 광주는 어쩌면 일제강점기의 유산으로 주민들의 역사와 문화를 지우는 폭력적 재개발을 물려받았는지 모른다.

사진과 추억으로 남은 광주천 풍경

유려한 곡선과 백사장과 숲이 어우러진 광주천이 일제강점기에 직강하 공사와 호안 공사로 인해 본래 모습이 사라지고 직선화되면서 바뀐 것은 외형만이 아니다. 1974년 광주천 정화사업을 전후로 천변에 접한 건물과 상가들은 철거되고 천변은 모두 자동차 도로로 둘러싸였다. 1970년대에 시작되어 1990년대까지 진행된 복개를 통해 수많은 지천들은 대부분 도로가 되어 자취를 감추었다. 이 과정을 통해 사라진 것은 도시 서민들의 삶의 애환을 담고 있는 뽕뽕다리와 빨래터뿐만 아니라 물고기잡이를 비롯한 백사장에서 벌어졌던 놀이와 오락이다. 광주천의 개발은 강과 주민들이 어울려 만든 문화와 풍경을 지워버렸고 광주천을 둘러싼 자동차 도로로 인해 천과 사람들의 삶은 분리되었다.

옛 사진들을 현재의 광주천과 비교하면 무엇이 사라졌고 어떻게 달라졌는지 확인할 수 있다. 천변의 방직공장과 여성 노동자들 관련해서 가장 많이 언급되는 것은 현재 전남방직과 천 건너편의 발산마을 사이에 걸려 있던 뽕뽕다리다.

다리의 발판을 이루는 철판이 둥글게 타공이 되어 있었다고 해서 '뽕뽕' 다리라는 별칭이 생겼다. 1973년 뽕뽕다리가 철거되면서 발산교가 가설되었다. 뽕뽕다리 말고도 광주천에 많은 다리들이 걸려 있다. 하지만 광주 사람들이 정감 있게 이야기하고 기억하는 다리는 뽕뽕다리 말고는 찾아보기 힘들다. 광주의 어르신들이 뽕뽕다리를 자주 이야기하는 이유는 친숙

전남방직과 발산마을을 연결했던 뿅뿅다리(1973년 철거) 출처 : 『사진으로 본 광주 100년』, 96쪽.

함과 더불어 광주 사람들의 삶 속에서 가장 가깝게 느껴지는 다리이기 때문이다.

지금과 다르게 1974년 정화사업이 이전에는 광주천을 사이에 두고 천변의 오른쪽(상류에서 하류를 바라볼 때 기준)과 왼쪽은 극명한 대조를 이루었다. 천의 오른쪽은 전남도청을 중심으로 시내 중심가를 이루었기에 상대적으로 잘 정비되었지만 천의 왼쪽은 1960년대까지 판잣집이 즐비했다고 한다. 이러한 판잣집은 천과 바로 면해 있기에 수해에 취약했다.

> 호안공사가 제대로 되지 않은 시절 방림동 천변에는 무허가 움막집이 따
> 개비처럼 나란히 붙어 있었다. 옛 전남일보 신문기사에 의하면 '하천과 가
> 옥 사이는 겨우 1미터 30센치, 넓어야 2미터 정도밖에 되지 않으며 방문을
> 열자 길이요. 그 길 바로 다음이 하천이 60센치밖에 안 된다'고 밝히고 있어
> 방림동이 수해에 얼마나 취약했는지 짐작할 수 있다. 그러나 광주천이 방림
> 동에 어두운 그림자만 드리운 것은 아니었다. 맑은 물과 백사장, 그리고 붕
> 어, 장어, 자라 등 풍부한 어종은 어린이에게는 천혜의 놀이터요, 아낙네에
> 게는 삶의 공간이기도 했다.
>
> ─ 『희망을 노래하는 방젯골』, 77〜78쪽

광주의 어른신들의 광주천 이야기에서 빠지지 않은 것이 물고기를 잡았

광주교 아래쪽에서 빨래하는 여성들(1951년) 출처 : 『사진으로 본 광주 100년』 95쪽.

던 것과 빨래 이야기다. 지금은 광주천에서 빨래를 하는 것이 수질이나 환경오염 문제로 상상하기 힘든 일이지만 생활하수와 산업폐기물로 오염되기 이전에는 일상적인 풍경이었다. 광주천에 면한 방림동 사람들에게도 광주천 빨래터에 대한 기억이 생생하다.

광주천에는 따뜻한 봄날에 인근 여성들이 겨우내 묵은 빨랫감을 한 짐이고 와서 방망이로 두들겨 패는 진풍경이 벌어졌다고 한다. 당시에는 이가 들끓던 시절이기도 했고 흰 옷감이나 이불이 많았기에 빨래는 삶는 것이 중요했다. 학동 천변 쪽에는 일명 '도라무통'이라는 불리는 기름 드럼통을 걸어 놓고 런닝셔츠나 내복 등 옷감을 삶아주고 돈을 받는 신종 업종이 성행을 이루었다. 2012년 발행된 방림동 마을지에는 이러한 천변 풍경을 "깨끗이 빨아지고 삶아진 옷들은 천변 호안 돌에 말려져 천변 제방은 마치 알록달록한 곰보빵을 연상시켰다"고 적고 있다.

빨래를 하고 물고기를 잡을 수 있었던 광주천은 상하수도 시설이 정비되지 않은 상태에서 인구 증가에 따른 생활하수로 오염되었고, 주변의 공장들에서 버려진 오폐수로 인해 1960년대 말부터는 이러한 풍경을 찾아볼 수 없게 되었다.

지금의 남선교회 자리에 '○○피혁'이 있었어. 거기서 피혁을 씻으면 물에 뭣이 떠내려와. 그 물이 하수도를 통해서 광주천으로 온께 물이 더러와

부러. 그래서 목욕도 빨래도 못하게 되얐제. 그래가지고 말썽이 겁나게 많
얬어.

– 『희망을 노래하는 방젯골』, 89쪽

　이 피혁공장에서 가공된 가죽이 브랜드 신발이 등장하기 전까지 충장로
의 양화점에 공급되었다. 천변의 공장에서 가죽이 가공되고 건너편의 충장
로에서 제화공들에 의해 구두가 만들어졌던 것이다. 환경을 고려하지 못했
던 생산과 소비, 광주천 정화사업으로 인한 천과 생활의 분리로 인해 빨래
하고 물놀이하고 고기 잡던 풍경은 사라져갔다.
　1970년대 말에는 오염된 광주천을 되살리려는 노력이 시작되었다. 〈경
향신문〉 1978년 8월 30일자 기사는 각 지역에 대한 소개와 전망에서 광주
천의 오염에 대처하고자 하는 광주시의 포부를 소개하고 있다.

　　광주시를 가로질러 흐르는 광주천에 암거를 묻어 폐수를 따로 흐르게 하
　여 광주천에서 물고기가 놀게 하겠다는, 금년부터 시에서 식수를 하고 가
　정에도 장려하여 〈건물 사이로 나무가 보이는 광주〉를 〈나무 사이로 건물
　이 보이는 광주〉로 만들겠다는 등 주로 공해를 의식하고 시정을 펴나가겠
　다는 의지를 보이고 있어 꿈같은 이야기인대도 그 의지만은 고맙지 않을
　수 없다.

　광주천에 물고기가 놀고 시내 곳곳에 나무를 심어 환경친화적인 도시를
만들겠다는 광주시의 의지가 당시에는 꿈같은 이야기였을 정도로 천은 돌
이킬 수 없을 정도로 오염되어 있었던 것으로 보인다. 광주시의 의지와 포
부와 달리 10여 년 후에도 상황은 달라지지 않았다.

　　본래 광주천은 사람들로 하여금 광주에 정주하게 한 가장 중요한 요소였
　다. 만약, 광주천이 없었더라면 오늘의 광주시의 존재는 불가능했을지 모
　른다. 40~50여 년 전만 해도, 광주천은 맑고 물이 풍부해 시민들은 고기를
　잡고 어린이들은 목욕을 했으며 이 흐르는 물이 바라다 보이는 곳에 정자를
　짓고 시를 읊을 수가 있었든 것이다….(중략)…죽은 광주천을 회생시키고

상실된 광주천의 권리를 복권시켜줌으로써 광주시가 살맛나고, 명실상부한
예향의 중심도시가 되도록 하여야겠다.

— 송인성, 1987: 52쪽

광주시가 예향의 중심도시가 되기 위해서는 광주천의 회생이 필요하다
는 주장은 지금도 귀기울일 필요가 있다. 특히 자연을 누리고 이용하는 것
이 인간의 권리일 수 있지만 인간에 의해 상실된 광주천의 권리를 복권시
켜야 한다는 생각은 일종의 사고의 전환을 뜻한다. 이러한 생각의 전환은
이 글의 도입부에서 인간의 입장에서 광주천을 바라보기보다 가능하면 광
주천의 입장에서 광주를 바라보려는 시도와 맞닿아 있다.

1990년대에는 수질 개선으로 광주천에 물고기가 돌아왔지만 사람들의
일상과 천이 어우러지는 풍경은 돌아오지 못했다. 왜냐하면 광주 사람들
은 더 이상 광주천에 기대어 일상을 살고 있지 않기 때문이다. 특히 광주
천의 본천은 양편에 자동차를 위한 도로로 둘러싸여 있어 인근 주민들의
삶과 분리되어 있다. 그리고 1980년대 후반부터 진행되어 1990년대 말까
지 진행된 하천복개로 수많은 지천들이 콘크리트에 덮이고 도로가 되어
사라졌다.

광주천 복개로 잊힌 지천들

2020년 8월 초순의 광주천 물난리로 양동복개상가의 태평교 부근이 범
람 위기에 처했고 북구 신안교 인근이 범람해 침수 피해를 입었다. 왜 광
주천의 다른 지점이 아니고 태평교[2]와 신안교 인근이었을까? 그리고 신안

---

2 현재 양동복개상가의 남쪽과 북쪽에 내걸린 다리로 태평교는 1961년, 양유교는 1964년에 가설됐다. 그런
데 이들 다리는 평소 별로 주목을 받지 못한다. 복개상가와 연접해 있어 다리란 느낌을 거의 주지 못하기
때문이다. 다리가 이렇게 복개상가에 묻힌 데는 그럴 만한 이유가 있다. 1960년대 광주시는 사실상 광주
천의 전면 복개 계획을 세운 적이 있었다. 이 계획에 따르면, 학강교~양유교 2.3km 구간을 복개해 일부
는 도로로, 일부는 상가로 사용하는 것이었다. 그리고 그 1단계 사업으로 광주교~양유교 간 1km를 복개
하고자 했다. 하지만 시공사와의 협상 난항, 시공사의 부실화 등으로 1970년 태평교~양유교 구간 300m
만을 완성했고 이것이 현재의 양동복개상가와 그 앞 도로다(조광철, 2017. 광주천의 다리, 「광주학콜로
키움 자료집」 중에서).

범람 위기에 처한 태평교 인근
출처 : 〈연합뉴스〉 2020. 08. 07.

교는 1순환도로 선상에 아직도 놓여 있고 다리의 형태를 유지하고 있기 때문에 잘 알려져 있지만 광주천에 놓인 태평교를 알고 있는 사람들은 얼마나 될까?

신안교 부근의 범람으로 인한 침수와 태평교 인근이 범람 위기에 처한 이유는 광주천과 지천의 합류 지점이기 때문이다. 동구 지산동에서 시작되어 유동을 지나는 동계천(5.54km)은 복개상가 아래쪽에서 광주천에 합류하는데, 바로 이 지점에 태평교의 아래쪽이다. 북구 일곡동에 발원한 용봉천(8.61km)과 각화동 노고지리산에서 시작하는 서방천(10.85km)은 신안교 바로 위쪽(전남대학교 농대 출입구 부근)에서 합류한다. 그러나 지금의 20~30대 청년에게는 동계천, 용봉천, 서방천이라는 용어가 낯설다. 서방천이 1987년, 용봉천이 1996년, 동계천이 1997년에 각각 복개가 시작되어 모두 도로가 되었으니 밀레니얼 세대는 세 천(川)의 존재조차 알지 못할 것이다.

다음의 이미지는 1966년 발행된 「광주시사」의 시가도에 지금은 도로가 된 동계천, 용봉천, 서방천의 물길을 표시한 것이다. 이 시가도 상에서 동계천이 광주천과 합류하는 지점이 바로 양동복개상가 아래쪽의 양유교 바로 밑이다. 그래서 기다란 동계천이나 서방천과 용봉천이 뿜어내는 수량과 광주천 본천이 합류하면서 범람 상황이 발생하게 되었다고 볼 수 있다. 결국 여전히 아스팔트 콘크리트 도로 아래에서 숨죽인 채 흐르던 물길이 폭우로 인해 자신의 존재를 드러낸 것이다.

다음의 광주시 주요 복개하천 현황은 지금은 그 이름마저 잊힌 지천들이 어느 시기에 도로에 덮이게 되었는지 잘 보여준다.

많은 광주천의 지천들이 복개되어 도로가 되었다는 것은 현재의 심각한 기후위기와 관련되어 있는 여름철 폭우와 폭염을 생각하면 아쉬운 일이다. 도시의 생태와 지역의 문화자원을 활용한 도심활성화와 도시재생에 관심이 있었다면 모든 지천들이 도로가 되었을까?

당시 복개에 대한 진지한 논의가 거의 없었던 것을 보면 자동차 중심의

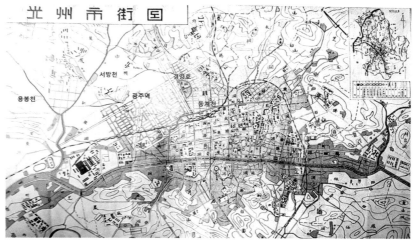

1966년 「광주시사」의 시가도

지류하천의 복개
- 1980년대 중반 이후 신개발지역의 하천복개 가속화
  - 서방천, 극락천, 동계천, 경양지천, 용봉천 등
- 복개하천은 현재 15개소, 복개구간 총 연장은 46,221m
- 법정하천을 제외한 작은 하천까지 포함할 경우 복개하천 및 구간은 더 많을 것임

하천 복개의 영향
- 영산강, 광주천의 수질오염 심화
- 생태 네트워크의 단절
- 도심의 수변공간 축소
- 도시 미기후 변화
- 하천문화 상실

광주시 주요 복개하천 현황

하천	위치	연장(m)	이용현황	준공연도	비고
광주천	양동~유동	300	상가, 도로	1970	
서방천	오치동~임동	4,658	도로	1987	폐천
동계천	지산동~유동	5,540	〃	1997	〃
극락천	봉선동~광천동	12,920	〃	1987	〃
경양지천	계림동~용봉동	2,403	〃	1987	하수도
용봉천	일곡동~임동	5,110	〃	1996	〃
학림천	북구 원출동	790	〃	1997	전구간
진원천	북구 비아동	1,400	〃	1997	〃
두암천	북구 두암동	2,020	〃	1997	폐천
오치천	북구 오치동	2,080	〃	1997	〃
소태천	동구 소태동	1,040	〃	–	소하천
서창천	서구 서창동	4,100	〃	–	일부구간
마륵천	서구 마륵동	2,810	〃	–	전구간
장등천	북구 장등동	90	버스회차지	–	일부구간
선암천	광산구 선암동	960	도로	–	〃
계	15개소	46,221			

출처 : 「광주하천 현황과 복원 과제」, 김종일(광주전남연구원) 2018.

교통체제의 확대와 더불어 이미 오염되어 악취가 심했던 지천들이 사라지는 것을 염려하거나 반대하는 사람들은 없었던 듯하다. 하지만 1995년 10월 31일자 〈광주일보〉에는 천의 복개가 여름철 냉각 효과를 저하시키고 대기 악화를 초래할 것을 우려하는 기사가 실렸다. 2004년 광주대 박석봉 교수는 한 논문에서 광주천 복개 지역과 도심, 운천저수지, 광주공원, 광주천의 여름철 온도를 비교해 보니 평균 온도차가 1.2℃라는 결과가 나왔다고 발표했다. 또한 논문에서는 건천화되었음에도 광주천은 도시 열환경 완화에 기여하고 있었다고 적고 있다. 그러므로 복개된 지역은 천이 있었을 때와 비교하면 열섬효과가 생겼다고 추정을 해 볼 수가 있다. 지천들의 복개로 인해 광주의 열환경이 대체적으로 악화되었던 것이다.

광주천 지천들의 복개와 관련하여 다시 살펴볼 문제는 광주천의 활용과 관련이 있다.

송인성 교수는 1987년 논문에서 '80년대 광주천의 문제와 과제'를 세 가지로 정리하고 있다. 첫 번째 문제는 광주천은 심각한 수질 악화로 하천 기능을 상실했다는 점에 있다.

> 우선 수질오염상태가 날로 악화되어가고 있는 바, 1981년 광주천의 생화학적산소요구량(BOD)은 9.5mg/ℓ 이던 것이 1982년도에는 거의 2 배에 달하는 18.1mg/ℓ 로 되었고 1983년도에는 28.9mg/ℓ 로 되었다. 이것은 제일 낮은 수준의 수질을 요구하는 공업용수 3급의 수질환경기준인 BOD 10mg/ℓ 보다 무려 3배 가까운 죽은 하천이 되었다.

두 번째 문제는 고수부지의 합리적 활용 문제다. 도심부에 흐르는 광주천의 약 64%가 고수부지인데 당시에는 일부 구간에 주차장을 건설한 것 외에는 거의 방치되어 있었다. 송인성 교수는 흐르는 깨끗한 물과 더불어 조화를 이룰 시민휴식공간으로 개발하는 것을 두 번째 문제의 과제로 제시했다. 광주천의 활용과 관련된 두 번째 과제는 현재 어느 정도 해결된 것 같지만 이 문제는 세 번째 과제인 보행자와 차가 공존하는 휴식공간의 조성과 밀접한 관련이 있다.

현재 대부분의 도시개발계획이 자동차 위주로 추진되고 있다. 광주천의 양쪽에 있는 협소한 도로가 자동차 통행에 거의 다 빼앗기고 있어 보행자로서의 시민들이 광주천을 끼고 여유 있게 휴식을 갖는다는 것은 거의 불가능하게 되어 있다.

당시 송인성 교수가 지적한 광주천 양쪽이 자동차 통행에 빼앗겼다는 점은 지금에 와서 훨씬 더 심각해졌다. 천의 양안의 도로는 확장되어 보행자인 시민이 접근하는 것도 어렵고 광주천을 따라 산책하기 위해서는 횡단보도를 지나 천으로 내려가지 않고서는 불가능하다. 도심을 가로지르는 하천의 양안을 이렇게 자동차도로로 활용하는 것이 과연 바람직한 일일까? 강을 따라 형성된 유럽과 일본의 도시들은 최소한 강의 한 면이라도 자동차도로가 아니라 산책로로 조성한다. 천의 아름다운 풍광과 주택과 상가들이 어우러진 모습은 그 도시의 매력적인 요소 중 하나이다.

동계천과 서방천 이야기

동계천과 서방천의 옛 모습을 담고 있는 사진이나 공식적인 자료들은 거의 존재하지 않는다. 아마도 당시 사람들은 익숙한 개울과 냇가였기에 별도로 기록하려 하지 않았을 것이다. 그럼에도 불구하고 두 천에 대한 기억은 광주 지역에서 펴낸 마을지들에 담겨 있다.

동구 대인동에 점포의 상호나 표지판으로 남아 있는 동문다리와 동계천[3]은 광주읍성의 동문과 관련이 있다. 차가 드나드는 대인시장의 중앙통로 아래로 여전히 동계천이 흐르고 있다. 2019년 대인예술시장프로젝트에 참여한 김현돈 작가는 '동계천 복원 프로젝트'를 진행한 바 있다. 제주의 서귀포 올레시장에는 시장 한복판에 인공 실개천이 흐르게 만들었

---

3 광주읍성의 동편으로 흐르는 천이란 의미다. 총길이는 3.51km로 장원봉에서 발원해 지산저수지에서 무등파크호텔을 지나 지호로, 동천길을 따라 지산동 우체국, 중앙도서관 길로 접어든다. 이어 전남여고 뒷길을 따라 대인시장으로 흐르고 동계천1로를 지나 양동복개 다리 밑에서 광주천과 만나는 하천이다(〈광주드림〉 2011. 01. 04. 광주천 '지류하천' 현황. 홍성장 기자).

지만 대인시장에는 실제로 천이 흐르고 있기 때문에 천이 복원이 된다면 나무도 개울도 없는 시장에 매력적인 요소가 될 가능성이 있었다. 그래서 작가는 복개되기 전의 동계천 모습과 기억을 찾기 위해 인근의 주민들을 찾아나서 이야기와 사진을 수집하려 했지만 불과 20~30년 전임에도 동계천과 직접 관련된 사진과 자료는 거의 없음을 알게 되었다. 그는 동계천과 관련된 자료를 수집하면서 '빨리빨리'로 점철된 광주의 근대화 과정을 깨달았다고 말한다. 김현돈 작가는 결국 주민들의 이야기를 모아 동계천을 컴퓨터그래픽으로 복원했다. 작가가 이미지로만 복원한 동계천은 대인시장의 동문다리 입구 쪽(보통 회센터 쪽으로 알려져 있는)에서 전남여고 뒤편과 이어지면서 동명동을 관통한다.

동명동의 옛이야기에서도 지금은 보이지 않는 동계천과 **뽕뽕다리** 이야기가 등장한다. 동명동의 이야기를 토대로 관광안내 책자 형태를 갖춘 『동밖에 마실길―동명동 골목투어 가이드북』에는 동계천에 걸려 있던 **뽕뽕다**리에 관한 한 어르신의 이야기가 실려 있다.

> 여기 뽕뽕다리가 있을 때는 동계천 물이 참 깨끗했어. 그래서 빨래도 하고 빨래도 삶았어. 하지만 차가 무서운께 애기들은 놀 수 없었지. 뽕뽕다리 부근에는 차가 바글바글했어. 여기가 종점이었어. 깔끄막이라 더 이상은 차가 못 올라가. 시내에서 택시로 지산동 갈라면 동명동 뽕뽕다리까지 갑시다 했지. 철길 옆에 뽕뽕다리가 있었어. 동계천 물은 지산동에서 내려와 철길 밑으로 해서 흘러갔어.
> ― (사)동명창조문화행복공동체마을 2014: 108쪽, 이삼례 씨의 이야기, 당시 78세

동계천과 도심철도(현재 푸른길 공원)가 만나는 지점에 걸린 **뽕뽕다리**를 기억하는 사람들이 얼마나 있을까? 그리고 『동밖에 마실길―동명동 골목투어 가이드북』에 실린 마을지도에는 지금은 보이지 않는 동계천의 물길이 표시되어 있다. 이 지도에는 다시 냇가와 철길이 만나는 풍경을 회복하고 싶어하는 주민들의 소망이 담겨 있다. 동계천의 일부라도 복원된다면 현재 젊은 세대들에게 핫플레이스로 불리는 동명동은 생태적이고 문화적인 차원에서 한 단계 더 도약할 수 있지 않을까?

우산동 마을지 『와우골 이야기—우산동의 삶과 사람들』(2016) 표지 그림.

서방천[4]은 옛 서방면을 가로질러 전남대 농대 인근에서 용봉천과 합류한다. 북구 우산동주민자치위원회 펴낸 마을지 『와우골 이야기—우산동의 삶과 사람들』(2016)에는 서방천에 대한 이야기와 천의 옛모습이 담겨 있는 그림이 실려 있다. 그림을 그린 노의웅 화백은 서방천이 휘돌아 나가고 옛 서방마을을 감싸고 있는 언덕을 소[牛]로 표현했다. 그림의 왼쪽 하단에 서방천에 걸려 있는 다리 인근은 그림에는 보이지 않지만 나중에 북구청이 자리하게 된다. 오른쪽 하단의 학교는 옛 서방국민학교(현 효동초등학교)이며 마을의 오른쪽 길은 담양으로 향한다.

노의웅 화백은 당시 서방천이 휘감아 돈 옛 마을을 아련하게 묘사한다.

> 내 고향 서방은 경호원을 방불케 하는 소나무, 고목나무들이 뒷산의 포근함을 더해주고 실개천은 마을을 휘감아 지금의 북구청 앞을 흐르는 전원적 풍경이었다. 봄이면 개천을 따라 마을 아이들과 피라미를 잡고 물장구도 치며 뛰놀고 가을이 오면 맑은 하늘이 나의 무대, 내 공상, 환상의 무한한 공간이며 여기에 내 감성의 응어리들, 그리고 내가 아는 모든 형상을 모아

---

4 유역일대가 옛날 서방면에 해당해 서방천으로 불린다. 총길이 10.85km. 서방천은 노고지리산 서쪽 대치골에서 발원해 도동고개에서 흐르는 물과 만나 남쪽으로 흐른다. 북쪽 호남고속도로와 나란히 내린 방죽골 물이 문흥동 옛 문산마을 앞에서 만난다. 각화저수지 방면의 물은 각화마을 앞을 지나 평교마을에서 합류한 뒤, 광주교도소 등을 지난다. 우산주공아파트 골목에서 북구청 앞, 전남대학교 정문을 지나 전남대 농대 앞 삼거리에서 용봉천과 합류하는 하천이다(〈광주드림〉 2011.01.04. 광주천 '지류하천' 현황. 홍성장 기자).

노의웅 화백, 「서방마을」, 종이에 수채

구름에 실어 흘러 보냈다.

– 북구 우산동주민자치위원회, 2016: 70쪽

　노의웅 화백은 증기 기관차가 천과 숲을 가로지르는 광주의 옛 풍경을 회상하는데, 이러한 자연과 인간의 기술이 만나는 장면은 광주의 미래를 상상하는 데 도움이 될 것이다.

　그것은 차라리 고요하고 아담한 산수화 한 폭이다. 특히 지금은 전설처럼 남아 있는 태봉산(지금의 광주역)을 옆으로 끼고 증기 기관차가 극락강 숲속으로 미끄러질 때면 차라리 서글퍼진다. '극과 극은 통한다'고 했던가! 너무도 아름다운 풍경에 차라리 울고 싶어졌던 것이리라.

– 위의 마을지 71쪽

　우리는 이렇게 시적 표현이 가능하게 하는 도시 경관을 다시 만들 수 있을까? 천과 건물과 사람이 어우러지는 풍경은 광주천의 도로를 없애거나 현재 지천들을 복원해야 가능할 것 같다.

　서방천은 북구청 사거리를 지나 전남대학교 남쪽으로 흐른다. 1980년대

1989년 전남대학교 전경 출처 : 『사진으로 본 광주 100년』, 140쪽.

까지 전남대학교를 다녔던 사람들은 정문 앞에 있던 다리를 기억한다. 당시에는 서방천을 가로지른 다리를 건너 시내버스가 전남대 정문 앞을 돌아나갔다.

1989년 전남대를 촬영한 사진에서는 서방천 복개가 진행 중인 모습을 확인할 수 있다. 사진에 보이는 운동장 아래쪽은 아직 복개되지 않았고 사진 오른쪽 하단의 북구청 앞과 정문에 이르는 길은 일부 복개되어 있다. 하지만 이렇게 녹색을 드러내며 남아 있던 천마저 덮이고 자동차 도로가 되면서 서방천의 모습은 사라졌다. 전남대의 키 높은 나무들 옆으로 서방천이 흐르고 맞은편에 천과 접한 다양한 가게들과 공공시설들이 있는 풍경을 만들 수는 없을까?

그린뉴딜과 광주천의 복원

광주천의 복원 및 개발과 관련된 여러 가지 계획과 구상들이 존재한다. 현재 광주시는 '아리랑 문화물길 조성사업'[5]을 추진하고 있다. 광주천에 녹색보행공간을 조성하거나 생태하천 복원, 동계천과 경양지를 복원하자는 구상도 반길만 하다. 하지만 이러한 계획과 구상에는 광주천과 주민들의 일상생활이 어떻게 만나야 하는지에 대한 상상과 구체적인 계획이 결핍되어 있다. 그동안 광주천 본천에는 자전거도로와 운동시설과 산책로 등을 조성해 왔지만 양쪽이 자동차도로로 차단되어 있어 이용자가 많지 않다. 그마저도 한번씩 폭우로 휩쓸려 나가기 일쑤다.

서구 동천동의 광주천 벚꽃길은 천의 양쪽에 벚꽃이 필 때면 아름다운 풍경을 연출한다. 하지만 벚꽃 명소임에도 천변 제방의 자동차도로로 인해 둑을 내려가서 걷지 않으면 제대로 구경할 수 없다. 자동차를 타고 지나가며 구경하는 것은 가능하지만 둑을 따라 낭만을 즐기기는 어렵다.

따라서 광주천 본천을 아무리 단장한다고 할지라도 자동차도로를 줄이거나 없애지 않는 이상 벚꽃이나 생태적으로 복원한 녹지가 있을지라도 인근 주민이 편하게 이용할 수 없으며 좋은 입지를 활용한 가게들이 활성화되기도 어렵다. 또한 광주천과 시민들의 삶의 분리에서 파생된, 광주천 개발과 복원이 쉽지 않은 또 다른 이유는 주민들의 관심과 참여가 없어서이다.

민선 6기 시당국에서 도심하천 생태 복원사업에 대한 국비예산을 신청했는데 예비타당성 조사를 통과하지 못했다. 경제적 비용과 편익에 대

---

5 '아리랑 문화물길 조성사업'은 이용섭 광주시장이 후보 시절 내세웠던 공약사업으로 총 사업비 10억 원을 투입해 무등산 증심사~남광주~양동시장~광천1교~광천2교~유촌교~상무대교까지 약 16km 구간을 개발하겠다는 사업이다. 사업은 시민이 모이는 문화관광벨트 조성, 광주천 수질개선과 수량 확보, 양동복개상가의 하부 하천부지에 시민 휴식공간 제공, 기아챔피언스 필드 주변 도시재생으로 새로운 문화공간 조성 등을 내용으로 한다. 하지만 지역의 환경단체는 성과지향 개발이라는 우려의 목소리를 내고 있다.

한 계산과 더불어 타당성조사에서 언급되었던 중요한 지적은 이 생태복원사업에 대한 세금 지출 여부를 2015년도에 주민들에게 물었을 때 과반수 이상이 지불할 생각이 없다고 답했다는 점이다. 지불의사 없는 사람들 중 가장 많은 비중을 차지한 것은 '이미 납부한 세금으로 건립해야 한다'(36.5%), '해당 사업은 내 관심의 대상이 아니다'(23.0%)라는 응답이었다(KDI공공투자관리센터, 「2016년도 예비타당성조사 보고서, 광주천 도심하천 생태복원(지방하천정비)사업」 보고서 참조). 시민들은 실상 관심이 없기에 광주천 생태복원을 지금 있는 재원으로 해결하는 것이 낫다고 답한 것이다. 현재 추진 중인 '아리랑 문화물길 조성사업'도 국비 추진이 어렵기는 매한가지이다. 계획에 따르면 막대한 예산이 소요되지만 국비를 조달하기는 쉽지 않을 것이고 주민들의 적극적 참여가 부재하기에 사업의 미래는 낙관적이지 않다.

여름철 폭우와 폭염의 위기에 처한 광주의 현재와 미래를 고려하면 관광과 생태 복원에 초점을 맞춘 광주천 본천의 개발보다 주민이 주도하는 지천 복원이 더 중요한 과제일 것이다. 복개한 도로를 걷어내고 지천을 복원하는 것은 어려운 과업이지만 그린뉴딜을 통해 기후위기에 대응하고 일자리를 창출하는 데는 적합하다.

기후위기로 인해 잦아지고 강해지는 폭우와 태풍은 언제 또다시 광주천의 범람을 불러올지 모른다. 그리고 이러한 상황을 감안하면 도로로 덮여 있는 지천들을 복원했을 때 물길의 흐름을 터줄 수 있고 지천 인근의 열섬현상 또한 줄일 수 있다.

생태 복원을 통한 기후위기 대응과 일자리 창출을 목표로 하는 그린뉴딜이 도시재생의 미래이자 향후 도시발전의 필수 요소라면 도시의 어떤 자원을 근거로 추진해야 할까는 모든 도시의 공통 관심사다. 하지만 광주에는 그린뉴딜 추진에 적합한 광주천의 지천들이 있다.

기후위기가 현실의 재난으로 나타나는 것에 대응하여 서방천과 동계천의 일부 구간이라도 복원하여 여름철 광주도심 온도를 낮추고 개울과 냇가를 시민들의 쉼터로 만들 수는 없을까? 지천 복원에 대한 계획과 아이디어들은 복개 이후에도 꾸준히 제기되었지만 실현된 적은 없었다. 아마도 복원에 소요되는 비용, 도로가 줄어들기에 발생할 수 있는 자동차 교통 문제,

일본 교토의 카모가와(2019년 11월 3일 촬영)

관련 주민들의 이해관계의 복잡성 때문인 듯하다. 하지만 이전 시기의 복원 계획과 그 비용 산정에서 고려하지 못한 것은 기후위기에 대응하는 실천의 가치와 그린뉴딜의 잠재성이다.

광주천의 지천들의 복원을 위해서는 단순히 비용과 편익의 계산이 아니라 광주천의 역사와 문화를 이해해야 한다. 광주천의 역사를 돌아보면 일제강점기의 재개발 위주의 도시계획과 미래를 내다보지 못한 일방적인 개발과 철거로 인한 역사와 문화의 상실이 자리 잡고 있다.

매번 물난리로 휩쓸려 나가는 본천에 산책로, 자전거도로, 편의시설과 문화시설들을 설치할 것이 아니다. 광주천의 복원은 자동차 도로에 갇혀 시민들의 삶과 분리된 본천이 아니라 지천들을 다시 숨쉬게 하는 것에서 출발해야 한다. 특히 동계천과 서방천의 일부 구간만이라도 복원하여 냇가와 나무가 어우러진 수려한 경관과 접한 다양한 가게들과 주택들로 이루어진 생태적 미관지구를 조성하는 그린뉴딜, 기후위기에 대응하여 자동차와 결별하는 새로운 라이프스타일을 시작해야 한다. 유럽의 도시들과 일본의 일부 도시에서 강변과 개울 양옆을 자동차도로에 전부 내준 곳은 없다.

일본 교토 시내의 서쪽에는 가쓰라가와(桂川)가 동쪽에는 카모가와(鴨川)가 흐른다. 사진의 카모가와는 교토의 가장 번화가인 가와라마치에서

주변 도로 현황	대학 - 지역 경계 단절	거주형태 : 원룸 밀집	공원 및 녹지 부족
- 대상지와 전남대 사이 4차선 통과도로 지나감 - 주요간선도로가 대상지 주변을 통과하여 접근성 용이	- 대학과 대상 지역 사이 담장으로 인해 물리적으로 단절 - 가로로 긴 선형 부지를 주차장으로 활용중	- 대학배후지역으로 원룸 형성 - 접근성이 용이하여 사회초년생을 위한 원룸이 대상지의 주 거주형태	- 북구어린이집 주변의 공원 위치 - 대상부지 내 공원 및 녹지공간이 현저히 부족

[INDEX]

▮▮▮▮▮ 전남대-사업부지 단절	▮▮ 녹지		
▮▮▮▮ 대상지 인접 주요 도로	● 공실		
▭ 상업시설	▮ 테마거리		
▭ 원룸	▮▮▮ 이면주차		
▮ 평화시장	▬ 불법주차		

지역 특화 상권	이면주차	지역 거점시설	공실(미임대) 분포
- 자미로, 신흥로 중심으로 대상지를 가로지르는 상권가로 형성 - 주민자생단체가 추진한 테마가로 형성	- 대상지 내 주차공간 부족으로 골목 이면주차되어 있음 - 생활환경 개선, 커뮤니티 증진, 안심마을 필요	- 평화프라자를 중심으로 평화시장길 상권 형성 - 평화시장길 상인회 등 주민자생조직의 도시재생 뉴딜사업 참여의지 높음	- 연접부지 주택재개발 사업으로 공실 및 미임대가 일시적으로 감소하였으나 향후 추가발생 여지 많음

대학타운형 도시재생 뉴딜 대상지 현황분석 출처 : 대학타운형 도시재생 뉴딜(북구청/전남대학교) 누리집

가깝기에 많은 사람들이 찾는다. 사진의 왼쪽 건물은 카모가와와 접해 있어 강의 풍경을 바로 내려다볼 수 있어 인기가 많고 강과 어우러진 아름다운 모습 때문에 일본에서 가장 아름다운 스타벅스 중 하나로 꼽힌다. 이렇게 강을 활용하는 모습은 강의 양쪽 모두를 도로로 활용하는 광주와 대조적이다. 천변을 생태적으로 복원한다고 할지라도 강과 건물을 절단하는 도로가 있어서는 그 풍경을 사람들이 일상적으로 즐길 수 없다. 광주천의 경관을 감상할 수 있는 이들은 천변에 계속해서 들어서고 있는 아파트의 고

층에 사는 주민들뿐일 것이다.

아마 광주에서 서방천을 복원한다면 이와 유사한 경관을 기대할 수 있을 것이다. 서방천 전체 구간이 아니라 현재 '대학타운형 도시재생 뉴딜 사업'이 시행되고 있는 전남대 정문에서 후문까지의 구간을 시범적으로 복원하는 것은 어떨까?

현재 뉴딜사업이 진행되고 있지만 도로로 인해 전남대과 사업구역은 사실상 단절되어 있다. 대학과 사업 대상지를 단절로 표시하고 있는 지점(지도의 붉은색 굵은 가로줄 표시 부분)의 서방천을 도로를 줄이거나 우회시켜 그린뉴딜 사업으로 복원한다면 실개천과 풀과 나무가 어우러지고 공공시설과 상가가 어우러지는 진정한 의미의 대학타운이 조성될 수 있을 것이다. 복원된 구간은 실개천이 있는 생태공원 역할을 하고 천과 바로 면하여 다양한 녹색 일자리를 창출할 수 있는 가게와 공공시설들이 들어선다면 좋겠다. 하지만 지천 복원을 위해 도로를 줄이거나 없애는 것은 많은 저항과 반발을 불러올 것이다. 하지만 골목길에 가득 채우고 보행자를 위협하는 자동차를 줄이고 사적 소유물인 자동차를 위한 공간들을 이제는 모든 주민들에게 돌려줘야 한다. 서방천을 비롯한 지천들이 복원되기 위해서는 자동차 중심의 사고방식과 라이프스타일이 보행자 중심의 생활로 바뀌어야 한다.

광주는 도시화, 산업화 과정의 첫 번째 도시화를 통해 숲과 물의 도시에서 자동차와 아파트의 도시로 탈바꿈했다. 그 과정에서 광주천과 시민들의 삶은 분리되었고 폭력적인 개발로 인해 광주천 인근의 시민과 노동자들의 문화와 역사는 지워졌다. 광주의 두 번째 도시화는 그런 전철을 밟아서는 안 된다. 자동차와 아파트 중심의 생활은 기후위기에 대응하는 지속가능한 삶에 역행하는 것이다. 지천들을 복원하여 다시 숲과 물의 도시를 만드는 것이 광주의 미래다. 눈에 보이지 않지만 존재하고 있는 광주천의 개울과 냇가의 목소리에 귀를 기울여 우리의 도시의 미래를 지금 여기에서 시작해야 한다.

| 참고한 자료와 문헌 |

광주광역시, 1992, 「광주도시계획연혁」.
광주광역시, 2014, 「광주도시계획사」.
광주시, 1966, 「광주시사」.
광주직할시, 1989, 「사진으로 본 광주 100년」.
방젯골만들기추진협의회, 2012, 「희망을 노래하는 방젯골−방림1동 이야기」.
사)동명창조문화행복공동체마을, 2014, 「동밖에 마실길−동명동 골목투어 가이
　　　　드북」.
북구 우산동 주민자치위원회, 2016, 「와우골 이야기−우산동의 삶과 사람들」.
북구 용봉동 주민자치위원회, 2016, 「용봉마을 이야기」.
KDI공공투자관리센터, 「2016년도 예비타당성조사 보고서, 광주천 도심하천 생태
　　　　복원(지방하천정비)사업」.

김원, 2011, 「훼손된 영웅과 폭력의 증언 − 무등산 타잔 사건」, 「박정희 시대의 유
　　　　령들」, 현실문화연구.
김종일, 2018, 「광주 하천 현형과 복원」
박미영, 2009, 「광주천을 연계하는 녹색보행공간 구상−그린웨이 조성을 중심으로」.
박석봉, 2004, 「광주지역의 여름철 열섬현상 측정 및 분석」, 「한국태양에너지학회
　　　　논문집」 24권 4호.
송인성, 1987, 「광주시와 광주천정비」, 「도시문제」 22권 2호.
이영진, 2014, 「'범죄'의 재구성 − 1977년 무등산 철거반원 살해 사건을 둘러싼 물
　　　　음들」, 「비교문화연구」 20집 1호.
이희영, 2008, 1950년대 여성노동자와 '공장노동'의 사회적 의미 − 광주 전남방
　　　　직 구술 사례를 중심으로」, 「산업노동연구」 14권 1호.
정경운, 2013, 「일제강점기 광주읍 '궁민(窮民)' 연구−천정 궁민가옥 철거사건을
　　　　중심으로」, 「호남문화연구」 53.
조광철, 2017, 광주학콜로키움 1차 강연자료 「광주천의 다리」.
한정훈, 2018, 「도시 이주와 정착, 여성 노동자의 정체성 구성 연구 − 광주 지역
　　　　방직공장 여성 노동자를 대상으로」, 「실천민속학연구」 32권.

대학타운형 도시재생 뉴딜(북구청/전남대학교) 누리집 : http://bukgu-univ-urc.kr/menu.es?mid=a10204000000

04

광주를 노래한
대중음악인들

주광 한국방송DJ협회 기획이사

대중가요에서 광주를 노래한 곡들을 연구하면서 1930년대 대중가요 시작 초기 작품이 거의 없
다는 아쉬움이 많았다. 그 시기에 호남에서 가장 번성했던 도시는 목포였고, 목포 관련 노래들
이 쏟아지던 시기였으니 광주는 대중가요에서는 관심 밖의 지역이었다. 그러나 해방 이후에는
도청 소재지이고 대학교 3곳과 각종 중·고등학교가 있었던 교육·행정도시 광주로 인구가 유입
되면서 1950년대 후반부터 광주를 노래한 대중가요를 발견할 수 있었다. 그 정점은 1960년대인
데 1965년에 광주에서 열린 전국체육대회 전후로 무등산과 수박, 딸기, 증심사를 키워드로 한
대중가요 20여 곡이 만들어졌다. 그러나 그 곡들 중에 히트한 곡은 거의 없고 수록 앨범도 대부
분 끼워넣기 식의 컴필레이션 형식이었다.

광주를 노래한
대중음악인들

머리말

1910년부터 시작된 일제강점기 이후 근대화 과정에서 들어온 대중가요의 역사에 호남의 중심도시 광주와 광주의 첫 이미지인 무등산을 노래한 곡들은 얼마나 될까?

광주는 1896년 전라남도 관찰부가 설치되면서 호남 지역의 중심도시로 발전하기 시작했다고 보는 것이 일반적이다. 노래에 광주가 처음 등장하는 것은 신재효 판소리 사설집에 나오는 단가 〈호남가〉에서다. 1800년대 초에도 불리었던 것으로 알려진 이 노래에서 화자가 가야 할 고향이자 목적지로 그려지고 있는 광주는 호남에서 상당히 중요한 곳임을 알 수 있다.

> 咸平天地 늙은 몸이 光州 고향을 보랴 허고,
> 濟州漁船 빌려 타고 海南으로 건늬 갈 적,
> 興陽의 돋은 해는 寶城으 비쳐 있고,
> 高山의 아침 안개 靈岩을 둘러 있다.

그리고 남도 민요 〈까투리 타령〉에 무등산이 등장하는데 〈까투리 타령〉

---

* 이 글에서 정리된 광주 노래들은 시대순으로 배열했고 특정 주제의 노래들은 묶어서 배열했다. 노래의 수록 앨범은 『 』안에 넣었고, 노래 제목은 〈 〉안에 넣었다.

이 언제 만들어졌는지 정확히 알 수 없지만 20세기 초에 만들어진 유성기 음반과 경성방송국 방송 목록에 〈육자배기〉나 〈둥가타령〉 등 남도잡가들과 함께 연주된 것으로 보아 1930년경에 만들어진 것으로 생각된다.

> 전라도라 지리산으로 꿩 사냥을 나간다
> 지리산을 넘어 무등산을 지나 나주 금성산을 당도허니
> 까투리 한 마리 푸두둥 허니 매방울이 떨렁~
> 후여 후여 어허 까투리 사냥을 나간다.

　여기서는 단가와 민요가 아닌 우리 대중가요 100여 년의 역사에서 광주와 무등산을 직접적으로 노래한 곡들을 찾아서 내용을 분석했다. 김원중의 〈바위섬〉이나 정오차의 〈바윗돌〉, 이선희의 〈오월의 햇살〉, 〈한바탕 웃음으로〉같이 광주를 은유적으로 표현한 히트곡은 여기에서 다루지 않았다.
　찾아서 정리한 음악은 80여 곡이 되지만 지면 관계상 여기에 다 싣지는 못했고 나머지 곡들도 다 소개할 수 있는 기회가 있으리라 생각한다.

1950, 1960년대 광주 노래

　광주는 1949년에 인구 12만으로 광주시로 승격이 되고 1950년대부터 본격적으로 그 세를 불리기 시작한다. 그래서 광주 노래도 1950년대 이후 상당히 많아진다.
　최근에 확인된 광주 노래 〈달려라 유람마차〉는 1956년에 발매됐는데, 해방과 한국전쟁의 혼란 속에 떠돌다 10년 만에 고향인 광주로 간다는 내용이 들어 있다. 가사 내용에 사투리가 들어 있어서 확실한 전라도 광주 노래다. 유성기 음반에는 제목이 '달여라 遊覽馬車'로 되어 있다.

오경환, 차은희 – 달려라 유람마차 1956년 야인초 작사, 이정화 작곡

초록 포장 둘러치고 향수마차 달린다

피난살이 입장 곤란 평안북도요
광주 고향 십 년 만에 간당께로 전라도
함경도다 강원도다 황해도다 충청도다
랄랄랄랄랄 랄랄랄랄랄랄 랄랄랄랄랄 랄라라라

〈달려라 유람마차〉 음반, 1956년 발매

1959년에 발매된 컴필레이션 앨범 『날 버린 목포항』에 실린 남성봉의
〈서울행 삼등실〉은 석탄을 연료로 한 증기기관 삼등 열차를 타고 고향 광
주를 떠나 이리, 대전을 거쳐 서울로 가는 내용이다.

남성봉 – 서울행 삼등실 1959년 최치수 작사, 김성근 작곡

고향 산천 뒤에 두고 차도 가네 나도 가네
석탄 연기 가물가물 이별의 호남 열차
몸은 비록 간다마는 정마저 떠날소냐
광주야 잘 있거라 서울행 삼등실

증기기관 호남선 열차를 타고 고향 광주를 찾아온 반가움을 내용으로 하
는 노래도 있는데 1960년대 초에 나온 윤일로의 〈광주야곡〉이 그 곡이다.
윤일로는 1959년 〈기타 부기〉를 부른 가수로 유명한데 〈광주야곡〉에서는

「날 버린 목포항」 음반과 〈서울행 삼등실〉 노래 가사

광주에 도착할 때 열차 차창으로 보이는 무등산과 광천다리가 등장한다.

윤일로 – 광주야곡 1962년 강남풍 작사, 김영호 작곡

무등산 걸린 달아 구비치는 광천교야
호남 열차 객창으로 바라보니 반갑구나
목탄선 금잔디에 옛 시절 그대론데
나와 같이 놀던 님아 어데 가고 아니 오나
증심사 풍경 소리 나의 발길 붙잡는데
지난 일을 생각하니 냇물 소리 처량하다
단둘이 속삭이며 그 시절 부른 노래
신비로운 저 달아 너와 함께 불러보자

당시에 주 교통수단이었던 열차로 광주를 떠나는 심정을 노래한 곡이 하나 더 있다. 그 노래는 최갑석의 〈눈물 실은 호남열차〉인데 최갑석은 1958년 〈고향에 찾아와도〉를 히트시킨 유명 가수다.

최갑석 – 눈물 실은 호남열차 1966년 김영일 작사, 김성근 작곡

광주여 잘 있거라 다시 오마 광주야
급행차에 몸을 실고 떠나를 간다만
호남선을 달려가는 기적 소리에
정든 산천 정든 님이 차창에 비쳐 눈물이 돈다

호남선 열차로 광주를 오가던 당시의 광주역은 지금의 동부소방서 자리에 있었다. 이 광주역을 노래한 곡도 두 곡이 있다.

〈이별의 광주역〉이 수록된 앨범

김호 – 이별의 광주역 1961년 추정, 황병규 작사/작곡

이슬비 나리는 이별의 광주역엔
정 두고 떠나가는 그님의 모습
아쉬움만 남겨놓고 떠나야 하는
이슬비 맞으면서 맞으면서
이별의 광주역

잘있오 잘가세요 이별의 광주역엔
우연히 맺인 정이 변함이 없네
그리움도 즐거움도 버려야 하는
눈물을 흘리면서 흘리면서
이별의 광주역

비둘기 자매 – 광주역의 밤비 1966년 김운하 작사, 고봉산 작곡

생각을 말어야지 떠나가야지
미련을 버리고서 떠나가야지

사랑하는 그 님은 간 곳이 없네
광주역에 밤비가 마음에 걸려
갈 길을 못 가서야 말이 될소냐
안타까이 떠나가는 마음은
너보다 섧다.

〈광주역의 밤비〉가 수록된 앨범

1962년에 나온 노래로 김정애의 〈광주 아가씨〉가 있다. 김정애는 1956
년 〈앵두나무 처녀〉와 1957년 〈닐리리 맘보〉가 히트하면서 많이 알려진
가수이다. 〈광주 아가씨〉의 1절 가사에는 무등산의 명물로 딸기가 나오고
2절 가사에 수박이 나오는데, 무등산 수박은 지금도 유명하지만 딸기가 유
명했다는 것은 많이 알려지지 않은 사실이다.

김정애 – 광주 아가씨

무등산 기슭에 딸기도 유명한데
한두 송이 따는 딸기 대바구니 넘쳐나네
정든 님아 어서 와서 이 바구니 받아주세요
정다웁게 불러주는 광주 아가씨

무등산 기슭에 수박도 유명한데
잡수시고 또 달래면 나는 몰라
수박 넝쿨 뒤져가며 익은 대로 따서 바쳐요
알뜰살뜰 인정 많은 광주 아가씨

무등산 기슭에 맺었던 사랑인데
지근지근 못 미더운 우리 님아 맘 돌려라
딸기 수박 문제인가 나의 심정 죄다 바쳐요
오늘도 아름다운 광주 아가씨

1959년 2월 1일자 〈조선일보〉 풍토순람 광주시 편에는 지산동 딸기밭에
관련한 기사가 나온다.

지산동 딸기밭. 4월경이면 딸기밭을 이룩하고 또한 천연적 환경이 시민
들을 손짓해 부르는 듯 아늑한 곳이어서 시민들이 거의 이곳으로 모여들어
성황을 이룩한다. 한가한 산책지대로 또는 젊은 남녀들의 연애할 수 있는
환경으로 매우 적당한 곳이기도 하다.

― 1959년 2월 1일자 〈조선일보〉 4면 기사 내용

그런데 1960년대의 광주 노래 중에 무등산 딸기를 소재로 하는 노래가
한두 곡이 아니다. 당대의 인기가수 김용만도 〈호남 부루스〉에서 딸기를
노래했다.

김용만 ― 호남 부루스 196?년 반야월 작사, 이시우 작곡

실눈이 녹아 녹아 녹아 녹아 봄이 오는 무등산
풋딸기 정을 맺는 내 고향은 내 고향은 광주다
달뜨는 섬진강에 물소리도 그리워
그 님과 불러보던 그 님과 불러보던 호남 부루스

芝山洞 딸기밭
四월경이면 딸기밭을 이
룩하고 또한 천연적
환경이 시민들을 손짓
해부르는듯 아늑한곳이
어서 시민들이 거의한
곳으로 모여들어 성황
을 이룩한다
한가한 산책지대로 또
는 젊은남녀들의 연애할
수있는 환경으로 매우적
당한곳이기도 하다

1959년 2월 1일자 〈조선일보〉 지
방판 4면 기사

이름이 많이 알려지지 않았지만 맛깔나는 노래를 하는 가수 김득수의 〈무등산 아가씨〉에도 무등산 수박과 함께 딸기가 등장한다.

김득수 – 무등산 아가씨 1962년, 정득채 작사, 강준희 작곡

무등산 수박밭에 수줍은 아가씨
차림새도 곱건만은 사랑은 없더라
달빛이 스며드는 무등산 산정에
들려오는 사랑노래 눈물이 진다

무등산 딸기밭에 수줍은 아가씨
거니는 말 부드러워도 사랑은 없더라
네온 빛 깜박이는 고요한 산장에
스쳐가는 사랑노래 눈물이 진다

1930년대부터 이난영과 쌍벽을 이뤘던 가수 황금심도 무등산의 딸기 노래를 불렀다.

〈무등산 처녀〉가 수록된 황금심 앨범

황금심 – 무등산 처녀 1964년 반야월 작사, 박시춘 작곡

무등산 딸기밭에 딸기 따는 저 처녀야
딸기같이 붉은 순정을 어느 님을 주려는가
일락서산 해 지는데 노랑새야 울지 마라
구슬픈 네 울음에 음– 네 울음에
처녀 간장 다 녹는다

히트곡 〈귀국선〉으로 유명한 가수 이인권이 작곡하고 당대의 최고 작사가 반야월이 작사한 〈광주 아가씨〉에도 딸기가 나온다.

오정란 – 광주 아가씨 1966년 반야월 작사, 이인권 작곡

무등산 골작의 봄눈이 녹아
진달래가 피는 날에 님이 돌아오려나
눈물 담은 어린 가슴 애만 태우는
아~ 아~~~ 광주 아가씨

섬진강 물줄기 얼음 풀리면
나룻배에 노를 저으며 님이 돌아오려나
딸기같은 어린 순정 조바심 치는
아~ 아~~~ 광주 아가씨

무등산 딸기를 노래한 곡이 이렇게 많다. 광주의 딸기 노래를 부른 가수들 중에 가장 유명한 가수는 황금심이다. 황금심은 1938년 〈알뜰한 당신〉의 히트로 '꾀꼬리의 여왕'이라 불리던 가수이고 1954년 〈삼다도 소식〉, 1959년 〈뽕 따러 가세〉 등의 히트곡을 남겼다. 그 황금심이 1961년에 민요풍의 광주 노래를 하나 불렀는데 그 곡은 〈남도 신 아리랑〉이다. 이 노래에서 아주 특별한 공간이 등장한다.

〈남도 신 아리랑〉이 수록된 황금심 앨범

황금심 – 남도 신 아리랑 1961년 강남풍 작사, 김부해 작곡

아리랑 아리랑 아라리요
아리랑 장단에 소를 모는 저 목동아
무등산 화전 밭은 어데 가고
멋쟁이 아가씨만 넘나드느냐
신식 호텔이 생겼다네

이 노래에 나오는 신식 호텔은 무등산장 호텔이다. 1959년 4월 16일자
〈조선일보〉에는 무등산장 호텔에 대한 기사가 실려 있다.

5월부터 공사착수, 무등산장 등 호텔 5개소 – 우방각국과의 친선도모와
아울러 외화획득을 겸한 관광사업 추진에 총력을 기울이고 있는 교통부에
서는 해방 후 어느 때보다도 활발한 움직임을 나타내고 있는데 우선 시설면
에 치중하여 오는 5월부터 연내 완공목적 아래 3억 4천만 환 예산으로 다음
5개소에 호텔을 신축하게 되었다. 무등산장–6천여만 환 예산으로 양식 6개
실을 마련할 것인데 방가로 식으로 간편하게 하여 7월 말이면 완성된다.
— 1959년 4월 16일자 〈조선일보〉 3면 기사 내용

5月부터工事着手

無等山莊등 호텔5個所

우방각국과의 친선도모와 아울러 외화획득을 겸한 관광사업추진에 있는 해방후 총력을 기울이고 있는데 어느때보다도 활발한 움직임을 나타내고 있는데 우선 시설면에 치중하여 오는 五월부터 二억四천만환예산으로 내완공목적아래 다음 五개소에 「호텔」을 신축하게되 엇다

▲無等山莊=六천여만환 예산으로 앉식 六개실을 마련할것인데 「방가로」식으로 간편하게하여 ...

무등산 산장호텔 역사

▶ 1959년 　교통부가 건국 이후 처음으로 명승지 관광호텔 건립 계획 수립

▶ 1959년 4월 25일 김일환 교통부장관 무등산 답사 원효계곡 후보지 결정

▶ 1959년 7월 　설악산, 서귀포와 함께 산장식 관광호텔 착공
　　　　　　　객실 10개, 연회장, 식당 등 부대시설을 갖춘 지역 최초 관광호텔

▶ 운영연혁 　준공 후 교통부에서 광주시에 경영 위탁
　　　　　　국제관광공사 발족으로 관광공사로 운영권 이양
　　　　　　1966년 3월 전남일보사(후 광주일보) 인수
　　　　　　1999년 광주일보사(전 전남일보)에서 원래 지주인 원효사로 운영권 양도 후 개인 임대로 대중음식점 및 커피운영

▶ 서양화가의 거목 오지호 화백, 문화예술나운동을 펼친 김남중 회장
　광주문단의 거장 김현승, 염영의 서양화가 천경자 화백 등 무수한 시인 묵객들의 작품과 영감의 원천

▶ 1960년대와 70, 80년대 남도지역 젊은이들이 신혼의 단꿈 속에 미래를 설계하는 설렘과 꿈의 장소

▶ 1980년대 민주화 열사 및 동지들의 비밀모임의 장소로 광주 민주화의 숨겨진 명소

▶ 근대 유물로 지정되어야 할 광주 유일의 산장 호텔 터로서 우리가 아끼고 지켜 나아가야 할 모두의 문화적 자산으로 남도민의 가슴속에 각인 됨

1 1959년 4월 16일자 〈조선일보〉 3면 기사
2 2016년 무등산 산장호텔 역사　출처 : 직접 촬영

　이렇게 완성된 무등산장 호텔은 1960, 1970년대에 젊은이들의 신혼여행지로, 광주문화예술인들의 작품 활동에 영감을 주는 원천으로, 그리고 1980년대 민주화운동의 비밀모임 장소로 활용되었다. 그러나 1990년대 이후에는 노후화되어서 방치되다가 설악산, 서귀포, 무등산 등 국내 명승지에 건립한 관광호텔 중 유일하게 남아 있는 건축물로 관광사적 의미가 크다 해서 2020년 3월 9일 문화재청에 의해 국가등록문화재 제776호로 등록되었다.

　유명 관광지인 설악산, 서귀포와 함께 무등산에 관광호텔이 들어서니 당시에는 네온사인이 휘황찬란한 고급 호텔이었던 모양이다. 그런 내용을 담은 노래들이 몇 곡 있다.

김득수 - 무등산 아가씨 2절 1962년 정득채 작사, 강준희 작곡

무등산 딸기밭에 수줍은 아가씨
거니는 말 부드러워도 사랑은 없더라
네온 빛 깜박이는 고요한 산장에
스쳐가는 사랑노래 눈물이 진다

정광중 - 광주 부루스 1966년 정득채 작사, 김부해 작곡

네온 불 반작이는 충장로의 밤거리
둘이서 손목을 잡고 한없이 걸어가든
그날 밤에 흘러간 로맨스여
이 밤도 나만 홀로 걸어보는 추억의 거리
아~ 아~ 광주 부루스여

무등산 산장 불이 깜빡이든 그 밤에
그대가 속삭이든 꿈같이 사라져간
행복 속에 흘러간 로맨스여
이 밤도 젊은이들 짝을 찾는 공원의 거리
아~ 아~ 광주 부루스여

1960년대에는 다양하게 많은 광주 노래가 나온다. 전남 무안 출신으로 1940년 오케레코드 콩쿠르 광주예선을 거쳐 가수가 된 최병호는 히트곡 〈아주까리 등불〉을 남겼다. 최병호도 〈호남의 사나이〉 1절에서 광주를 노래했다.

최병호 - 호남의 사나이 1962년 이철수 작사, 이시우 작곡

무등산 석양 길에 버들피리 불면서
방랑의 꿈을 꾸든 그 시절은 먼 옛날

광주라 내 고향에 옛 님이 그리워서
기타 줄에 노래 부르는 호남 땅의 사나이

1960년대의 그 많은 광주의 노래에 등장하는 소재로 단연 1위는 무등산이고 그 다음이 증심사, 딸기 등인데 그 가운데에서 독특한 소재의 곡이 세 곡이 있다. 그 첫 곡은 상무대를 노래한 곡이다.

박옥희 – 광주 소야곡 1965년 손로원 작사, 박시춘 작곡

무등산 밝은 달은 깊어 가는데
첫사랑을 속삭이든 그 맹서는 날라가고
꿈길만 나른 대는 광주교 푸른 물결
님 자취가 애달프다 광주의 설움

증심사 종소리는 처량하고나
오늘밤도 이별이냐 퉁겨주는 가야금 줄
춘향이 그 절개를 내 어이 못 따르랴
그 아가씨 불러준다 광주의 노래

상무대 뜬 구름은 흘러만 가고
쓰라린 내 상처는 어이해서 안 풀리나
못 만날 님이건만 옛정을 못 잊어서
옷자락에 얼룩진다 광주의 눈물

〈광주 소야곡〉 1절에서는 무등산, 2절에서는 증심사가 나오는데 3절에서 상무대를 노래하고 있다.

상무대는 6·25한국전쟁 중이던 1952년 1월, 광주시 치평동에 창설된 육군종합학교 기지다. 당시 대통령인 이승만이 '무(武)'를 숭상하는 배움의 터전'이라는 뜻으로 상무대라고 이름 붙였다. 그 후 대한민국 육군 장교들의 병과 교육기관으로 성장했고 1995년에 장성군 삼서면으로 이전하고 지금

은 그 일부만 남아 5·18기념공원으로 보존되고 있다.

상무대는 1980년 5·18민주화운동 당시 시민들을 잡아다 감금하고 고문한 비극의 역사로 기억되고 있다. 그러나 1970, 1980년대 충장로와 금남로의 음악다방이나 카페에서는 상무대에서 교육받는 장교 후보들이 주말이면 제복을 입고 나와 연인과 데이트를 즐겼다. 그래서 대한민국 육군 장교들에게 상무대는 애국심 충만한 젊은 시절의 아름다운 로맨스로 기억되는 곳이기도 하다. 아픈 역사의 장소였던 상무대를 애국심과 낭만적인 사랑으로 기억되는 공간으로의 이미지 전환이 필요하다.

독특한 소재의 광주 노래 두 번째는 극락강을 노래한 〈호남 나그네〉다.

신행일 – 호남 나그네 1967년 반야월 작사, 배상태 작곡

호남선 꾸불꾸불 만경 벌판에
이리 흔들 저리 흔들 콧노래 싣고
옛집을 찾아가나 옛 님을 보러 가나
해 지는 극락강에 빨래하는 처녀야
못 본 체하지 마라 하지를 마라
호남 나그네

〈호남 나그네〉가 수록된 앨범

극락강은 영산강 중에서 광주군 극락면을 휘감아 도는 부분을 말하는데 1920년대와 1930년대의 신문기사에 극락면의 마을로 운암리, 동림리, 덕흥리, 신례리, 평촌리, 치평리, 쌍촌리, 신덕리, 내방리, 송하리 등이 등장하는 것으로 보아 극락강은 지금의 운암동과 치평동 사이, 그러니까 산동교부터 극락교 사이 구간을 말하는 것으로 보아도 무방하겠다.

일제강점기에 극락강에 대한 기사는 여럿 더 있다. 다음의 신문기사로 보아 극락강은 무등산과 배산임수의 입지를 이루는 강이다. 이 극락강에 1922년 7월 1일 송정리와 광주를 잇는 광주선 철도가 개통되면서 극락강 철교가 놓이는데 이 철교 부근에 수영장이 개설돼서 여름 동안 철교에 1분간 정차하고 왕복할 경우 운임도 5할 할인해줬다는 기사도 있다. 1970년에는 강물의 수질 오염으로 수영금지 조치가 내려지고 극락강 철교에 더 이상 기차는 서지 않았지만 1970년대 말까지도 극락강 유원지는 광주 시민들의 여름 휴양지였다.

극락강에 그 시절의 분위기는 사라졌지만 지금도 극락강역은 남아서 하루 왕복 2회 목포행 통근열차가 정차하고 광주역과 광주~송정 간 통근열차가 30회 운행되고 있다. 1967년에 나온 신행일의 〈호남 나그네〉에는 인근 신가리 주민들의 빨래터로 극락강이 이용됐다는 것을 보여주고 있다.

독특한 소재의 광주 노래 세 번째는 사직공원을 노래한 안다성의 〈광주 에레지〉다.

안다성 - 광주 에레지 1967년 야인초 작사, 임문규 작곡

무등산 노송나무 그늘 아래서

1 1937년 7월 27일 〈동아일보〉 6면 기사
2 1927년 7월 19일 〈동아일보〉 4면 기사

변치를 말자 하든 맹세는 어데 가고
십자가 목거리에 무남아 네 이름을
멀리서 소리 없이 가슴에 불러본다

무남아 잊었느냐 충장로 거리
지금은 사직공원 진달래 피었건만
바람에 들려오는 수녀원 종소리가
禁男에 가로막힌 가슴을 파고든다

무남아 네 행복을 낸들 막으리
미련을 끊어놓고 울면서 떠나간다
못 맺을 내 사랑아 산타 마리아여
終列車 베루 소리 광주야 잘 있거라

1967년 아세아레코드 AL-113앨범 - 〈광주 에레지〉 가사

1960년대 말에는 무등산을 노래한 곡들이 쏟아지는데 이 시기에 나온 무등산 노래를 살펴보면 〈수덕사의 여승〉으로 유명한 가수 송춘희, 민요가수 최정자, 하춘화 등의 노래들이다.

송춘희 – 무등산아 물어보자(1968년 김문응 작사, 정주희 작곡)
황선아 – 내 고향 무등산(1968년 김강일 작사, 송운선 작곡)
최정자 – 무등산 처녀(1968년 박성식 작사, 김부해 작곡)
최윤정 – 무등산 처녀(1968년 박미라 작사, 박시춘 작곡)
하춘화 – 남해의 연가(1968년 반야월 작사, 고봉산 작곡)
문성원 – 대답없는 고향(1969년 문호성 작사, 나화랑 작곡)

1970, 1980, 1990년대 광주 노래

1970년대 유신 시절은 호남에 대한 차별이 극심하던 때였다. 그 때문인지 1970년대에 나온 광주 노래는 전무하다시피 하다. 그리고 1980년 5월 18일. 그 아픈 일이 광주에서 벌어진다. 군부독재 시절에는 광주를 입에 담는 것도 용납되지 않았다. 하물며 광주를 소재로 노래를 만든다는 것은 엄두도 못 낼 일이었다. 그런데 1980년대 초반 열풍처럼 번진 사투리 디스코 메들리에서 무등산에 대한 노래가 나오기 시작한다. 위금자의 〈무등산 달빛 아래서〉와 문희옥의 〈바윗돌아 금난초야〉가 무등산이 등장하는 사투리 디스코 음악인데 이 두 곡은 모두 안치행이 작곡했다. 안치행은 전남 진도 출신으로 1970년대 초 그룹사운드 영사운드를 만들었고 안타 프로덕션을 차려 많은 음반을 기획한 제작자이기도 하다.

디스코 메들리 가수 위금자, 문희옥, 황정숙

위금자 – 무등산 달빛 아래서 1983년 안치행 작사, 작곡

무등산 달빛 아래 고개 숙인 나의 모습은
천년을 하루같이 떠난 님을 기다리고 있어요.
그리움에 목이 메어 그 이름을 불러봐도
대답 없는 메아리만 내 가슴을 치는구나
다시 한번 불러본다 무등산 달빛 아래서

문희옥 – 바윗돌아 금난초야 1987년 이호섭 작사, 안치행 작곡

정원에 들어앉자 꽤나 으시대는
바윗돌아 바윗돌아 와따메 출세했구나
무등산 모퉁이에 내버려진 니를
어느 누가 데려왔냐 참말로 출세했구나

여대생 가수 황정숙도 사투리 메들리에서 〈무등산 수박〉을 불렀다.

황정숙 – 무등산 수박(여대생 사투리) 1987년 김병걸 작사, 김욱 작곡

왔다메 무엇이 요로콤 크당가이
수박이 아니랑게 꿀박이랑게
고놈 싸게 따개 보시요
워메 더운 게 더워 먹고
고상하는 서울 양반님들
그 비싼 자가용 두었다가
워디에 쓰간디 무등산
수박 잡수시러 오시라요

1984년은 광주 통기타 가수들이 기념비적인 음반을 발매한 해이다. 광주 통기타 1세대 가수이자 DJ인 이장순은 서울로 진출해서 방송작가로 활동하면서 1집 앨범을 만들었다. 그 앨범에 〈충장로의 밤〉을 수록했다.

이장순 – 충장로의 밤 1984년 고승석 작사, 작곡

밤비가 내리는 충장로의 밤은 깊은데
지난날 이별이 내 가슴을 떨리게 하네
추억 속에 남아 있는 아름다운 그 사랑이
빗속에 멀어져 간 잊지 못할 충장로의 밤

그리워 못 잊어 나 홀로 찾아왔다가
쓸쓸히 돌아가는 이별의 충장로의 밤

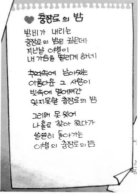

1984년 이장순 1집과 〈충장로의 밤〉 가사

각종 대학가요제에 출전해서 입상한 광주의 젊은 통기타 가수들인 소리
모아, 김정식, 신상균, 김종률, 김원중은 앨범 『예향의 젊은 선율』을 만들
었다. 이 앨범에서 5·18 당시 광주의 고립된 상황을 비유적으로 그린 김원
중의 〈바위섬〉이 전국적으로 히트했다. 그 앨범 속에 김종률의 〈무등산 친
구〉가 있다.

김종률 – 무등산 친구 1984년 김종률 작사, 작곡

무등산 친구 무등산 친구 나의 친구여
세월이 가도 변함이 없는 그대 내 사랑
그대는 가리 가야만 하리 거친 세상 길
두 손 꼭 잡고 내일을 향해 가야만 하리
그대를 밤낮없이 잘 아는 이름 무등산 친구 무등산 친구
하늘로 향해 뻗은 희망의 노래 무등산 친구 무등산 친구

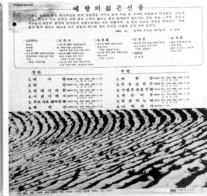

1984년 앨범 『예향의 젊은 선율』

서슬 퍼런 전두환 군부독재 시절에 광주를 직접 언급할 수는 없었고 대부분의 광주 노래는 무등산과 충장로에 빗대어 부른 노래들이었다. 그런 가운데 1984년 광주를 직접 노래한 곡이 나왔다. 목포 출신으로 작사가와 음반 제작자로 활동하는 서판석 씨가 〈광주 광주〉를 제목으로 작사를 하고 자신이 운영하는 기획사 소속의 가수 인순이에게 부르게 한다. 그러나 심의를 통과하지 못하고 가사의 첫 부분인 〈여기가 어디냐〉를 제목으로 하고 광주는 괄호 안에 슬쩍 집어넣어서 발매하게 된다. 그마저도 각 방송사에서 선곡을 꺼려해서 이 곡은 묻히게 된다. 훗날 서판석은 이 노래가 5·18 이후 미국으로 망명한 김대중의 입장에서 광주를 위로하는 마음으로 만들었다고 밝혔다.

인순이 - 여기가 어디냐(광주) 1984년 서판석 작사, 박인호 작곡

여기가 어디냐 꿈속에 그리던 곳
꿈을 버리고 무엇을 찾아 나 여길 떠났던가
정든 내 땅 다시 보자 눈물이 앞을 가리네
나 떠난 뒤에 누가 너를 이렇게 아껴주었냐

(중략)

여기가 어디냐 어머니 계시던 곳

정이 그리워 꿈이 그리워 나 여기 다시 또 왔네

"광주" "광주" 다시 보자 내 어찌 너를 잊으랴

나 떠난 뒤에 누가 너를 이렇게 아껴주었냐

인순이 〈여기가 어디냐〉 수록 앨범

서판석은 1985년에 발표된 방미의 8집 앨범에 〈무등산〉을 작사해서 다시 한번 광주의 아픔을 어루만져 주었다.

방미 – 무등산 1985년 서판석 작사, 석영 작곡

내가 미워 말없이 돌아앉은 저 산은

무심한 저 산은 매정한 저 산은

해가 지고 달이 뜨면 나는 바위 틈에

홀로 숨어 숨어서 피어나는 철쭉 한 송이

원효사 풍경 소리에 이 가슴이 떨려

간밤에 목놓아 울기도 했었네

그러나 당신은 내 사랑 무등산

내 고향 무등산 내 생명 무등산

산울림 칠 때마다 날 부르는 소리

나를 부르는 소리

〈무등산〉이 수록된 방미 8집 앨범

　　1949년 광주 출신으로 1968년 〈아카시아의 이별〉과 1969년 〈가을이 오기 전에〉, 1971년 〈꽃목걸이〉를 히트 시킨 이영숙도 1985년에 〈무등산〉을 발표해서 광주의 아픔을 함께했다.

이영숙 − 무등산 1985년 박현진 작사, 작곡

안개 짙은 무등산 증심사 찾아

둘이서 거닐던 날이 어제 일만 같은데

지금은 너도 가고 나 또한 떠난 이 자리

못 잊어 못 잊어서 무등산아 내가 또 왔다

비 내리는 무등산 언덕길 따라

오는 사람 가는 사람은 모두가 낯선 얼굴들

돌아보며 또 돌아보던 무등산 모퉁이 길을

못 잊어 못 잊어서 무등산아 내가 또 왔다

1987년 광주시에서는 5·18 이후 침체된 광주의 분위기를 되살리려고 유명 작곡가 길옥윤에게 곡을 맡기고 조선대 국문과 교수 박홍원 작사의 〈광주 시민의 노래〉를 만들어 보급한다. 더불어 박문옥이 작곡하고 이미랑이 부른 〈무등 아리랑〉도 함께 보급하는데 이 두 노래는 당시 광주시 쓰레기 수거 차량에서 방송이 되어서 광주 시민들의 새벽을 깨웠던 노래다.

광주 시민의 노래 1987년 박홍원 작사, 길옥윤 작곡

무등산 등성이에 햇빛 퍼지면
가슴마다 희망의 샘물이 솟고
밝은 내일 위하여 일터를 찾아
우리는 광주 시민 긍지로 산다

알뜰한 살림살이 착한 마음씨
문화와 예술이 꽃으로 피고
후한 인심 가꾸며 보람을 찾는
우리는 광주 시민 긍지로 산다

언제나 포근하고 정다운 고장
빛나거라 자랑스러운 우리의 광주

1987년 민주화와 직선제 개헌요구를 받아들여 발표한 6·29선언 이후에 5·18청문회가 열리고 분위기가 바뀌어 광주를 노래한 곡들이 쏟아지지만 대부분의 노래는 여전히 무등산과 충장로를 소재로 하고 있다.

최지선 - 비 내리는 충장로 1988년 안송 작사, 김정일 작곡

밤 깊은 충장로에 비가 내리면 가신 님이 생각이 나네
우산을 받쳐들고 기다려주던 가신 님이 생각이 나네
이름도 성도 얼굴마저도 사라져 간 그 사람을

다시는 못 올 다시는 못 올 님인 줄 알면서 기다려지는
비 내리는 충장로

밤 깊은 충장로에 비가 내리면 가신 님이 그리워지네
비에 젖은 내 얼굴을 알아보던 가신 님이 그리워지네
이름도 성도 얼굴마저도 희미해진 그 사람을
다시는 못 올 다시는 못 올 그 님을 생각하면 가슴이 아파
비 내리는 충장로

최지선 2집 앨범

여수 출신의 가수 주병선도 히트곡 〈칠갑산〉이 들어 있는 앨범에서 〈무
등산 에레지〉를 불렀다.

주병선 – 무등산 에레지 1989년 조운파 작사, 김점도 작곡

안개 낀 계곡을 스쳐오는 솔바람은
내 님에 숨결처럼 가슴을 파고드는데
목이 메어 불러봐도 그 님은 대답 없고
새소리만 들려오네 메아리만 돌아오네
산아 산아 무등산아 님 계신 곳 어디메냐

무등산 봉우리를 서성이는 저 구름아
비 되어 내리거든 이 가슴을 적셔다오
울다 떠난 그 자리에 잔디풀만 수북한데
바람결에 흩어지는 꽃잎이 애처롭다
산아 산아 무등산아 님 계신 곳 어디메냐

주병선 앨범

1988년 유명 작곡가 박춘석은 당시 전남대 국악과에 다니던 양아들을 잃고 슬픔에 잠겨 광주를 10여 차례 방문하게 된다. 그 과정에서 5·18로 자식을 잃은 광주의 부모들의 심정을 담은 노래 〈광주 부르스〉를 만든다

김우정 - 광주 부르스 1989년 박춘석 작사, 작곡

무등산 기슭에서 이름없이 피었다 시든 꽃잎
비바람에 흩어졌나 떨어져 갔나
무지개 되어 피었나 아~
한이 서려 두 눈에 고인 눈물 마를 길 없어
구름 되어 비가 되어 광주 땅에 내리네

충장로 거리마다 추억들이 가슴에 흐느끼는데
떠나신 님 그리움에 멍이 들었나
눈부신 햇살 되었나 아~
지나간 날 꿈결의 일만 같아 믿을 수 없네
오늘밤도 별이 되어 광주 땅을 비치네

1 김우정 앨범. 2 1989년 TV가이드 스크랩(직접 촬영)

　　1990년대 이후에 민주화가 이루어지면서 유명 가수들도 광주에 대한 부채감을 표현한 노래들을 발표한다. 최백호는 〈들꽃처럼〉을 만들었고, 〈부산 갈매기〉로 유명한 문성재도 〈무등산아 말해다오〉를 불렀다.

최백호 – 들꽃처럼 1995년 최백호 작사, 작곡

휘몰아치는 폭풍우에도
빛을 잃지 않는 들꽃처럼 무등이여
우리가 보았다 들었다
저마다 가슴속에 새겨두었다

저음의 메아리로 살아 있는
민주의 고함 소리

강이 흐르고 흘러도
잊지 못한다 잊을 수 없다

그날의 피맺힌 너의 절규를
한숨으로 숨겨놓은
그 분노를 광주여 광주여

문성재 - 무등산아 말해다오 2000년 이상문 작사, 김욱 작곡

들국화 향기 속에도 슬픔이 눈물로 젖어 있구나
산제비도 슬퍼하며 목을 놓아 울며 날으네
그날의 참혹한 참혹한 기억조차 자꾸만 잊혀가는데
무등산아 말해다오 내 형제야 말해다오 아픔의 그날을
영혼들의 그 한을 달래 보려고 이 노래를 불러본다

아무리 참고 싶어도 눈물이 이렇게 흘러내릴까
모진 세월 한 평생이 피눈물로 흘러만 가네
그날의 참혹한 참혹한 기억조차 자꾸만 잊혀가는데
무등산아 말해다오 내 아들아 말해다오 아픔의 그날을
영혼들의 그 한을 달래 보려고 이 노래를 불러본다
영혼들의 그 한을 달래 보려고 이 노래를 불러본다

그런 가운데 광주에서 활동하는 통기타 가수 황규승은 광주 사람만이 알수 있는 노래 〈우다방〉을 발표한다. 우다방은 실제 다방이 아니고 광주 시민들의 만남의 장소인 우체국을 말하는데 황규승은 이곳에서 자선 콘서트를 자주 열었다. 그리고 락 스타일 노래 〈우다방〉을 만들어 불렀다.

황규승 - 우다방 1999년 황규승 작사, 작곡

혹시 아시나요 광주 우체국

사람 많은 충장로에 있어요
만나기에 마땅한 곳 모르신다면
거기서 만나기로 약속하세요
혹시 아시나요 광주 우체국
우연하게 옛 친구도 만날 거예요

두리번거리며 서 있는 총각
시계만 자꾸 쳐다보는 아가씨
힘없이 돌아서는 안타까운 사람
반갑다고 소리치며 손잡는 사람
혹시 아시나요 광주 우체국
사랑도 맺어지는 만남의 광장

앞으로 두발 뒤로 한발 토요일 오후
동전을 바꿔주던 해태 아줌마
어려운 이웃 돕기 공연도 하고
고향 생각 님 생각에 소식도 전하는
혹시 아시나요 광주 우체국
사랑도 맺어지는 만남의 광장

황규승 앨범

2000년대 이후 광주 노래

1980년 5월 27일 전남 도청에서 윤상원 열사와 마지막까지 '광주의 새벽'을 지켰던 광주 시민군 상황실장 박남선. 그가 그날의 아픔을 노랫말로 만든 〈무등산〉이 2000년 권윤경에 의해 불렸다.

권윤경 – 무등산 2000년 박남선 작사, 백봉 작곡

무등산 산마루에 구름이 도니
보슬비 망월동에 흘러내리네
나를 두고 가신 님은 소식이 없어
어찌 하란 말씀이오
하루도 아닌 밤을 몇 밤이나 새웠는지
님이여 님이여 보고 싶은 내 님이여
아~ 왜 못 오시나

충장로 밤거리에 바람이 부니
궂은비 내 가슴에 흘러내리네
나를 두고 가신 님은 소식이 없어
어이하란 말씀이오
일 년도 아닌 날을 몇 날이나 보냈는지
님이여 님이여 소식이나 전해 주오
이 달이 지기 전에

2000년 이후로는 광주를 대표할 만한 가수들도 광주 노래를 만들어 부르는데, 2002년에 박문옥은 김준태 시인의 시에 박태홍이 곡을 붙인 〈금남로 사랑〉을 불렀고, 2012년 광주 출신 가수 김연자는 일본에서 활동하면서 발표한 『Special Edition Vol.1』 앨범에서 〈오! 광주여〉를 불렀다. 2016년 김원중은 처음으로 자작곡 한 노래를 담은 6집 앨범을 발표하면서 〈옛 산동교에서 마지를 기다리다〉와 〈광주천〉을 만들어 불렀다.

박문옥 – 금남로 사랑 2002년 김준태 작시, 박태홍 작곡

금남로는 사랑이었다
내가 노래와 평화에 눈을 뜬
봄날의 언덕이었다
사람들이 세월에 머리를 적시는 거리
내가 사람이라는 사실을
처음으로 알아버린 거리
봄날의 언덕이었다

(중략)

어린애와 나란히 출렁이는 금남로
어머니와 나란히 밭으로 가는 금남로
아버지와 나란히 쟁기질하는 금남로
할배와 나란히 밤나무 심는 금남로
누이와 나란히 감꽃 줍는 금남로
할머니와 나란히 손주들을
등에 업는 금남로

김연자 – 오! 광주여 2012년 김무정 작사, 작곡

거리거리 거리마다 내던져진 이름들
목메여 부르던 형제여 벗이여
엉겨붙은 아픔은 무등품에 재우고
이 생명 다하여 더불어 살리라
오 광주여 우리 사랑
오 광주여 영원하리

1 김연자 『Special Edition Vol.1』 앨범 2 김원중 6집 앨범

김원중 – 광주천 2016년 김원중 작사, 작곡

어머님의 손길 같은 장불재 바람은
지쳐버린 내 마음을 어루만져주고
소리 없는 광주천은 내 거친 노래를
말없이 담아 묵묵히 흐른다
나를 위로하고 저는 지쳐버린 저 바람은
잠자리 떼 춤추는 노을 속으로 사라져가고
천변 길 걸으며 부르는 나의 거친 노래에
잠자던 잉어 한 마리 깜짝 놀라 튀어 오르는
아~ 바람 너였구나
누군가 다칠 것 같은 나의 노래를 안아준 것이
아~ 흐르는 광주천 너였구나
녹아내릴 것 같은 나의 아픔을 실어간 것이
(어머님의 손길 같은 장불재 바람은)
광주천 너였구나
(지쳐버린 내 마음을 어루만져주고)
너 였구나 너 였구나 무등산 너였구나

2010년대에 방탄소년단의 광주 출신 멤버 제이홉은 방탄소년단의 2013년 노래 〈팔도강산〉과 2015년 노래 〈Ma City〉에서 광주를 노래했다. 그 덕에 많은 Army들이 광주의 5·18에 대해 알게 되는 계기가 되었다.

방탄소년단 – 팔도강산 2013년

서울 강원부터 경상도 충청도부터 전라도
마마 머라카노! (What!) 마마 머라카노! (What!)
서울 강원부터 경상도 충청도부터 전라도
우리가 와불따고 전하랑께 (What!) 우린 멋져부러 허벌라게

시방 머라고라? 흐미 어째야 쓰까나
전라도 씨부림 땜시 아구지 막혀 브러써야
흑산도 홍어 코 한방 잡수믄 된디
온몸 구녕이란 구녕은 막 다 뚫릴 턴디
거시기 뭐시기 음 괜찮것소? 아직 팔구월 풍월 나 애 가졌쏘
무등산 수박 크기 20키로 장사여~
겉만 봐도 딱 가시내 울릴 방탄여

방탄소년단 – Ma City 2015년

나 전라남도 광주 baby
내 발걸음이 산으로 간대도
무등산 정상에 매일 매일
내 삶은 뜨겁지, 남쪽의 열기
이열치열 법칙 포기란 없지
나 KIA넣고 시동 걸어 미친 듯이 bounce
오직 춤 하나로 가수란 큰 꿈을 키워
이젠 현실에서 음악과 무대 위에 뛰어
다 봤지 열정을 담았지

내 광주 호시기다 전국 팔도는 기어
날 볼라면 시간은 7시 모여 집합
모두다 눌러라 062-518

맺음말

대중가요에서 광주를 노래한 곡들을 연구하면서 1930년대 대중가요 시작 초기 작품이 거의 없다는 아쉬움이 많았다. 그 시기에 호남에서 가장 번성했던 도시는 목포였고, 목포 관련 노래들이 쏟아지던 시기였으니 광주는 대중가요에서는 관심 밖의 지역이었다. 그러나 해방 이후에는 도청 소재지이고 대학교 3곳과 각종 중·고등학교가 있었던 교육·행정도시 광주로 인구가 유입되면서 1950년대 후반부터 광주를 노래한 대중가요를 발견할 수 있었다. 그 정점은 1960년대인데 1965년에 광주에서 열린 전국체육대회 전후로 무등산과 수박, 딸기, 증심사를 키워드로 한 대중가요 20여 곡이 만들어졌다. 그러나 그 곡들 중에 히트한 곡은 거의 없고 수록 앨범도 대부분 끼워넣기 식의 컴필레이션 형식이었다.

1960년대에 나온 광주 노래 내용에는 도심재생 사업에 활용할 만한 가치 있는 내용이 다수 나온다. 무등산장 관광호텔은 올해 3월 국가등록문화재가 되어서 그 보존가치를 인정받았다. 그러나 딸기밭이 많았던 지산동은 재개발 논란으로 시끄럽고, 상무대도 5·18 때 감금과 고문의 장소로 각인이 되어 옛 영광을 회복하지 못하고 있다. 무등산의 앞 강으로 여겨지던 극락강도 그 관심을 광주천에 빼앗긴 채 쇠락해 가고 있다. 1960년대 광주 노래에 나온 이 장소들의 의미를 되찾아주었으면 하는 바람이다.

1970년대에는 박정희 정권의 유신시대에 지역 감정의 골이 극심했던 때라 그런지 광주를 노래한 곡이 전무하다시피 했다. 1972년에 나온 김주영의 〈남해의 연가〉가 있지만, 이 곡도 1968년 하춘화가 불렀던 곡을 리메이크한 음악이어서 큰 의미는 없다. 신기할 정도로 광주 노래를 찾기 힘든 1970년대의 광주 소외 상황은 1980년 5·18의 전조현상이라는 느낌이 들 정도였다.

1980년 5·18 이후 광주를 노래하는 것 자체가 금지되고 눈치 보이는 시대에 용기 내어서 광주의 아픔을 담은 곡들을 만들어 내지만 대부분이 아픔을 재생산하는 역할을 했다. 이를 극복하고자 1987년 광주시에서 〈광주 시민의 노래〉를 만들어 보급하지만 노래의 내용이나 형식이 유신시대의 〈새마을 노래〉나 〈조국찬가〉 식의 계몽가요 느낌이라 많은 아쉬움을 남겼다. 그래서 2011년에 〈광주 시민의 노래〉를 다시 만들자는 시도가 있었으나 그 결과물을 만들어 내지는 못했다.

대한민국 가요 100년의 역사에 수많은 음악이 만들어지고 불렸다. 그중에는 히트한 음악도 있고 그렇지 못하고 잊힌 노래들도 많다. 만들어졌으나 폐기되어 사라진 음악들도 부지기수다. 아직 발견되지 않아서 묻혀 있는 음악도 상당하리라 생각한다. 최근에도 한국대중음악연구소 최규성 씨로부터 아직 음반은 발견하지 못했고 음원이 있는지 불확실하지만 1943년 박단마가 부른 〈대장군 고개〉라는 노래에서 '무등산 고개를 넘어'라는 구절이 나온다는 정보를 전해 들었다. 한국음악저작권협회에 등록되어 있는 곡들 중에도 1959년 최녹영 작사, 작곡의 노래 〈광주의 밤〉과 반야월 작사, 김성남 작곡의 〈광주야 잘 있거라〉라는 곡은 음반도 음원도 구하기가 쉽지 않다.

이번 작업에서 음반이나 음원을 구한 노래 중에서도 지면 관계상 다 소개하지는 못했고 내용이 평이하거나 문제를 일으킨 아티스트 노래는 어쩔 수 없이 배제했다. 그러나 앞으로 광주를 노래한 가요는 더 발견될 것이고, 새로운 광주 노래도 많이 만들어질 것이다. 이제는 광주를 대표할 만한 히트곡이 하나쯤은 나왔으면 하는 바람을 피력하며 이 글을 맺는다.

05

건축가 김태만

천득염 한국학호남진흥원 원장
김현숙 광주 근·현대건축가 연구자, 국립아시아문화전당 도슨트

건축가 김태만은 앞서 기술한 바와 같이 일제강점기의 엄혹한 시기에 수학하였다. 이 지역에 유일한 건축 교육기관을 거쳐 해방과 더불어 본격적인 건축 활동을 시작하였고 광주, 전남, 전북 지역에서 약 50년간의 건축 활동을 하였다. 빠르게 이행되어가던 근대와 현대의 사이에서 건축이 해야 할 공적 활동에 고심하고 개인적인 부족함을 부단한 노력으로 극복하고자 했던 건축가로서 1940년대부터 1990년대까지 광주건축의 기둥을 세워 근대에서 현대까지의 이행을 함께하며 다리 역할을 하였다. 그러한 반세기 작품 활동은 광주 건축의 밑바탕이 되었다고 볼 수 있으며 앞으로 나아갈 방향을 가리키고 있다. 앞으로도 자생하는 문화적 자양분을 지니기 위한 이러한 연구가 계속되고 기록되어야 한다고 본다.

건축가 김태만
– 광주 근·현대건축을 어우르다

들어가며

우리나라의 일제강점기인 근대건축과 해방 이후에 산업화 과정을 거치는 시기의 현대 건축을 담당했던 대부분의 건축가는 일제강점기 교육기관을 통하여 배출되었다고 할 수 있겠다. 일제강점기에 '건축사'를 양성하는 교육기관으로는 1924년에 설립된 경성고등공업학교(경성제국대학의 전신)의 건축과가 유일했다. 그 후 일본의 전쟁 준비의 일환으로 '전쟁 후 복구를 위한 건축 교육'을 목적으로 하여 1930년도에는 전국에 11개 공립전문학교 건축과가 설립되었다. 이러한 정책에 따라 1930년도에 광주·전남 지역에 설립된 '송정고등공업실수학교(이후 송정공업고등학교로 칭)'에 건축과가 유일하게 포함되어 이 지역의 건축기술과 문화를 이끌어 나갔던 건축가 및 건설인을 배출하기 시작하였다.

해방 이후, 그간 이 지역엔 설립되지 못했던 민립대학 건립에 대한 도민의 열망으로 이 지역 최초의 민립대학인 조선대학교가 설립되었고, 야간 교육과정에 건축과가 포함되었다. 이후 한국전쟁과 미 군정기를 거친 후, 1955년에 국립 교육기관인 국립전남대학교 건축과가 설립되었다.

광주의 건축교육이 1930년에 설립된 송정고등공업실수학교의 건축과를 시점으로 하여 도입된 지 90여 년이 되었다. 이를 30년 단위의 시간대로 나누어 3단계로 본다면, 1단계인 1960년대까지 한국전쟁 복구기와 그 이후 본격적으로 디자인교육이 시작되는 과정을 거쳐 배출된 1990년대, 그리고 현재까지로 나눠 볼 수가 있다.

1단계를 해방과 한국전쟁 복구시기인 1960년대까지로 보면 근대와 현대가 교차하는 건축 흐름이 아우러졌다고 볼 수 있겠다. 유리나 벽돌과 같이 건축 재료에 근대화 영향을 받았던 과도기적 한국 전통 건축, 일본 전통식 주택이나 일본 문화가 해석한 의양풍(擬洋風) 건축, 양림동 일대의 서양 선교사들의 유럽풍의 미 남부 건축양식이 주로 혼재되어 있다. 해방과 한국전쟁 이후 파괴된 이 지역을 복구하던 격동의 시기이다. 이때 대학의 건축교육과정은 1948년도의 조선대 설립과 1952년도 전남대에서 공학대 설립으로 시작되었으며 새로운 건축 문화를 준비한 시기이다.

2단계인 1960년대부터 1990년대까지 정치적 혼란기와 경제적 안정기가 교차하는 지점으로 근대에서 현대적인 건축이 본격적으로 이행하던 시기이다. 후반기인 1980년대에 이르러서 산업화로 인해 본격적인 디자인에 눈을 뜨면서 디자인 개념의 일반화로 다양한 건축디자인이 펼쳐지게 되는 시기이다. 그러나 이 지역이 타 지역에 비해 경제적 기반, 특히 산업기반이 약했기에 건축활동이 활발하지 못한 정체된 시기이기도 하다.

3단계, 1990년대 즈음부터는 경제적 안정과 정치적으로 '민주화 과정'을 거치는 시기로 건축의 대형화 고층화, 아파트 주거문화, 외곽 지역의 토지개발로 지역 거점화를 하는 '택지지구' 개발이 시작되었다.

광주를 건축 문화로 바라본다면, 현재의 광주 건축은 어떻게 변화하고 있으며 어떤 의미를 갖는가?

2015년에 광주 중심부에 국립아시아문화전당이 개관함으로써 광주에는 많은 문화적인 변화가 시작되었다. 2005년 '국제건축설계전'으로 시작한 국립아시아문화전당은 '5·18 광주정신'의 상징인 옛 전남도청을 품고 건립되면서 광주 문화의 중심점이 되었다. 그리고 2011년부터 건립이 시작된 광주폴리는 국립아시아문화전당이라는 거대한 건축물 주변 곳곳에 근대까지 존재한 '광주읍성터'의 역사를 증언하면서 소도시 광주의 이미지에 걸맞은 작은 규모의 공공물이다. 이는 국립아시아문화전당과 광주 도심에 세워진 여러 층위의 건축공간을 과거와 현재에 이르기까지 잘 아우를 수 있도록 균형을 잡으며, 하나하나의 점들로 위치하였다. 점을 이어 보면 광주의 주요한 지점을 잇고 연결해주는 연결선이 된다. 이 건축물들로 인하여 광주라는 지역사회는 전국적으로 비슷비슷한 느낌의 도시들과 구분되는 짜임새 있는 공간으로 재해석이 가능해진다. 이러한 다층적인 공간이 되기까지 근현대 광주의 건축 여정을 함께했던 광주의 건축가들의 작품과 그 활동들을 정리해 보고자 한다.

이 지역의 근대건축과 현대건축의 접점은 어느 시기일까? 일제강점기와 한국전쟁, 근대화, 현대화 등 격변의 시기를 지나면서 제대로 정리되지 못한 이 지역의 건축 역사를 정리해 보는 '근대 광주의 건축 문화와 건축가들'에 관한 연구는 광주 지역 건축 문화의 지역성과 그 근간을 발견하여 우리 지역 문화에 대한 자신감과 문화적 기틀을 회복하는 것이 이 연구의 목적이다.

광주 건축가 중, 가장 긴 시기를 활동했고 현재까지도 많은 건축 작품이 광주 요소에 남아 있는 건축가인 '신건축연구소 김태만'의 작품을 중심으로 광주 근현대 건축사와 문화를 정리해 보고자 한다.

그는 앞에서 기술된 바와 같이 일제강점기의 엄혹한 시기에 이 지역에 유일한 건축 교육기관을 거쳤다. 해방과 더불어 본격적인 건축 활동을 시작하여 광주, 전남, 전북 지역에서 약 50년간 건축 활동을 하였다. 1940년대부터 1990년대까지 광주 건축의 기둥을 세워 근대에서 현대까지의 이행을 함께하며 다리 역할을 하였던 그의 반세기 작품 활동은 광주 건축의 밑바탕이 되었고 앞으로 나아갈 방향을 가리키고 있다.

> 한가지 말씀을 덧붙이고 건축법 해설을 마감 짓고자 합니다. 방금 준공 검사에 임할 태도나 자세에서 말씀드린 바와 같이 건축물은 그것이 일단 완성되면 곧 개인의 재산으로서 소유 칸이 확정 지어진 것이기는 합니다만 다른 의미로서 볼 때에는 결코 개인의 것이 될 수 없고 사회의 것이요, 그 도시의 것이요, 시대의 상징이며, 국가 민족의 재산이 되는 것입니다. 실로 내 것이면서도 내 것이 아닌 것이 건축인 것입니다' … 후략
>
> — 김태만, 『건축법』 해설 원고 가운데, 1971년 12월

생애

건축가 김태만의 약력

1921년	전라남도 광주시 우산동 346번지 출생. 부친 김순암(金順岩)과 모친 전경(田京)의 장남
1939년	광주 수창국민학교 졸업
1941년	송정공립공업실수학교[1] 본과(건축과)졸업
1941년	광주 정옥진건축사사무소 근무
1942년	송정공립공업실수학교 (松亭公立工業実修學校) 건축과 조교 1년간 근무
1943년	광주토목건축청부업(日人經營) 佐藤組 근무
1944년	원산군수공장 징용 2회[2]
1945년	광주시청 토목과 영선계(현 토목 건축과) 근무
1946년	건축대서사 '신건축연구소'(당시 금남로 2가 23번지)로 개소
1970년	건축사협회 광주지부장(제4대)
1970년	광주시 도시계획위원
1971년	전라남도 도시계획위원
1974년~1981년	한국건축가협회 전남지부장(제6대~9대)
1975년	대한건축가협회 회원
1976년	76 현대건축작가전 : 덕수궁 전시 광주 유치
1977년	한국건축사협회 정회원
1978년	광주시 건축위원
1980년~1983년	예술총연합회 전남지부 부지부장
1982년	광주시 동구청 특정건물 심의위원
1982년	전라남도지 원고 집필 위원
1982년~1984년	대한건축학회 전남지부장(제7대)
1986년~1989년	대한민국건축대전 초대작가
1990년	퇴임
1993년	12월 1일 별세
2009년	자랑스런 건축인상(광주건축사협회)

---

1 松亭公立工業実修學校(현 광주공고의 전신)
2 기록 「나, 광주지회 초창기의 이야기들」 원고 중

학업·청년기(1921~1946) : 영향을 받은 인물

일생 중 주변인과 주변 환경으로부터 영향을 가장 크게 받는 청소년 시기에 접한 글과 주변인으로부터 많은 영향을 받는다. 학창 시절에 존경하던 선생님이 계셨는데 그분이 교지에 올린 글에 '기술인은 결코 돈을 벌려고 해서는 안 된다, 죽을 때까지 자신의 전문 공부를 꾸준히 해야 한다'라는 문장을 접하면서 깊이 생각하는 계기가 되었다. 전문적인 직업인으로서 가져야 할 태도를 배우고 학업과 연구를 꾸준히 하여 이를 실천하였다.

그에게 많은 영향을 준 인물로는 건축가 김한섭이 있다. 일제강점기에는 조선인으로서는 전문 건축가의 자격을 갖춘 이가 거의 없던 시기였다. 일본은 조선인은 단지 건축기사라는 기능적인 역할로 교육과정이 짜여 있어서 정식으로 건축가의 길을 가기 위해서는 당시 서울에 소재한 경성공립공업고등학교로 진학하거나 일본 등으로 유학을 가는 방법이 있었다. 송정공고 출신으로서 3년 선배이기도 한 김한섭[3]은 일본 유학길에 올랐기에 그런 김한섭을 그는 매우 진취적인 사람으로 여겼다. 1950년대 후반에 상경해 활동했던 김한섭과 절친한 사이로 함께 전남·광주의 건축계를 이끄는 역할을 하게 된다.

또 다른 인물로 해방 전에 일본인이 경영하던 광주토목건축청부업 사무실에 1년간 근무를 하면서 도청에 근무하던 건축 담당 일본인인 '中原 夫'를 만나게 되는데 그와의 만남을 통해 '인품'과 '삶의 태도'에 대해 깊은 인상을 받았음을 기록으로 남겼다.[4]

> ··· 전남에는 기술을 가진 촉탁이 한 명 있고 나머지 사람은 이 기술촉탁의 보조역할을 한 경찰관이 있었을 나름이다. 그리고 이 촉탁 한 사람이 광주, 목포, 순천, 여수 4개 시와 군을 혼자서 다루고 있었다. 이 사람은 中原 夫(좌등 조)라는 일본인으로 다재다능한 사람으로 일본 사람치고는 퍽 일화를 많이 남긴 사람이다. 이 사람이 해방 뒤 일본으로 돌아가서 기술한 책이 4권으로 그 4권이 협회에 보관되어 있다. (중략) 사람이란 묘한 것이어서

---

3   금성건축 김한섭. 제주 출신으로 제주, 광주, 서울에서 활동하였다.
4   '중원 부'. 중원 씨는 훗날 패망으로 일본으로 가서 건축에 관한 책을 4권 썼다고 하며 이 책은 건축사협회에 4권을 보관하고 있다는 기록이 있다. 김태만. 1983년 기록.

그 사람이 죽은 뒤에 비로소 정당한 평가를 받는 것 같다. 비록 국적이 다르다고는 하나 그 사람의 정직성, 성실성 등은 40년이 지난 오늘까지도 내 뇌리에서 사라지지 않으니 국적을 달리하고 우리가 가장 미워해야 할 일본 사람인데도 그 사람의 인격에는 머리가 수그러진다. 중략··· 민족을 초월한 사명감과(직업에 충실하고) 한 사람으로서의 中原 씨는 훌륭한 사람이었다고 생각되며 해방 뒤 귀국하여서도 일본에서의 그의 행적도 역시 그의 사람됨을 잘 나타냈다고 생각한다.

— 김태만, 「이 회고록이 남겨지기까지」 중(1986. 3. 13.)

일제하에서 국민동원령과 여순사건 이후 한국전쟁의 엄청난 격랑과 삶의 어려움에 직면했을 때마다 품격을 잃지 않는 태도로 일생을 경영했던 그를 이해함으로써, 그가 걸었던 건축의 길을 이해할 수 있으리라 생각하며 이를 꼼꼼하게 기록해 둔 김태만의 기록에 기초해 살펴볼 수 있다.

건축가의 삶을 시작하다(1946~1976) : 근·현대의 경계를 넘은 건축

갑자기 맞이한 해방으로 인해 일본의 건축 담당 공무원들은 서둘러 자신의 나라인 일본으로 돌아가게 되었고, 이에 생긴 공백으로 인해 전라남도 광주 시청에서 영선계 계장으로 1년간 근무하였다. 1946년 당시의 자격제도인 '건축대서사' 자격을 취득하여 건축대서사사무소 '신건축연구소'를 개업하게 된다.

그는 첫 번째 설계는 조선대학교 부속중학원(이후 1956년에도 조선대 중학원 설계) 설계였는데 무상으로 헌정하였다. 당시는 해방 후 이 지역 시민들이 한마음으로 인재양성을 위한 민립대학 설립을 염원하던 시대의 요청이 있던 때였다. 전라남도지사로부터 조선대학교 설립을 추진할 업무를 위임받은 박철웅[5] 씨는 전남도청 영선계 과장으로, 김태만은 광주시청 계장으로서 함께 조선대 건립을 지원하는 업무를 담당하였다. 이후, 설계사무소를 개업하자 자연스럽게 '조선대학교 부속중학원'을 설계[6]하여 헌정하

---

5 전 조선대 총장.

6 초기에 붙여진 건물명이 조선대 부속 중학원으로 현 장황남박물관으로 쓰이고 있다. 이후 또 1956년에도 조선대부속중학원도 설계한 도면 기록을 확인한 바 있다.

기에 이른 것이다. 얼마 지나지 않아 1950년 한국전쟁으로 인하여 많은 건축물이 파괴되고 소실되면서 당시의 상황으로 전후 복구를 위한 광주와 전남 각 면사무소의 건축 설계와 건설에 적극적으로 참여하였다. 또한, 이 지역에 부족한 교육 시설을 보강하기 위한 교사 신축 설계에도 활발하였다. 당시의 사회, 산업의 흐름에 따라 활발하게 건축되었던 금융조합이나 농업 협동조합 건축 설계에도 참여하였다.

이러한 과정을 거치며 건축사로서 광주전남 지역과 전라북도 지역까지 활동하였고 부단하게 노력하고 참여함으로써 오랫동안 이 지역에 건축적 영향을 남기게 되었다. 일제강점기에 건축기사를 배출한 교과과정은 전쟁을 대비하여 기능적으로 부족함 없이 현장 중심으로 이루어졌기에 송정공고 출신의 건축기사들이 지역의 학교 시설 설계 등 건축에 대거 참여할 수 있었다고 볼 수 있다.[7] 그중 탄탄한 건축 설계도 작성 실력으로 송정공고에서 조교를 하였던 김태만은 이러한 연유로 수많은 경험에 바탕을 두고 현대 건축에 대한 연구를 통해 더욱 건축 설계에 열중할 수 있었다. 이후에도 새로운 건축 문화의 경향을 살피고 보충하기 위해 선진지라 할 수 있는 서울로 오가며 세미나 등 건축 수업을 수료하였다. 이때 문화재나 건축에 관한 전문 연수 과정은 전통 건축물에 대한 학습과 연구로 이어져 원고로 남아 있다. 현대건축의 새로운 설계 경향을 누구보다도 앞서서 익히고, 이에 독학에 가까운 꾸준한 연구와 실력을 키우기 위한 노력으로 각종 현상공모전에 적극적으로 참여하였다. 이러한 가운데 일찌감치 본인만의 독특한 건축적 언어를 확립해 나가게 되었다.

이를 볼 수 있는 것이 1963년부터 1967년 사이에 건축된 관덕정이다.

건축 재료와 현대적 건축언어로 많은 논란 끝에 완성되었으며 이는 광주 지역에서 의미 있는 현대건축의 시작이라고 할 수 있겠다. 1960년대 후반에서 시작해 1970년대 중반까지 약 10년간 이어진 전남대학교 공과대학 각 건물의 설계를 위하여, 각 전공 분야의 특성에 따른 공간배치를 위한 연구와 노력에 많은 인력과 경비를 지출하게 되었다. 이로 인해, 10년 간의 이 대규모 신축 프로젝트를 끝냄과 동시에 경제적 후유증이 남게 되었다. 부

---

7   안창모, 「건축가 김한섭」, 『경기대학교논문집』, 경기대학교 연구교류처, 2000년.

도 위기와 그로 인한 과로와 스트레스로 쓰러지게 되면서 건강을 잃게 되자 여러 공적 활동을 접고 건강 회복에 주력하게 된다.

건강이 어느 정도 회복된 1976년, 전남여자고등학교의 '다목적강당설계현상공모전'에 당선되면서 많은 힘을 얻는다. 현재도 전남여자고등학교 내에 위치하고 있다.

이후 송정리의 공군부대 기지 내에 독특하게도 현대건축 재료로 표현된 '관음암'을 설계하면서 전통적 건축을 승화한 설계로 평가를 받았으나 관음암은 몇 년 전 철거되었다.

이후 다시 한번 어려움에 직면하게 된다. 1976년에 발표된 건축사법 개정법안 내용에는 5인 이상의 건축사가 함께 모여서 합동사무소를 운영해야만 10층 이하의 다양한 건축물을 설계할 수 있게 허가를 내주는 정책으로 개정되었다. 1인이 단독으로 설계사무소를 운영하려면 10층 이상의 건물 설계에만 허가를 내주는 건축법 개정으로 인하여 건축적 제한을 받게된 것이다. 현재에도 비슷한 상황이지만 지방에서 10층 이상의 건축사업이 흔하지 않았다. 이 개정안은 당시 유신정권이 주장하는 국가 행정능률을 극대화하고 국력을 한곳으로 모아 사회를 조직화한다는 명분으로 건축사 조직을 조율하려는 의도로 해석할 수 있었고 이러한 폭력적인 건축법규 개정을 용인할 수 없었던 그는 신건축연구소의 제자들이 개정안에 따라 함께 합동사무소를 만들어 독립하도록 하였다. 그러나 그는 자신만은 단독으로 신건축연구소에 남게 된다. 이런 상황에서 할 수 있는 일이란 '문화재보수'를 위한 실측과 복원설계나 문화재 복원감리가 유일했으므로 와병과 함께 어려운 상황을 문화재를 돌보는 작업에 몰두했다.

장·노년기(1980년~1993) : 정중동의 길을 걷다

1980년대 초, 어수선한 광주의 상황에서 건축학회를 맡게 된다. 1970년대에도 구시청(광주소방소)에 있던 건축사회관에서도 추진되었던 건축작품전시회나 강연회 등의 새로운 바람을 일으켜 후학들이 노력하기를 바라는 마음으로 유명한 강연자를 초빙하고 학회나 전시회를 유치하는 활동을 하였다. 더불어 근본적인 건축설계의 질적 향상을 위한 시스템을 갖추기 위해 건축공제회를 적극적으로 추진하여 도입하였다. 당시 광주 건축사들은 설계 수주를 위한 경쟁이 과도하여 '저가 설계비'의 원인이 되었고 이로 인한 건축사의 '노후 불안'을 주시하고 서울, 중앙건축계에 비해 규모는 작지만 '광주건축사공제회'를 만들었던 일을 보람으로 삼은 기록을 볼 수 있다. 그러는 시기에도 실력만이 앞으로의 건축계를 밝혀 나갈 수 있다는 생각에 정정당당하게 세상과 겨루고자 했던 그는 자신의 의지대로 꾸준히 현상공모전에 응모하였다. 1983년에는 건축가로서 당연한 의무로 생각해 독립기념관 공모전 참여하기 위해 연구한 에스키스와 기획 과정을 기록으로 남겨두었다.

활동 말기에 그의 주요 작업으로는 광주교육대 부속 초등학교 신축, 현 전통문화관 이축 설계가 있다.

주요 작품 활동

주로 현존하거나 근래까지도 건재해 기억에 남는 건축물을 대표적으로 정리해 본다.

- 제일극장(현 롯데시네마) 〈1961, 현존〉
- 광주 관덕정(觀德亭): 등록문화재 제694호 〈1963, 현존〉
- 광주 동신중·고등학교 본관, 서관 〈1967, 현존〉
- 미도아파트 〈1966〉
- 광주중앙교회 〈1971〉
- 전남대학교 공과대학 3호관, 5호관, 〈1971, 현존〉
- 동명동주택 (1970년대, 현존)
- 목포대학교 음악관, 미술관〈1968〉
- 숭일중고등학교〈양림동, 1969〉
- 광주대동고등학교〈1970년대〉
- 전라남도청 증축: 등록문화재 제 16호〈1975〉
- 사동 최봉례주택〈1980, 현존〉
- 광주교육대학교 과학관, 부속초등학교사〈1971, 1986 현존〉

또한, 전통건축물에는 보수설계, 감리, 신축설계로 참여하였다.

- 화엄사
- 증심사
- 약사사
- 동화사
- 천재단[8] : 신축설계
- 나주 금성관 감리
- 관음암(송정리 공군기지 내) : 신축설계
- 현준호의 재각인 학선재(무송원)의 화순으로 이건설계 등

제일극장(현 롯데시네마)〈건축 연도 : 1961년〉

제일극장의 1층 진입 부분은 Set Back(일반적인 가로에서 건물의 입면이 인접 건물의 입면보다 상대적으로 안쪽으로 물러나 건축) 형식으로 되어 있다. 이는 가로를 지나가는 사람들을 극장 안으로 끌어들이려는 의도를 강하게 나타낸 것이다. 특히, 내부이자 외부가 되는 진입 부분 공간은 매표 후 입장을 기다리는 관객들의 로비 역할을 겸하게 설계되었다. 필요 없는 공간은 과감하게 절개하는 설계로 전면부와 상층부의 파사드가 극장이라는 공간 특성에 걸맞게 자유로운 구성을 보여주었다.

최근 이 건물은 전면적인 리모델링을 통하여 현재와 같은 건축물로 변경되었으나 변경되지 않은 상층부의 과감한 외관은 지금 보아도 현대적인 느낌을 준다. 다만, 건물 중앙으로 진입을 유도하던 외부 로비인 도입부를 막고 출입문을 새로 설치한 까닭에 원형의 맛을 잃은 입면의 변화는 아쉽다. 아직도 도입부라는 것을 느낄 수 있게 외부로 설치되어 있는 도입부가 남아 그 역할을 하고 있기에 과거를 기억하는 하나의 장치로 남아 있다.

오랜 역사를 간직한 이 극장은 개봉관이자 양화(洋畵) 전용관으로 1963년에 70mm 영사기를 전국에서 4번째이자 광주 최초로 선보이면서 호황

---

8 1974년 설계도와 시방서만 작성되었고 의재 허백련의 사정으로 건축은 이뤄지지 않았다.

제일극장(현 롯데시네마)

을 누리기도 했으나 2010년 CGV 영화관에서 롯데시네마로 재개장하여 현재에 이르고 있다.

광주 관덕정(觀德亭) 국가등록문화재 제694호〈건축 연도 : 1961년~1967년〉

관덕정은 활을 쏘는 장소인 사정(射亭)으로, 정제된 외관이 현대적인 형태이지만 고유한 전통의 한옥 지붕선을 나타내며 매력적으로 건축되었다.

"관덕정은 사직공원을 바라보는 남향의 건물로 사장(射場)은 남북으로 길게 위치한다. 건물 구조는 1960년대 초 다른 사장(射場)에서 볼 수 없는 철근콘크리트 구조로 되어 있다. 정면의 처마를 들어 올려 곡면을 이루고 있는 점이 특징이며, 처마 부위의 서까래를 철근콘크리트 구조로 형상화하고 있으며 처마의 아래 공간이 사대(射臺)가 된다."[9] 전면 오른쪽에 위치한 부속건물인 시중당(時中堂)도 철근콘크리트로 1967년에 건축되었다.

대지 전체가 직사각형 형태의 좁고 긴 사장(射場)의 전체 대지에 서향으로 배치되어 있으며, 작은 규모의 건물이 두 동으로 나누어져 있다. 관

---

9   광주 관덕정은 1961년 7월 2일 준공되었으며 한국 전통 기예인 국궁장으로 광주 활터의 중심이 되어 온 곳이다. 이는 당시 남화토건의 서류에 준공일이 11월로 되어 있는 것으로 머릿돌에는 7월로 기록되어 남아 있다. 당시 논란으로 뒤늦게야 등기한 기록과 갭이 발생한 것으로 짐작된다. 광주광역시 남구 사직길 49(사동). 국가등록문화재 694호로 2007년 제정되었다. 관덕정과 시중당 창건 시, 화천기공의 권승관(權昇官)을 비롯한 한만교, 김용배 등의 특별한 독지와 사원(射員)들의 찬조, 그리고 송호임 전라남도지사가 당시의 도비와 정내정 광주시장 당시의 시비 보조로 1961~1967년도에 이뤄졌고, 시중당과 부속건물까지 건축되는 연도가 1976년이다. 권승관 회장의 특별 독지와 기타 射員들의 협조에 의해 1967년도에 축조된 근·현대의 체육시설이다.

1 관덕정 1987년 지붕 증축 전의 모습 2 드론으로 바라 본 지붕의 모습
출처 : 『광주관덕정 정밀실측조사보고서』, 2021, 광주남구청

덕정은 사대를 중심으로 서면 지붕선이 부드럽게 모여 있는 형태로 지붕을 위에서 보면 시위를 당긴 화살의 형상이다. 도형적으로 시위를 당긴 모습을 디자인 형태로 잡아 정면과 지붕선에 담았다고 볼 수 있다. 시중당은 작은 규모이나 두 건물의 지붕에 크기나 높낮이를 엇갈리게 표현하고 있어서 지붕선 자체에서 위계를 갖춘 공간의 특징을 나타내고 있다고 볼 수 있다. 사방의 네모난 슬라브의 지붕선을 본채인 관덕정과 같은 리듬감으로 연결하여 한옥의 주두처럼 지붕과 처마 끝이 살짝 들어 올려지고 있다. 그 중앙 부분은 무게감을 줄여주기 위해 부드럽게 안으로 감싸 들어가게 전통적 방식인 '후림'으로 표현하여 우아하고 단아한 기품으로 표현하였다.

당시 관덕정은 활을 쏘는 전통의 공간을 콘크리트로 축조한 설계와 건축재료가 논란과 관심의 대상이 되었다. 그는 '건축가의 말'이라는 언론 보도자료를 통해 콘크리트로 축조한 관덕정과 시중당 건축이 전통 한옥건축에서 볼 수 있는 자연스러운 선의 미학을 살린 현대적 건축재료와 건축언어로 풀어낸 고전건축의 구현임을 알리며 대중을 설득하기도 하였다.

射亭建築의 造形識圖에서 韓國的인 부드러움과 雄張한 맛을 간직한 지붕의 古典美를 살려서 새로운 感覺과 手法으로 다루어 보고, (중략) 素朴하고 참된 材料의 質感을 나타내려고 했습니다. 이와 같은 識圖의 大義는 建物의 性格을 强調表現하고 環境과의 調和에 目的이 있기는 하나 한便, 오늘날 우리 建築界에 흐르는 國際的 스타일(Style)의 流行에 並行해서 우리 建築文化에 對한 再評價를 促求 해보자는 意圖가 그 目的의 一部 意義이기도 한 것입니다.

- 建築家의 말, 1963년 11월

관덕정은 1976년 시중당까지 시공·건축되는 과정에서 전통건축에 대한 논란이 계속되었으나, 이에 굽히지 않고 끝까지 현대적으로 해석해낸 설계 의도는 서울 중심의 중앙 건축계보다도 한발 앞선 현대적인 건축 표현이었으나 지역의 저항을 받았다. 이러한 관덕정의 건축디자인 시도는 현대적인 건축 재료로 '한국의 미를 표출'한 것으로 현재 많은 변형으로 원형을 잃은 관덕정과 시중당을 정리하여 자리매김 되도록 조명되어야 할 것이다.

이렇게 건축 당시에 일었던 관덕정 건축에 대한 반대의 여론은 오히려 그 논란으로 건축가로서의 유명세를 얻게 해준 계기가 되었다. 건설 당시에는 다음 해에 낙성식을 기념한 전국활쏘기대회가 열렸으며 관덕정은 이후 증·개축 과정으로 1987년과 1993년에 지붕선이 좌·우로 연장되었으며 현재에 이르렀고 시중당의 경우 조적과 전면의 창호와 옥상부가 변화하였다. 시중당의 경우, 건물 전면부의 변형으로 과거 관덕정과 같이 열린 창호 흔적, 그리고 조적(組積)이지만 확 트인 전면 창호의 흔적은 옛 사진에서만 찾을 수 있다. 복합적인 상황을 겪으면서도 관덕정 설계 이후에도 한국의 미를 현대적으로 어떻게 잘 번안할 것인지를 평생 연구하게 되었음을 그의 글이나 작품을 통해 알 수가 있다. 이러한 스타일은 광주교육대의 풍향대나 광주 송정리의 공군부대 내에 세워졌던 '관음암' 등에서 이어진다. 2017년 근대기 체육시설로서 '등록문화재 제694호'로 지정되면서 남구청에서 문화재자료 조사에 그 과정이 기록되었다.

광주 동신중·고등학교 본관, 서관〈건축 연도 : 1967년〉

1967년에 건축된 광주 동신중·고등학교 설계의 특징을 꼽으라고 한다면, '천천히 걸어가는 학문의 길'이라는 뜻을 담아 계단 대신 슬로프를 설치한 것이다. 교문을 지나 경사로를 올라가다 보면 보이는 건물 측면의 반복되는 슬로프 선이 시원스럽게 이어져 있어서, 경쾌한 리듬감을 보여주는

1 광주동신중·고등학교 2 미도아파트

것 또한 인상적이다. 학생들이 계단으로 이동해야 했다면, 한 걸음 내디딜 때마다 안전하게 발 디딜 곳을 찾느라 손은 손잡이 레일을 꼭 잡고 눈길은 바닥을 향했을 것이다. 그 대신, 이 슬로프에서 학생들의 손은 자유롭고 눈길은 앞과 위를 향한 동시에 유유자적하게 발을 내디딜 수 있다. 전방의 무등산과 고지대에 있는 교사 아래로 펼쳐지는 대로변과 학교 정원에 펼쳐지는 풍경의 변화를 온몸으로 느낄 수 있다.

대로변에 접한 교사에서 바깥 차로의 소음을 차단시키고 서향인 건물에 들이치는 햇살을 분리하는 방법으로 대로변 쪽인 서쪽에 복도를 배치하여 쾌적한 면학 분위기를 조성하고자 하였다. 슬로프 부분의 맨 아래 공간은 음악실 등으로 사용할 수 있게 하여 자칫 죽은 부분이 될 수 있는 공간의 잠재력을 한껏 끌어올리는 등 신건축연구소만의 스타일을 볼 수 있다.

미도아파트〈건축 연도 : 1966년. 2011년 철거〉

전체 배치가 'ㄷ'자형의 평면으로 코어를 중심으로 대칭적인 구성을 이루나, 2면 도로에 접한 부분에 이르러서는 곡면으로 매스를 분절하여 모서리에 위치한 대지의 동적인 감각을 살려주고 있다. 좌우대칭의 축을 이루고 있는 중심부는 진입부의 낮고 수평적인 매스와 코어의 수직적인 매스가 고전적인 느낌을 주고 있으며, 1·2층의 차양과 3층의 팔작지붕, 옥탑층 코어로 이어지는 일련의 시각적인 흐름은 공간의 깊이를 더하였다.

'특기할 만한 공간구성을 보여주는 3층 중심부의 팔작지붕은 마치 주변의 현대식 건물을 기단과 담장과 배산으로 삼아 위치해 있는 듯 하여 형상으로 조화롭다고 하기보다는 하나의 재미가 느껴지게 한다'라고 광주근대건축물 조사[10]에 평가하고 있다.

'미도 APT'는 광주에 최초의 아파트이지만 건축주 김수곤 씨의 말에 의하면, 건축 당시에는 APT에 대한 개념이 없었으므로 분양이 되지 않았고 주로 상무대 공군병단 사람들과 타 지역의 월급쟁이들이 살았으며, 나중에 여관으로 개조하였다고 한다. 건축사업가에 의해 광주 지역, 호남 지역에 지어진 최초의 민영아파트로서 의미가 있는 건물이었지만 원래의 용도를 잃고 운영되다가 2011년 철거되었다.

당시 현대건축의 주류였던 르꼬르뷔지에의 건축에서 보여주는 인상적인 형태로 파동형을 차용하고 있으며 이는 김한섭의 전남대학교 농과대학에서도 볼 수 있어 건축 흐름과 영향을 볼 수 있는 시대의 기록이기도 하다.

광주중앙교회〈건축 연도 : 1971년 ~ 1976년 완공〉

1960년대와 1970년대에는 전국적으로 산업의 발전과 이에 따라 주요 도시가 팽창하면서 광주에서도 주변부의 인구가 광주로 대거 유입되었고 주택난과 도로의 확충 문제가 대두되었다. 인구 증가로 인해 주택 부족 현상에 안정적인 주택 공급을 위해 광주시는 약 7만 평의 경양방죽을 메워 택지로 개발하였다. 이때 조성된 택지분양자금으로 현재 금남로의 폭으로 확장할 수 있었다. 이 시기에 세워진 금남로 5가의 광주중앙교회는 세속과의 경계를 표현하는 의미로 창이 없는 설계로 계획하였다. 금남로가 광주의 주요 도로의 기능을 하게 되면 교통량이 자연히 증가하고, 그 교통 소음이 이 건물의 종교적 성지 역할에 방해가 될 것을 예측해 창이 없는 교회를 디자인한 것이다. 기존의 교회와는 전혀 다른 양식으로 건축되는, 전면의 무창(無窓) 설계는 관덕정에 이어 또다시 논란의 대상이 되었다. 당시 광주에는 드물었던 고층건물인 9층으로 완공되어 광주 금남로의 중앙교회는 주목받는 건축물이 되었다. 간결한 디자인으로 종교가 갖는 무욕의 의미와

10 천득염, 『광주건축 100년』, 전남대학교 출판부, 2002년.

광주중앙교회

영적인 공간의 의미를 잘 살린 설계로 인정되며 2019년 철거되기 전까지 금남로 4가의 랜드마크 역할을 했다.

전남대학교 공과대학 3호관, 5호관, 과학관 〈건축 연도 : 1971년~1974년〉

1952년 전남대학교는 전쟁 복구와 더불어 국립으로 설립되었다. 본격적으로 경제가 회복되면서 불어난 학생 수로 인해 부족한 교사 시설을 공급하고자 교육시설 차관사업의 시행으로 신축되었다. 1972년부터 1977년 사이에 설계되어 신축된 건물로 전남대학교 공대 3호관의 A동, B동, C동, D동과 사범대 1호관, 사범대 교수 연구동, 공과대 5호관, 과학관[11]이 있다. 설계 자료를 보면, 각각의 전공에 따른 실험실의 필수 항목을 세심하게 살피고 필요에 따른 배치를 위해 꼼꼼히 조사하고 기록한 자료가 남아 있다.

전남대학교 지형은 전체적으로 보면 구릉지에 위치하여 인도(人道)에서 건축물로 진입 및 출입구를 자연스럽게 배치하는 것이 까다롭다. 주 이용자인 학생들 다수가 한꺼번에 다른 건물로 이동해야 할 때에는 진입과 출입이 다각으로 열려 있어야 혼잡하지 않으므로, 그 흐름을 막지 않는 설계를 위해 지질측정과 경사도를 세심하게 측량하고 연구하였음을 알 수 있다.

공대 3호관(이하 3호관)과 공대 5호관 (이하 5호관)의 공통적인 배치

우리나라 한옥에서 '□자' 건물 배치는 중부지방의 특징적인 배치인데, 두 건물이 중정을 가운데 두고 건물을 둘러서 설계된 점이 특징이다. 이러한 배치는 이동이 쉽게 하는 동선 연결과 연구를 위주로 한 건물의 성격을 보여준다. 4개의 동이 어우러지는 통일감을 갖게 하면서도 각각 독립적인 연구 공간임을 시각적으로 알 수 있게 설계되었다.

---

11 이후 현 과학관 신축으로 철거되었다.

1 전남대학교 공과대학 3호관 2 전남대학교 공과대학 5호관

3호관과 5호관의 차별점

3호관에는 B동과 D동의 배면이 이동로 역할을 하고 그에 따라 4개 동 중앙의 야외 공간은 그대로 남아 접촉하지 않는 정원과 같이 보이지만, 5호관은 4개 동이 정원을 둘러싸고 배치되는 형식에 4개 동 중앙부 안쪽 모두에 출·입구가 배치되어 중앙을 가로지르는 이동로가 만들어져 있다.

공대 3호관 건축 연대가 다른 A, B, C, D동 4개의 건물이 빙 둘러서 'ㅍ자' 형태를 이루고 있다. A동이 먼저 건축되었고 2~3년의 시간 간격을 두고 건축된 B동, C동, D동만 서로 연결되어 있다. 따라서, 4개 동 전체 내부가 연결되어 있지는 않다. 따라서 A동과 나머지 세 건물은 각각 1층의 주출입구로 드나들 수 있다.

A동과 B동, C동, D동 간의 일체감과 이동을 위해서 한옥의 처마를 연상할 수 있는 넓은 슬라브로 중앙정원 쪽으로 배치하였다. 이러한 배려는 처마 아래로 눈이나 비를 맞지 않고도 이동이 가능하게 한다. 또한 사방에 같은 높이로 건물이 둘러져 있으면 시계가 답답할 수 있으므로 각 동의 층을 차별화하여 A동과 D동을 3층, B동과 C동은 단층으로 배치하였다. 이를 통해 건물과 공간 간에 위계가 나타나고 리듬감과 변화가 있는 건축물로 지어져서 지루하지 않다. 또한 도로변에서 관찰할 때 측면 동이 단층이면서 볼륨감이 있는 외벽을 느낄 수 있다.

외관의 특징으로는 맨 위 슬라브의 '형태미'와 계단부 외관의 갤러리 처

리이다. 지붕 슬라브에 약간의 각을 주어서 마치 지붕의 역할처럼 보이면서
도 직선들 사이에서 지루하지 않게 파격을 주었다. 계단부의 갤러리는 A동
과 C동의 전면 외관을 보면, 주출입구이자 계단부에 설치하여 2~3층을 이
어서 설치하였다. 이들 수평이 만나는 사이, 수직으로 상승하는 운동감을
부여했다. 이는 기능적으로도 계단부의 채광의 역할까지 자연스럽게 해결
하였다.

　　공대 5호관　4개의 건물은 내부로 연결되도록 건축되었고, 3호관의 경우
처럼 층을 차별화하였다. 정면부 남쪽 건물은 4층으로 시작하여 지반이 올
라가는 동, 서, 북측의 3개 동이 모두 3층으로 지어졌다. 5호관에는 실험실
이 전격적으로 많이 배치되어 있다. 지금도 이 건물에는 실험실에 사용되는
배관이 외관으로 많이 설치되어 있다. 이 배관들과 함께 콘크리트와 벽돌이
번갈아 가며 마감재로 사용된 외관에는 리듬감과 규칙성이 느껴진다. 내부
를 보자면, 4개 동이 연결되는 곳의 단 차에는 계단을 두어 연결하여 지루
하지 않게 진입할 수 있게 하였다. 이는 완만한 경사에 각각의 4개 방향으
로 앉혀진 건물의 공간들이 서로 무리하지 않게 연결될 수 있도록 치밀하게
계산하여 건축하였음을 알 수 있다. 3층에서 건물 옥상으로 오르는 계단참
에서는 사면의 벽 모서리에 길고 좁은 채광창을 설치해 옥상으로 오르는 계
단이 어둡지 않다. 막힌 공간이지만 하루 종일 빛이 들어오도록 하였다. 이
후 5호관은 증·개축을 거쳐 현재의 모습에 이르렀다. 전체적인 증, 개축 과
정에 대해서는 다시 한번 정리할 필요가 있다.

동명동주택〈1970년대〉

　건축적 개성인 자연스러운 공간배치와 덩어리를 배제하는 건축 성향
이 잘 나타난 주택이다. 전남여고 다목적 강당 이전에 건축되었으며 전면
을 보면 많은 공간 분할로 인해 입체적으로 변화가 있는 다재다능한 느낌
을 주는 건물이다. 수직과 수평을 배치하고 이를 가로지르는 슬라브의 꺾
인 선이 잘 섞여 지루하지 않고 과감하게 입체로 튀어나오게 한 창문틀과
왼편의 반원도형의 배수장치는 서로 균형을 맞춰주면서 하나의 오브제처
럼 배치되어 재미있게 도형의 조합을 보여준다. 이렇게 변화가 많은 배치
로 심심하지 않은 전면부를 갖췄다. 전면 중앙에 주 출입구인 현관 도입부

동명동주택

의 상부 역시 아까의 오브제들처럼 과감한 크기로 드리우게 배치하여 현관부를 훨씬 확장되게 하는 효과를 주었다. 전면부에 포인트로 지방석(地方石)을 장치하여 집을 더 역동적으로 보이게 장식하였다. 현재의 시각으로도 세련된 외관과 더불어 건물 상태가 건재하며 현관 슬라브 위를 원목 처리하여 변화가 있다. 여기에서 보이는 지방석 건축 재료는 이후로도 몇 곳의 건축물에 응용되어 건축되었음을 남아 있는 설계 도면들을 통해 볼 수 있다.

전남여자중·고등학교 '다목적 강당'(현상공모전 당선작)〈건축 연도 : 1976년〉
　마치 여학생의 단발머리 같은 지붕 형태와 측면 도입부의 창이 전체적으로는 강하지만 세부적으로 보면 부드럽고 우아한 선으로 건축되어 여학교의 특성을 보여주는 입면을 보인다. 당시 복합적인 강단으로 사용할 수 있는 기능의 시도가 현상공모 당선의 주요한 점이었을 것 같다. 혹서나 혹한을 피해 여러 행사를 할 수 있고 유연한 공간배치로 운동도 할 수 있게 다목적으로 건축되었다. 현재 전남여자고등학교 내에는 김태만 설계의 과학관도 남아 있다.
　이 다목적 강당은 지역업체인 대동건설에서 시공을 맡았으며 매우 까다로웠던 공사로 알려졌다. 그러나 공사를 할 당시에 자재 사용이 여러 번 손길이 가게 설계되어 어려웠던 공사라고 난색을 보였던 대동건설에서 자회사 재단 학교인 광주대동고등학교의 체육관을 건축하면서 전남여고 다목

1 전남여자중·고등학교 다목적 강당 2, 3 김내과

적 강당을 복제하여 건축하면서 '창작은 모방에서 출발한다'는 후일담을 남겼다 한다. 대동고등학교는 이후 서구로 이전하면서 철거되었고 그 자리에는 아파트가 들어섰다.

김내과(현 문화복합공간 김냇과)

이 건축물의 특색은 1층에서 상층부로 갈수록 건물의 외벽이 입체적으로 튀어나오게 설계되어 1층의 진입부가 부담스럽지 않게 접근할 수 있다는 점이다. 공간 내부의 주된 동선을 두 부분으로 나눠 처리했는데, 건축주인 김철영 내과의의 진료 동선과 환자들의 진료와 입원실의 동선 공간이 분리되게 출입문과 계단실을 따로 두었다. 당시로는 보기 드물게 입원환자를 위한 뒤뜰 개념의 코지 공간이 있고, 진료실 내부의 공간 배려로 진료받는 환자들이 대기 시에 편안한 안정감을 갖도록 시선 처리를 할 수 있게 실내에 온실을 1층 내부에 사선의 공간을 이용하여 배치하였다. 외부 전면부에 있는 건축주의 주출입문 상부나 후원의 슬라브의 유연한 선감이 마음을 편안하게 하도록 동적으로 처리되어 아름다운 건축선을 느낄 수 있다.

현재는 지하 보일러실부터 3층까지 리모델링 되어 김냇과 복합문화공간으로 이용되고 있다.

사동 최봉례주택〈건축 연도 : 1980년〉

조흥은행 광주지점장이기도 했던 최봉례 씨가 건축주이다. 집의 중심부가 시원스럽게 2층 슬라브까지 뻗어 있으며 이 4개의 기둥을 중심으로 잡았다. 이때 2층 베란다 공간을 4개 기둥의 존재를 위해 뒤로 물러나 구성함

사동 최봉례주택

으로써 좁은 대지이지만 답답하지 않다. 주인의 예술을 사랑하는 취향과 잘 맞는 스타일로 건축되었다고 볼 수 있는데, 건축주는 검은 대리석으로 건축하기를 원하였으나 건축주의 의견을 절충하여 진회색 벽돌로 건축되었다.

회색 벽돌은 기둥과 대비되는 색 배치로써 흰색 기둥이 시원스레 뻗을 수 있게 색감을 안정적으로 받쳐주어 입체적으로 돋보이게 한다. 대문간은 주인의 의견대로 검은색 대리석으로 축조하였다. 예술을 사랑한 건축주가 꾸민 공간이라는 느낌을 물씬 풍기며 자리하고 있다.

30년 넘게 집을 잘 가꾸었던[12] 건축주는 '어긋남이 없이 잘 지어져 오래도록 잘 유지되고 있다'며 자신과 잘 교감한 설계로 지어진 집에 대해 자부심을 보였다. '사동 최부자집' 인근에 위치하며 현재도 원형이 잘 유지되고 있다.

공적 활동

대한건축사회전남지부 활동

1947년에 서울보다 앞서 만든 건축 단체로 이 지역 송정공고 출신들이 모여 조직한 '전남건축문화협회' 단체를 구성하였고 활동에 적극 참여하였

---

12 2010년 필자와 최봉례 건축주와 인터뷰한 내용.

다. 당시 '전남건축문화협회'는 일본에서 유학 후 목포공업고등학교에서 교사로 재직하던 김한섭[13]이 중심이 되어 결성되었다. 전남지부의 간사 일을 맡아 실제적인 '건축사회'의 살림과 운영을 도맡아했던 김태만은 선배인 김한섭이 1960년대 중반 서울로 상경하게 되면서 전남건축사회의 일을 이어가게 된다. 1965년 이후에는 정식 단체인 '대한건축사회전남지부'가 설립되었고, 1970년부터는 광주 지부장으로서 본격적으로 전남지역 건축사들의 역량 강화를 위해 다양한 활동을 시작하게 된다. 주요 활동으로 1976년 9월 서울 덕수궁에서 있었던 《현대건축전》을 광주에서 전시하도록 유치하였다. 광주학생회관에서 열린 이 전시는 당시에 너무 먼 서울까지의 지리적 조건으로 시대에 앞선 전시를 보기 어려운 상황이었기에, 이 지역 시민과 건축 후학들에게 좋은 전시를 관람할 기회가 되었다. 그 외에도 주로 미문화원[14]에서 있었던 대학생들의 건축졸업전시회를 빠짐없이 찾아 격려하곤 하여 이를 기억하는 이들이 있다.

1980년대 후반기, 1987년 청문회와 더불어 정치적 민주화가 진행되기 시작한다. 과거 군사독재 시기에는 건축사를 상징하는 로고에 관여하여 권위와 관료의 상징인 무궁화를 일괄적으로 넣게 하였으나 이를 되돌릴 기회가 생겼다. 이에 광주지부에서는 '건축사로고 공모전'을 개최하도록 제안해 건축사 회원들의 관심을 모았다. 1986년, 건축사공제회가 성장하게 되고 안정화되면서 비좁고 낡은 대의동 건축사회관에서 중흥동으로 이전하게 된다. 이때에도 새로운 '광주건축사회관'의 신축현상공모전을 심사하면서 어두운 계단부를 위해 천창을 넣는 설계를 제안하였고 이는 시공되었다. 광주와 전남이 분리되기 전인 1985년에 열린 《광주·전남건축가 회원작품전》은 이 지역에서는 최초로 열린 건축작품 전시회로서, 남도문화예술회관[15]에서 개최되었다. 광주 건축사들이 자체적으로 준비하여 개최하기까지 많은 노력을 하였다. 1980년의 5·18의 좌절로 침체된 분위기 속에서 이루어졌기에 이는 광주 시민들에 알려지면서 큰 반향을 불러일으켰던 '문화치

---

13 평생지기이자 선배인 건축가 김한섭과의 교재로 받은 영향도 크다 할 수 있으며 그를 진취적인 사람으로 평가한다.

14 당시 광주에는 황금동 미문화원이나 광주학생회관 이외에 전시할 장소가 마땅치 않았다.

15 현 국립아시아문화전당내 예술극장 위치.

유'의 역할을 하면서 건축 문화의 수준을 보여주는 작품 전시회였다. 당시, 알게 모르게 침잠할 수밖에 없었던 광주 시민들에게 문화적 자부심을 주며 깊이 각인된 전시회이다. 당시 건축학회장이나 원로로서 건축사협회가 생긴 지 20년 만에 전국의 지방 중소도시 중 가장 먼저 자발적으로 작품전시회를 개최하는 데 대한 자긍심, 건축가로서 이 지역에서 선두적으로 노력하는 후학들을 격려하고 있다.

> 해방된 지 40년, 협회가 창립된 지 20년 만에 갖은 작품전은 좀 때늦은 감은 있으나 그래도 '이제부터 시작이다'는 생각을 하면 기대에 부풀어진다. 지금, 이 시점부터 부탁하기에는 좀 빠르기는 하나 창작하는 작품에서 강한 지방색을 풍기는 작품을 창작해달라는 이야기다. '기기도 전에 날아 달라'는 이야기 같기도 하나 그것에는 그럴 만한 이유가 있다.
>
> 요즘 어느 도시에를 가나 서울의 축소판 같은 냄새가 난다. 옛날에는 (10년 전 만 해도) 어느 자그마한 지방 도시엘 가도 지방이면 그 지방의 특색 같은 풍경과 건축이 있었는데 요즘은 어느 도시에를 가도 전부 그 도시의 독특한 건축이나 풍경이 사라지고 똑같은 스타일로 통일된 도심지의 풍경에 이대로 가다가는 작가가 없는 (또는 작가가 하나뿐인) 도시로 변하겠구나 하는 감회를 갖는다.
>
> (중략) 아름답고 쓸모 있고 활기에 차고 특징지을 만한 개성이 엿보이는 都市像을 부각시키려면 그 도시에 주민이 아름다운 것을 가꿀지 알고 쓸모가 있는 일을 시작할 줄 알고 활기를 부러 넣을 줄 알고 도시의 개성을 살릴 줄 아는 시민들의 수가 많아야 할 것이다. 할 일이야 생각해 보면 많을 것이다. 단지 그러한 분위기를 누가 어떠한 방법으로 조성할 것이냐에 달려 있다. 단 행정의 힘을 빌리면 결과가 반감된다고 생각된다. 행정의 힘을 빌리면 관을 업고 하는 것 같아서 따르지를 않을 것이다. 지금도 누군가가 그러한 일을 하고 있는지 모르나 소리가 작아서 잘 안 들리는지도 모르겠다. 해방 40년 동안 우리도 이러한 일을 생각할 때가 된 것 같다.
>
> — 김태만, 축사, 「건축작품전에 앞서」, 1985년 6월

마무리

건축가 김태만은 앞서 기술한 바와 같이 일제강점기의 엄혹한 시기에 수학하였다. 이 지역에 유일한 건축 교육기관을 거쳐 해방과 더불어 본격적인 건축 활동을 시작하였고 광주, 전남, 전북 지역에서 약 50년간의 건축 활동을 하였다. 빠르게 이행되어가던 근대와 현대의 사이에서 건축이 해야 할 공적 활동에 고심하고 개인적인 부족함을 부단한 노력으로 극복하고자 했던 건축가로서 1940년대부터 1990년대까지 광주건축의 기둥을 세워 근대에서 현대까지의 이행을 함께하며 다리 역할을 하였다. 그러한 반세기 작품 활동은 광주 건축의 밑바탕이 되었다고 볼 수 있으며 앞으로 나아갈 방향을 가리키고 있다. 앞으로도 자생하는 문화적 자양분을 지니기 위한 이러한 연구가 계속되고 기록되어야 한다고 본다.

건축가 김태만은 건축과 후학을 지극히 사랑했던 건축인 선배로서 가야 할 길을 실천하고자 했으며, 1992년 4월에 광주에서는 최초의 자발적 퇴임으로 건축 활동을 갈무리하면서 답사에 이에 대해 기록하고 있다.

> 건축에 종사한 지가 50년이란 세월이 흘렀다. 학교 시절에 중일전쟁이 일어났고 졸업하던 해에 미일전쟁이 일어났고 징용에 두 번이나 끌려갔고 그 때문에 살림살이가 박살이 났고 다만 그 난리 속에서도 인명피해만은 없었든 것이 다행이라고나 할까? 비단 나만 그런 것은 아닐지라도 우리의 인생들은 격동과 급변의 시대였다. 만감이 교차하는 은퇴를 하고 나서는 한 세월을 자처하면서도 내가 좋아했든 건축을 다시 한번 반추하면서 제3자적 시각에서 시대의 흐름을 靜觀하기에 이르렀다.
>
> — 김태만, 「광주지회 초창기 이야기들」, 1991년

| 참고문헌 및 자료 |

고재유, 『광주시사』, 광주광역시사편찬위원회, 2001.

최상현·천득염, 『광주 교육시설 100년』, 다지리, 서울, 2002.

천득염, 『광주 근대 문화유산 목록화 및 조사보고서』, 광주광역시, 2003.

천득염·신태양·한승훈·박지민·김진안, 『광주건축 100년』, 바이오하우징연구사업
　　　단, 2006.

성현출, 『광주 남구 문화유적』, 광주광역시 남구문화원, 2014.

박선홍, 『광주일백년』, 광주문화재단, 2014.

자료집

김용춘 외 2인, 「광주 조선대학교 부속중학교 구교사의 건축변화」, 한국건축역사
　　　학회 2018춘계학술발표대회 자료집, 2018.

김용춘 외 1인, 「조선대학교 본관 특징과 1940, 1950년대 교육건축물을 중심으로
　　　한 김한섭 건축가의 디자인분석」, 한국건축역사학회 2018춘계학술
　　　발표대회 자료집, 2018.

『광주관덕정 정밀실측조사보고서』, 광주남구청, 이음디엔피, 2021.

논문

안창모, 「건축가 김한섭 연구」, 경기대학교 논문집, Vol44, No.2, 2000.

학위

이하늘, 「근대기 한국에서 활동항 건축가의 조직과 계보에 관한 연구」, 청주대학교
　　　건축공학과 석사학위, 2010.

인터넷자료

광주교육대학교 : museum.gnue.ac.kr

조선대학교 : www.chosun.ac.kr

조선대학교장황남박물관 : changicmuseum.chosun.ac.kr

국립목포대학교 : www.mokpo.ac.kr

06

1980년 전후
광주민중문화운동

전용호 소설가

'문화운동'이란 '문화'와 '운동'의 합성어다. 두 단어의 사전적 개념은 '문화'란 한 사회의 주요한 행동 양식으로 특히 예술 활동을 총칭하고, '운동'이란 '조직적이고 지속인 움직임'을 뜻한다. 따라서 '문화운동'이란 어떤 목적을 실현하기 위해 문화예술활동을 조직적이고 지속적으로 펼치는 행위라고 정의할 수 있다. 역시 '민중문화운동'은 '민중+문화운동'으로 '민중'은 전체 다수의 국민, 서민·평민·인민, 특히 피지배층을 이루는 주변인을 말하므로 '피지배층의 조직적인 문화활동'이라고 정의할 수 있다. '문화운동'은 1970년대, '민중문화운동'이란 말은 1980년대에 출현하였다.

1980년 전후 광주민중문화운동
- 광주·전남문화운동의 태동과 전개(1977~1987)

광주·전남 문화운동의 태동

'문화운동'이란 '문화'와 '운동'의 합성어다. 두 단어의 사전적 개념은 '문화'란 한 사회의 주요한 행동 양식으로 특히 예술 활동을 총칭하고, '운동'이란 '조직적이고 지속적인 움직임'을 뜻한다. 따라서 '문화운동'이란 어떤 목적을 실현하기 위해 문화예술활동을 조직적이고 지속적으로 펼치는 행위라고 정의할 수 있다. 역시 '민중문화운동'은 '민중+문화운동'으로 '민중'은 전체 다수의 국민. 서민·평민·인민, 특히 피지배층을 이루는 주변인을 말하므로 '피지배층의 조직적인 문화활동'이라고 정의할 수 있다. '문화운동'은 1970년대, '민중문화운동'이란 말은 1980년대에 출현하였다.

1970년대는 박정희 군사독재정권이 유신헌법으로 종신대통령제를 만들고 그에 반대하는 국민들을 무력으로 탄압한 시대다. 박정희 유신정권은 1973년 김대중 납치사건에 이어 1974년 전국 대학생 180명을 구속한 민청학련사건과 그 이후 언론 자유를 제한하는 긴급조치 등으로 국민들을 탄압하였다. 재야 민주양심세력과 야당 정치인들은 물론 대학생과 고등학생들까지 가세하여 박정희 독재정권에 반대하는 시위를 벌였다.

양심적인 문화예술인들도 박정희 유신독재정권에 맞서 투쟁을 시작하였다. 소위 문화운동이 시작된 것이다. 1974년 11월 18일, 고은, 신경림, 백낙청, 염무웅, 이문구, 조태일, 황석영 등 문학인들이 자유실천문인협의회를 결성하고 서울 광화문 사거리에서 '문학인 시국선언문'을 발표하였다. 광주

자유실천문인협의회

에서는 박봉우, 이성부, 송기숙, 문병란, 문순태, 양성우, 김준태가 참여하였다. 그즈음 채희완, 이애주, 김민기, 임진택, 장선우 등 1970년대 탈춤부흥운동의 주역인 각 대학 탈춤반 출신들이 '놀이패 한두레'를 창립하였다. 1975년 2월에는 광주 YWCA 강당에서 열린 구국기도회에서 당시 중앙여고 교사인 양성우 시인이 유신정권을 비판하는 「겨울공화국」이라는 시를 낭송하여 구속 수감되었다.

해남 추수감사굿

1977년 가을 해남에서 추수감사굿이 벌어졌다. 당시 해남으로 내려와 『장길산』을 집필하고 있던 소설가 황석영과 1973년 「함성」지 사건으로 투옥 후 고향에 내려와 있던 시인 김남주, 농민운동가 정광훈, 윤기현(동화작가) 등이 해남읍 서림 당산마당에서 신명난 굿판을 벌였다. 서울에서 놀이패 한두레가 내려오고 광주에서 굿판을 보기 위해 민청학련 관련 청년활동가들과 김선출, 김윤기 등 전남대 학생들이 몰려들었다. 읍내 한복판인 서림 숲에는 깃발과 현수막이 나부끼고 김남주 시인의 자작시 낭송, 판소리 열사가, 한두레의 봉산탈춤과 「진오귀굿」이 펼쳐지고 막걸리판이 벌어졌다.

한두레의 「진오귀굿」은 망자의 한을 씻기는 전통 씻김굿인 진오귀굿을 변형하여 김지하 시인이 세태를 풍자하는 내용으로 대본을 쓰고 채희완의 안무로 만든 최초의 마당극이다. 새마을운동으로 사라진 풍물도 등장하고 오랜만에 걸판진 굿을 본 참석자들은 깃발과 현수막을 들고 풍물과 탈바가지를 앞세워 해남 군청까지 신명나게 길놀이 행진을 하였다. 참석자들은 추수감사굿이 만들어 내는 열기와 신명, 현실 풍자에 푹 빠졌다.

그날 해남 추수감사굿이 끝나자 황석영, 김남주 등 주최 측과 관객으로 왔던 청년 학생들이 광주에도 놀이패 한두레와 같은 마당극단이 필요하다고 생각하였다. 그들은 먼저 탈춤을 배우기로 하여 1977년 12월 광주 YMCA에 장소를 교섭하여 탈춤강습회를 열었다. Y탈춤강습회는 봉산탈춤의 8목중 과장을 중심으로 한두레 단원들의 지도로 이론과 실기를 쌓는 두 달간의 강행군이었다. 당시 한두레에서 순차적으로 내려와 지도한 사람은 채희완(전 부산대 교수), 김봉준(화가), 류인택(예술의전당 사장), 강정례 (이화여대 민속극연구회 출신), 임명구(전 민예총) 등이다. 수강생으로 윤상원, 조길예, 박효선, 김선출, 김태종, 김윤기, 윤만식, 김정희 등 전남대 학생들이 참가하였다.

전남대 탈춤반 창립과 재건

1978년 4월 YMCA에서 탈춤을 배운 전남대 학생들이 민속문화연구회를 창립하였다. 당시 대학에서 취미동아리가 창립하려면 지도교수 2인의 승인을 받아야 했다. 당시 서울권 대학탈춤 동아리가 학생운동과 관련이 깊다는 소문이 퍼져 있어 지도교수를 맡아줄 교수들을 찾기가 쉽지 않았다. 어렵사리 2인의 지도교수를 위촉하고 전남대 민속문화연구회가 출범을 하였다. 창립총회에서 회장 김선출, 부회장 김윤기가 선출되고 조길예, 윤만식, 김선출, 김윤기, 김정희, 윤성석, 한영현 등 기존회원에 1학년 신입생으로 전용호, 하경량, 최인선, 김연중, 신경화, 현수정, 김석천 등 10여 명이 참여하였다.

그해 6월 27일, 전남대 11인 교수들이 박정희 유신정권의 '국민교육헌장' 을 비판하는 「민주교육지표」 선언문을 발표하여 사찰당국에 의해 연행되었다. 이틀 후인 6월 29일, 전남대 학생들이 모여 「민주교육지표」를 지지하고 연행교수 석방을 요구하는 대규모 시위를 벌였다. 시위가 끝난 후 주동자들이 연행되거나 수배되었다. 민속문화연구회 김선출 회장과 김윤기 부회장이 시위주동자에 포함되었다. 시위 후 둘은 어디론가 도피하였다. 대학당국은 회장, 부회장이 시위 주동자로 수배중이라는 이유로 지도교수 2인의 사퇴서를 받아 민속문화연구회 등록을 취소하였다. 전남대 민속문화연구회가 창립 3개월만에 해체되고 만 것이다.

1978년 9월, 민속문화연구회 창립 당시 신입생인 전용호, 하경량, 최인선, 김연중, 신경화, 현수정, 김석천 등이 모여서 동아리 해체에 대한 아쉬움을 토로하다 탈춤반을 재건할 것을 계획하였다. 이들은 당시 4학년 선배였던 윤만식에게 봉산탈춤 8목중 과장을 배웠다. 전남대 탈춤반이 해체되었지만 1학년 10여 명이 다시 활동을 시작하자 여러 곳에서 공연 요청이 들어오기도 했다.

1978년, 조선대도 김부수, 조영욱, 변서호 등 국문과 학생들을 중심으로 탈춤반이 창립하였다. 조선대 탈춤반은 창립했지만 탈춤을 가르칠 선배가 없어 이론적인 학습만 하고 있었다.

전남대 연극반의 변화

전남대 연극반은 역사가 깊었다. 당시 대학 연극반은 대부분 서구유럽의 고전적인 연극을 무대에 올렸다. 전남대 연극반도 마찬가지였다. 1970년대 후반에 박효선, 윤상원, 김태종 등이 연극반 활동을 하면서 전남대 연극반은 고전극을 탈피하고 리얼리즘 계열의 연극으로 선회하기 시작했다. 1977년 전남대 연극반 회장이 국문과 박효선, 1978년 회장은 국문과 김태종이었다. 박효선은 윤상원과 함께 민청학련 관련하여 투옥되었다가 녹두서점을 운영하던 국문과 출신 김상윤이 주도하는 독서토론 모임에 참여하면서 민주화운동에 관심을 갖게 되었다. 김태종은 김선출, 김윤기와 친구로 1977년 YMCA에서 탈춤강습에 참여하였다.

1978년 전남대 연극반은 가을 정기공연으로 러시아 혁명을 다룬 카뮈의 「정의의 사람들」을 무대에 올리기 위해 연습하고 있었다. 그런데 대학 학생처에서 대본을 검토한 후 불온한 작품이라고 공연금지조치를 내리고 말았다. 연극반 단원들은 몇 달 고생해서 준비한 작품을 포기할 수 없어 주변 학생들에게 비밀리에 알려 기습적으로 공연을 하였다. 조명, 음향 등 무대 장치는 물론 의상도 제대로 갖추지 못한 공연이었다. 공연이 끝난 후 배우는 물론 스태프까지 모두 모여 울음을 터트릴 수밖에 없었다.

> 나는 1977년 여고를 졸업하고 그해 바로 전남대 국문과에 입학했다. 평범한 학생으로 지내다가 2학년 때 우연히 국문과에서 개최하는 촌극에 참여하게 되었다. 그 후 선배의 권유로 전남대 연극반에 가입하게 되었다. 당시 연극반 회원은 박효선, 서대석, 김태종 씨 등 10여 명이었는데 순수예술극 차원에서 차츰 리얼리즘을 바탕으로 한 문화운동으로 관심을 확대해 가고 있었다. 연극반 성원으로서 내가 처음으로 참여한 작품은 러시아혁명을

1 『정의의 사람들』 책 표지 2 함평고구마 농성

다른 카뮈의 「정의의 사람들」이었다. 1978년 유신 말기의 폭압적 상황에서 조금은 위험시될 작품이었고 작품 속에 나오는 혁명이라는 단어가 내겐 너무나 생소하고도 과격하게 느껴졌다. 그래서 박효선 선배에게 건의를 했더니 선배도 내 의견에 공감하고 성원들과 논의하여 '혁명'이라는 단어를 '운동'으로 고치기로 했다. 운동이라는 단어도 아직 내겐 생소하고 어색했지만 일단 그렇게 정하고 공연 준비를 서둘렀다. 학내 곳곳에 공고문을 붙이고 리허설까지 마쳤을 때 공연금지조치가 내려지고 말았다. 도저히 포기할 수 없었던 우리들은 형사들이 도착하기 전에 긴급홍보를 하고 시간을 앞당겨 전남대 대강당에서 '정의의 사람들'을 기습공연하기에 이르렀다. 시간이 촉박한 관계로 홍보가 잘 되지 않아 학우들이 별로 없는 상태에서 공연을 하는 동안 나는 독재치하의 슬픔을 절감했다.[1]

마당촌극 '함평고구마' 공연

1978년 11월 27일, 광주 계림동 천주교회에서 열린 '전국쌀생산자대회 및 추수감사제'에서 광주·전남지역의 첫 마당극이라고 할 수 있는 '함평고구마'가 공연되었다. '함평고구마'는 가톨릭 농민회의 요청에 따라 박효선의 연출로 전남대 연극반과 탈춤반 재건모임 학생들이 출연한 촌극 형

1　송기숙 외, 『광주5월민중항쟁사료전집』, 1990, 이현주 증언 일부 발췌.

태의 마당극이다. '함평고구마'는 '함평고구마 부정수매사건'이라는 실제 사건을 소재로 하였다. 광주·전남 마당극의 효시라고 할 수 있는 '함평고구마'는 농촌의 현장성을 강하게 담보함으로써 마당극의 방향성을 제시하였다는 점과 이후 연극반과 탈춤반이 모여 '극단 광대'를 결성하는 계기가 되었다.

전남대 탈춤반, '전통극연구회'로 재건

1978년 12월 전남대 탈춤반재건모임 10여 명이 조선대 탈춤반 4명과 함께 경상남도 '고성오광대'를 전수하였다. 활달한 몸짓의 봉산탈춤과 달리 남도탈춤인 고성오광대는 장구의 잔가락에 맞춰 우아한 동작의 춤이 특징이었다. 고성오광대는 봉산탈춤과는 또 다른 매력이 있었다.

1979년 3월, 전남대 탈춤반재건모임은 소위 '불온한 동아리'로 지목되어 해체된 민속문화연구회와 차별성을 두기 위하여 '전통극연구회'로 명칭을 바꾸었다. 동아리 명칭을 바꾸었지만 학교에 등록하기 위해 2인의 지도교수를 찾는 것이 쉽지 않았다. 학생들은 교수 연구실을 일일이 찾아다니면서 지도교수를 맡아달라고 부탁을 하였다. 처음에는 의욕적으로 다니다가 거절을 당하자 역사의식이 강한 사학과 교수연구실을 집중적으로 찾아다녔다. 아니나 다를까 사학과 이상식 교수라는 분이 동아리 등록 서류를 한참 보더니, "여기 데모하는 서클 아닌가!"라고 말하고 빙긋 웃으며 사인을 해주었다. 이상식 교수는 전통극연구회가 '불온한 동아리'라는 것을 알아차린 것이다.

나머지 한 사람이 문제였는데 독문과 4학년 선배 조길예가 독일에서 박사학위를 따고 그해 전남대 전임강사로 온 교수를 추천해주었다. 당시 독문과 송준엽 교수는 독일에서 가면극을 전공하고 국내 들어온 지 얼마 되지 않은 상태로 지도교수를 순순히 맡아주었다. 그렇게 전남대 전통극연구회는 등록에 성공하여 40여 명의 신입생을 모집할 수 있었다.

미술운동과 노래운동

1979년 9월, 홍성담과 최열(최익균) 등 8명 모여 '광주자유미술인협의회(이하 광자협)'를 결성하였다. 광자협은 창립취지문에서 '우리 사회가 사회적 구조적 모순에 참담하게 눌려 있다. 작가는 시대모순의 발견자이자 양심으로, 작품은 비리의 증언이자 도전장이어야 한다'고 선언하였다. 기존 미술계의 권위주의적 풍토, 고답적인 대학미술교육, 심미주의 일변도의 미학에 대한 반발과 박정희 유신정권 말기의 암울한 시대 상황에 대응하지 못하는 미술계 현실을 비판한 것이라고 할 수 있다. 당시 상황이 홍성담의 「칼갈기」와 「라면식사를 하는 사람」, 최익균의 「감옥」 등 작품에 나타난다.

「우리 승리하리라」 악보

이어서 당시 젊은 화가들과 추상미술 그룹인 에포크회 해산과정에서 분리된 작가들이 결합하여 '2000년회'가 조직되었다. 김용복(회장), 임옥상, 신경호, 이근표, 홍성담, 최익균 등 13명이 참가하였는데 신경호의 「넋이라도 있고 없고」, 이근표 「빨간머리의 자화상」, 홍성담 「목비틀기」 등의 작품이 광주경찰서에 의해 철거되고 김용복 회장이 고초를 겪었다.

1970년대 대학가에서 노래운동을 목적으로 한 단체는 없었으나 행사가 끝난 후 이어지는 뒤풀이 등에서 여러 장르의 노래가 불리었다. 학생들은 동아리에서 선배들로부터 민중가요를 배웠다. 당시 많이 부른 민중가요는 복음성가 종류의 노래로 「우리 승리하리라」, 「혼자 소리로는」, 「황색 예수」, 「고백」, 「자랑스런 노동자」, 「여공일기」, 「저 놀부 두 손에 떡 들고」, 「모두들 여기 모였구나」, 「노동의 새벽」, 「흔들리지 않게」, 「미칠 것 같은 이 세상」, 「이 세계의 절반은 나」 등 번안복음성가였다. 그 외에 「빼앗긴 들에도 봄은 오는가」, 「진달래」, 「그 사람 이름은 잊었지만」, 「날이 갈수록」 등 4·19와 5·16을 겪은 시인, 작곡가, 대중음악인들의 무력감과 반항심이 시와 노래로 표현된 창작곡과 대중가요가 있었다. 1970년대 중반에 들어서면서 「아침이슬」, 「친구」, 「서울로 가는 길」, 「작은 연못」 등 김민기의 노래가 차츰 확산되기 시작하였다.

광대창립기념 팜플렛 목차

1977년부터 시작된 대학가요제에 광주의 대학생들이 참가하여 3회까지 매년 상을 받았다. 제1회 박문옥, 박태홍, 최준호, 1978년 제2회 김정식, 이해종, 김용숙, 1979년 제3회 김종률, 정권수, 박미희이다.

5월항쟁 선전활동의 선봉에 서다

'Y극회 광대' 창립

1979년 10월 26일 박정희 대통령 죽음 후 민주화를 열망하는 국민들에 반해 군부 정권을 유지하려는 세력의 암중모색으로 권력의 공백기가 1980년 5월까지 지속되었다. 1980년 1월, 전남대 탈춤반과 연극반, 조선대 탈춤반, 전남대 국악반 출신들이 모여 'YWCA극단 광대(이하 극단 광대)'를 결성하였다. 전남대 연극반 박효선, 김태종, 이현주, 김영중, 김빌립, 전남대 탈춤반 윤만식, 김윤기, 김정희, 김선출, 최인선, 전남대 국악반 임희숙, 김한중, 조선대 탈춤반 김영희 등이었다.

1980년 3월 15일, 극단 광대는 곧바로 공연작품을 준비해 창립공연으로 마당굿 「돼지풀이」를 광주YMCA 무진관에서 공연했다. 이 작품은 회원들의 공동창작, 공동연출 작품으로 주기적인 농산물 파동을 극복하는 농민들의 한과 의지를 형상화하였다. 마당극 공연에 앞서 극회 광대 창립식에서 양희은, 임진택, 서울대 노래패 '메아리', 김영동 등 찬조 출연자들의 공연이 진행됐다. 민주화 시대가 도래할 것이라는 낙관적인 분위기 속에서 2천여 관중이 한꺼번에 관람한 이날 공연은 광주민중문화운동의 한 획을 그었다. 이후 극단 광대는 무안, 강진 등 현장을 찾아다니며 공연을 계속하였다.

1980년 5월, 극단 광대는 본격적으로 문화활동을 펼치기 위해 황석영 작가의 지원으로 시내에 소극장을 마련하였다. 개관기념공연으로 「한씨연대기(황석영 작)」로 정하고 YWCA 2층 양서조합 사무실을 빌려 연습에 돌입하였다. 18일, 5월항쟁 발발로 연습이 중단되고 소극장 개관은 무산되었다.

5월항쟁 선전활동 - '시민궐기대회'

5월 18일 10시, 전남대 정문 앞에서 시작된 5월항쟁은 공수부대의 살인적인 만행과 죽음을 각오한 시민들의 저항으로 19일, 20일을 거치면서 대격전을 치렀다. 5월 21일 오후 1시 총궐기한 30만 광주 시민들의 물결에 고립된 도청 공수부대가 총격 후 시내에서 퇴각하자 광주 시내는 해방공간이 되었다. 그동안 극단 광대 단원들은 YWCA와 녹두서점을 중심으로 서로 연락을 하면서 유인물을 만들어 뿌리는 등 두세 명씩 모여서 활동을 하였다.

22일 오후, 그동안 서로 개별적으로 활동을 하고 있었던 극단 광대, 들불야학, 송백회 회원들 및 청년학생들이 도청 앞 분수대에서 전라남도 부지사가 주축이 되어 급조한 수습대책위원들이 계엄사령부와 협상한 결과를 알리는 협상보고대회를 목격하였다. 그날 협상보고대회 도중 수습대책위원이 총기를 회수하고 투항해야 한다는 요지의 발언을 하자 한 청년이 연단에 뛰어올라 수습위원의 마이크를 빼앗으며 몸싸움이 벌어지는 등 보기 흉한 광경이 연출되면서 대회가 끝나고 말았다.

시민들의 염원은 받아들여지지 못한 채 아무런 성과 없이 끝난 협상보고대회 후 극단 광대의 박효선, 김태종, 들불야학의 윤상원, 전용호, 송백회의 정현애, 이윤정, 정유아 등 청년학생들이 모여 대책을 논의하였다. 그자리에서 결정된 것은 시민들의 의사를 자유롭게 수렴할 수 있는 '시민궐기대회' 개최였다. 다음 날인 23일부터 하루 한 차례씩 시민궐기대회를 개최하기로 하고 그 진행은 극단 광대가 맡기로 하였다.

그렇게 하여 5월 23일부터 극단 광대가 도청 광장 분수대를 무대로 시민궐기대회를 주도하였다. 궐기대회는 매일 같은 형식을 되풀이할 수 없는데다 공수부대 재진입이 예고된 상황에서 시민들의 의지를 결집하고 감동을 극대화해야만 했다. 따라서 의례, 상황보고, 시국연설, 호소문 낭독, 노래, 화형식 등 그때그때 상황에 맞게 현장에서 즉석 연출과 연기, 문안 작성이 이뤄졌다. 또한 연희, 미술, 노래, 대자보, 연설문, 인쇄, 방송, 성금 모으기, 전기시설 등 여러 분야의 작업이 유기적이고 조직적으로 결합되어야 가능했다. 연설과 토론을 중심으로 공연 형식을 취한 궐기대회는 항쟁과정에서 대중선동의 한 축을 이루었다. 극단 광대 회원들은 시민궐기대회에 자신들의 기량을 온몸으로 발휘했고 시민들은 거대한 강물이 되어 어깨 동무로 하나의 대열을 만들어 흘러갔다.

한 예를 들면, 모두가 아는 「아리랑」 노래도 광장을 울음바다로 만들었다.

> 나는 우리의 대표적 민요 아리랑이 갖는 그토록 피끓는 전율을 광주에서
> 처음 느꼈다. 도청 앞 광장으로 손에 손에 태극기를 흔들며 모여드는 군중
> 들이 부르는 아리랑 가락을 깜깜한 도청 옥상에서 혼자 들으며 바라보는 순
> 간, 나는 내 핏속에 무엇인가 격렬히 움직이는 전율을 느끼며 얼마나 하염
> 없이 눈물을 흘렸는지 모른다.[2]

23일부터 26일까지 5차례에 걸쳐 열린 궐기대회는 유신치하에서 힘겹게 쌓아올려 축적된 당대의 문화운동 역량이 총동원됐으며 백척간두의 극한 상황에서 새로운 문화행위 양식과 전술이 보태지면서 혁명적 게릴라 문화양식을 탄생시켰다. 궐기대회에 극단 광대 단원 박효선, 김태종, 김현주, 김선출, 김윤기, 윤만식, 임영희, 최인선, 임희숙과 송백회의 홍희윤, 이윤정, 정현애, 정유아와 들불야학의 김영철, 윤상원, 전용호, 나명관 등이 참여하였다.

궐기대회 내용

23일 3시 (1차)
- 묵념/애국가/경과보고
- 성명서 발표 : 시민대 표, 노동자 대표, 농민 대표, 학생 대표

24일 3시 (2차)
- 묵념/애국가/경과보고
- 국민에게 드리는 글, 껍데기 정부와 계엄당국을 규탄한다,
  민주시(민주화여~)
- 전두환 화형식

---

2 당시 도청에서 취재하던 동아일보 김충근 증언. 한국기자협회 외, 1997:215~216.

1 시민궐기대회 전두환 화형식 출처 : 나경택 전 전남매일 기자 2 시민궐기대회 원고

25일 2시 (3차)

− 묵념/애국가/경과보고

− 희생자 가족에게 드리는 글, 전국 종교인에게 보내는 글,

  전국 민주학생에게 보내는 글, 우리는 왜 총을 들 수밖에 없었는가

− 시가행진

26일−4차(오전 8:30), 5차(오후3시)

− 묵념/애국가/경과보고

− 한국정치의 문제점 (한국 정치보복사), 한국 경제구조의 모순, 과도

  정부 최규하 대통령에게 보내는 글, 도민에게 드리는 글에 대한 반

  박문, 대한민국 국군에게 보내는 글, 전국 언론인에게 보내는 글,

  광주시민은 통곡하고 있다, 광주시민의 결의

− 시민 자유발언대

− 시가행진

'5월항쟁 진상규명 문화운동'

5월항쟁이 끝난 후 슬픔과 분노에 찬 문화예술인들의 활동이 시작되었다. 1980년 6월 2일, 〈전남매일신문〉에 고등학교 교사 김준태 시인의 장시 「아아 광주여! 우리나라의 십자가여!」가 실렸다. 계엄사령부의 검열에 의해 총 106행의 시가 34행만 남기고 몽땅 삭제당한 채였다. 34행밖에 되지 않았지만 광주 시민을 위로하기에 충분했다. 시민들은 그 신문을 구하여 서울 등 외부 지역의 지인들에게 보냈다. 계엄사령부는 김준태 시인을 연행하여 강제로 사직서를 받았다.

「아아 광주여! 우리나라의 십자가여!」
가 실린 〈전남매일신문〉

5월항쟁이 끝난 후 극단 광대 단원들은 계엄사령부에 체포, 지명수배, 투옥, 강제징집 등 수난을 겪었다. 김윤기, 김선출은 투옥 후 강제징집, 전용호는 투옥, 박효선, 김태종은 수배 후 투옥되었다. 그럼에도 불구하고 체포를 면한 단원들이 중심이 되어 대학 탈춤반 학생들과 함께 1981년 5월 9일 마당극 「호랑이놀이」를 YMCA 무진관에서 공연하였다. 마당극 「호랑이놀이」는 박지원의 소설 「호질」을 기본 틀로 하여 오월항쟁에 대한 미국의 비판적 입장을 마당극을 통해 가시화한 작품이다. 극단 광대는 이 작품을 끝으로 해산하였다.

1981년 7월 '오월시' 동인이 결성되어 시집이 간행되었다. 5월 광주의 문학적 대응으로 탄생한 제1집에는 김진경, 박몽구, 나종영, 이영진, 박주관, 곽재구 등이 참여했으며, 1982년의 2집에서는 앞의 시인들에 더하여 최두석, 윤재철, 나해철이 참여했다. '오월시' 동인은 적극적으로 지역주의를 표명하며 서울 중심의 중앙집권적 문단에 균열을 내고 지역 기반의 문학소집단운동의 선례가 되었다. '오월시'는 3집에서부터 5월 광주를 우리 민중사 속에서 새롭게 조명하는 방식으로 산문시나 장시를 시도하였으며, 4집에서는 창작방법론으로서 '시와 리얼리즘'이라는 새로운 방식을 내세우며 광주의 상흔에 대한 속죄의식을 이어갔다.

1981년 12월, MBC대학가요제에서 「영랑과 강진」으로 은상을 수상한 전남대 출신 김종률의 '검은 리본 달았지' 노래발표회가 열렸다. 노래발표회는 5월항쟁 희생자를 추모하고 광주 시민을 위로하는 의미의 공연이었다.

1982년 12월 23일부터 문학청년들이 모여 결성한 '젊은 벗들'이라는 단체가 광주 시내 한복판에서 시낭송, 시화전, 벽시 – 노래마당 등의 행사를 펼쳤다. 이들은 광주 5월항쟁의 현장에서 살아남았다는 죄의식으로 행사를 통해서 '광주 진실 알리기 투쟁'을 전개하였다. 당시 박선욱, 이승철, 조진태, 정삼수, 장주섭, 박정열, 이형권, 박정모 등 문학청년들이 참여하였다. '젊은 벗들'은 이듬해인 1983년 10월까지 10개월간 활동하였다.

'노래굿, 빛의 결혼식–님을 위한 행진곡'

1982년 4월 「님을 위한 행진곡」이 실린 '노래굿 빛의 결혼식' 테이프가 제작되었다. '노래굿 빛의 결혼식'은 1978년 들불 야학을 창설하고 사고로 죽은 여대생 박기순과 5·18항쟁 당시 시민투쟁위원회 대변인으로 5월 27일 새벽 도청에서 산화한 윤상원 열사의 영혼결혼식을 소재로 만들어진 노래극이다. 노래극은 7곡의 창작곡과 2편의 사설로 구성되었다. 가사는 황석영 작가가 만들고, 김종률이 작곡한 노래를 전용호, 이훈우. 임영희, 윤

「님을 위한 행진곡」 악보

만식, 오정묵 김은경, 임희숙, 김선출, 김옥기 등이 참여하여 제작되었다. 완성된 '노래굿 빛의 결혼식'는 2천 개의 테이프로 제작되어 전국의 대학가와 인권단체, 종교계 배포되었다.

'노래굿 빛의 결혼식'

1. 노래 – 젊은 넋의 노래
2. 노래 – 무등산 자장가
3. 노래 – 회상
4. 노래 –에루아 에루얼싸
5. 사설 – 무당 초혼굿
6. 시 낭독 – 부활의 노래(문병란 시)
7. 노래 – 못 오시나
8. 노래 – 슬퍼하지 말아라
9. 노래 – 님을 위한 행진곡

확산되는 문화운동

1980년대 초반 노래운동

1980년대가 되면서 대학의 학원자율화투쟁기간 동안 「홀라송」과 같은 노래로 학생들의 동참을 이끌어 냈다. 대자보를 통한 이슈제기, 그리고 연설과 연설 사이에 노래로 분위기를 고조시켰다. 5·18민주화운동 기간 시민들이 자발적으로 동안 불렀던 노래로 「투사의 노래」, 「우리의 소원」, 「아리랑」, 「애국가」, 「봉선화」, 「홀라송」, 「선구자」가 있다.

1981년 12월 김민기의 '공장의 불빛(1979년 제작)' 노래테이프가 광주 백제야학에 전달되어 야학 학생들이 졸업 기념으로 공연하였다. 1982년 4월 황석영, 김종률의 「노래굿-빛의 결혼식」이 제작되어 「님을 위한 행진곡」이 전국으로 확산되었다. 1980년대에는 「전진가」, 「오월의 노래 1」, 「민주주의여 만세」, 「새」, 「타는 목마름으로」, 「이 산하에」, 「광야에서」 등, 서울대 「메아리」, 고려대 「노래얼」, 이화여대 「한소리」 등 노래패들이 부르는 민중가요가 전국으로 확산되었다.

1981년 대학가요제에서 광주 출신 정오차가 5월항쟁 당시 시위대로 활동하다 죽은 친구를 기억하며 만든 「바윗돌」이 대상을 수상하였지만 금지곡이 되고 말았다. 1980년대 광주에는 박문옥, 김종률 등 대학가요제 출신 수상자들이 있었지만 그들에 의한 노래운동이 전개되지 못했다. 1982년 김종률이 황석영 작가와 함께 노래굿 빛의 결혼식 제작에 참여하였을 뿐이다. 1984년 김원중의 5월항쟁을 상징화한 「바위섬」과 1985년 남북통일을 염원하는 내용의 「직녀에게」가 히트를 쳤다.

일과놀이문화기획실(소극장, 출판사)

1983년 6월, 강신석 목사의 재정 지원과 황석영 소설가의 구상 속에서 '일과놀이문화기획실(이하 일과놀이)'이 설립되었다. 소극장과 출판사를 개설하였다. 일과놀이는 대표위원과 분과위원, 사무국 체제로 구성되었다. 대표위원으로 강신석(목사), 황석영(소설가), 송기숙(해직 교수, 소설가), 문병란(시인), 윤영규(해직교사) 등 당시 재야인사들이 맡았다. 장르분과는 홍성담(미술), 박효선(연극), 고규태(문학), 윤만식(풍물)이 활동을 하였다. 사무국은 전용호, 김선출, 이춘희가 맡았다. 그해에 연극분과에서 박효선 연출로 「단독강화」, 「여우와 포도」 공연을 하고 홍성담 화가가 5월 연작판화 제작, 대학 탈춤반 회원들이 풍물과 진도북춤 강습을 하였다.

연극 공연, 독립영화 상영 등 일과놀이의 활동이 눈에 띄기 시작하자 경찰서 정보과 등 사찰기관에서 소극장 개설의 법적조건을 문제 삼아 공연법위반 벌금형을 선고하였다. 1984년 5월, 일과놀이소극장은 문화운동 공개기구로 전환하기로 하고 문을 닫았다.

민중문화연구회 발행 「광주문화」

1984년 4월 서울에서 '민중문화운동협의회' 결성되었다. 미술패 두렁, 애오개 소극장이 활동을 시작하였다. 1987년 '민중문화운동협의회'는 '민중문화운동연합'으로 확대 개편되었다가 1988년 12월 23일 '한국민족예술인총연합(민예총)'과 1989년 9월 23일 '노동자문화예술운동연합'으로 분화하였다.

민중문화연구회 창립

1984년 12월 일과놀이에서 장르분과활동을 해 왔던 문학, 미술, 연극, 마당극 단체와 현장의 문화활동가들이 모여 민중문화연구회를 결성하였다. 민중문화연구회는 광주YWCA 6층에 사무실을 두고 공동대표 황석영(소설가), 문병란(시인), 원동석(미술평론가), 서경원(농민운동가), 조비오(신부), 배종렬(농민운동가), 김준태(시인), 지선 스님, 장르별 분과는 문학(나종영, 임철우, 고규태), 미술(홍성담, 김경주), 연행(윤만식, 박효선), 음악(정세현), 집행부 사무국 전용호 사무국장, 박영정 간사를 두고 활동을 하였다. 민중문화연구회는 1985년부터 각 장르별 문화역량의 연대와 통합을 위해 '광주문화큰잔치'[3]를 개최하였다.

---

3 '광주민중문화큰잔치'는 제3회(1987. 10. 17.)까지 개최됨.

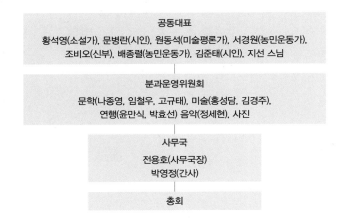

광주민중문화연구회 구성

공동대표
황석영(소설가), 문병란(시인), 원동석(미술평론가), 서경원(농민운동가),
조비오(신부), 배종렬(농민운동가), 김준태(시인), 지선 스님

분과운영위원회
문학(나종영, 임철우, 고규태), 미술(홍성담, 김경주),
연행(윤만식, 박효선) 음악(정세현), 사진

사무국
전용호(사무국장)
박영정(간사)

총회

1985년 민중문화연구회는 5·18기념 노래테이프 '광주여! 오월이여'를 제작했다. 박영정 간사를 중심으로 정세현, 고규태, 임종수, 박선정 등이 제작에 참여하였다. 광주민중문화연구회는 노래테이프 외에도 노래책『동트는 산하』를 출간하였으며 테이프와 노래책을 판매한 수익금은 단체운영에 도움이 되었다.

'광주민중문화운동협의회'로 확대개편

1988년 1월 14일 장르별 분과체제로 운영되었던 민중문화연구회가 장르별 소집단의 연대기구인 광주민중문화운동협의회로 확대 개편되었다. 새롭게 개편된 장르 소집단은 기존의 '놀이패 신명', '극단 토박이' 외에 미술운동 '광주미술인공동체', '노래패 친구', '광주전남민족문학인협의회'와 '청년문학회', '사진패 사실', 노동자문화패 '일꾼마당', 농민문화패 '황토바람'이다.

놀이패 신명

1970~1980년대 마당극은 서구에서 들어온 무대연극을 탈피하고 선대에서 전래되어온 마당에서 벌려온 굿판 형태의 민족문화양식임을 강조하고 있다. 마당극은 전통문화의 현대화이자 시민문화운동이며 사회운동의 의

1 1981년 「호랑이놀이」 무진관 2 놀이패 신명 「언젠가 봄날에」 공연 모습

미를 내포하고 있어서 마당극 자체가 바로 문화운동이자 사회운동이었다.

1982년 7월, 광주에서 대학 탈춤반 출신들이 모여 극단 광대의 전통을 잇는 '놀이패 신명'을 창단하고 마당극 「안담살이야기」를 공연하였다. 놀이패 신명은 이후 「당제」(1985), 「광대」(1987), 「호랑이놀이2」(1987), 「일어서는 사람들」(1988)을 공연하여 명실상부하게 전라도 마당극의 정체성과 집단적 신명의 정수를 널리 알리는 계기가 되었다. 놀이패 신명은 정기공연 외에 대학이나 사회단체에 전국순회공연을 다녔고, 농촌 현장, 시위 현장, 민주열사장례 현장, 5·18행사 현장 등 주로 집회나 사회적 사건이 발생한 곳에서 춤판이나 마당극 또는 풍물공연을 다녔다.

극단 토박이

5월항쟁 당시 투쟁위원회 홍보부장으로 시민궐기대회를 진행한 극단 광대 단원 박효선은 항쟁 후 체포되어 형기를 마치고 석방되었다. 1983년 5월항쟁 이후 공백기를 거친 후 박효선은 일과놀이소극장에서 「단독강화」, 「여우와 포도」 공연을 하였다. 1984년 전남대 연극반 출신의 동호인 모임으로 극단 토박이가 창단되었다. 창단공연으로 「세일즈맨의 죽음」(1984. 3, 김세근 연출)을 공연하고 이어서 황석영 소설을 각색한 「이웃사람」, 제3세계연극 「하이파에 돌아와서」(1985), 「시련」(1986) 등 번역극과 기성작품을 무대에 올렸다.

1987년, 극단 토박이는 민가협 어머니들과 함께한 창작극 「어머니」(1987. 5.)와 「잠행」(1987. 7.)을 공연하면서 창작극 중심의 사실주의 전문극단으로 방향을 선회하였다. 방향을 선회한 극단 토박이는 일반인을 단원

박효선

으로 참여시킨 후 동학농민운동을 소재로 다룬 「산국」(1987), 「금희의 오월」(1988) 등 본격적으로 창작극을 공연하였다. 창작극 '금희의 오월'은 5월민중항쟁 당시 마지막까지 도청을 사수하다 산화한 전남대 학생 이정연의 이야기를 다루고 있다. 「금희의 오월」은 뛰어난 예술성과 주제성으로 한국연극지 '신극사 80년 우수작'에 선정(1992)되는 등 높은 평가를 받았다. 1989년 극단 토박이는 전용극장 '민들레 소극장'(1989)을 건립한 후 현재까지 공연활동을 계속하고 있다.

박효선은 「부미방」(1989년), 「딸들아 일어나라」(1989년), 「아빠의 노래」(1991년), 「김삿갓 광주방랑기」(1992년), 「모란꽃」(1993년), 「그대에게 보내는 편지」(1995), 「광주mbc오월다큐드라마 시민군 윤상원」(1996년), 「밀항탈출」(1997년), 「청실홍실」(1997년), 오월 비디오영화 〈레드 브릭(RED BRICK)〉(1998년) 등 열정적으로 작품 활동을 하였다. 대부분의 작품은 5월항쟁을 다루고 있으며 박효선 작, 연출이다. 극단 토박이 작품들은 광주와 전국, 그리고 외국 무대에 오르며 '오월 광주'를 적극 알렸다. 그러나 박효선은 1998년 9월 만 44세에 간암을 이기지 못하고 극단 토박이를 남기고 눈을 감았다.

미술운동

1980년 5·18광주민주화운동의 과정은 광주미술운동에 큰 영향을 끼쳤다. 양심적 미술인들에게 5월의 역사현장을 형상화하는 작업은 시대적 사명과도 같았다. 1980년 7월 20일 광자협은 남평 드들강변에서 5월 영령을 위한 진혼굿 형식의 야외작품전을 열고 창립 제1선언문을 작성하였다. 1981년 12월에는 광주 송정리 뒷산에서 제2회 야외전시회를 개최하였는데 약 100명의 관객이 참여하였다. 이때 홍성담, 박철수, 김성구, 곽봉연, 이영채, 김용채, 강대규, 박광구, 심용식, 최익균, 함병권 11인이 참여하여 제2선언문을 발표하였다. 홍성담이 〈한국일보〉에 연재되는 황석영의 소설

1 시민미술학교 팜플렛   2 광주·전남 미술인 공동체 전시 포스터

『장길산』의 삽화를 판화로 그리면서 판화의 대중성에 주목하게 되었다. 당시 군사독재와 억압에 맞선 민중의 거센 감성을 표현하는 데 붓보다 판화의 날선 칼 맛이 안성맞춤이었던 것이다. 전국적으로 판화의 유행이 선풍적이었다. 민중미술에 헌신한 젊은 작가들 – 오윤, 이철수, 홍선웅, 김봉준, 이상국, 광주에서는 홍성담, 김경주가 대표적이었다.

　1981년 광자협의 후배 그룹인 홍성민, 박광수의 주도로 전남대학교에 민화반이 만들어져 활동하였다. 1983년 전남대 미술패 '토말'이 결성되었다. 1983년 판화의 대중성에 착안한 광자협의 제안으로 광주가톨릭센터 사회교육부 주최로 판화교육을 내용으로 하는 '시민미술학교'가 개설되었다. 수강생이 줄을 이었고 작품전시회는 일반 시민들의 호응이 뜨거웠다. 시민미술학교는 1992년까지 계속되었다. 1983년 11월, 광자협은 제5차 총회에서 일과놀이의 시각매체부로 전환하고 광자협 해체를 결정하였다.

　1985년 일과놀이가 문을 닫자 시각매체부 활동을 해왔던 홍성담, 박광수, 전정호, 이상호, 홍성민, 백은일 등은 창립된 민중문화연구회 미술분과로 참여하였다. 1986년 홍성담, 정선권, 홍성민, 박광수, 이상호, 전정호, 전상보, 최열은 '시각매체연구소(시매연)'를 결성하였다. '시매연'은 '전투적 신명론'에 입각한 선전 활동을 전개한다는 취지로 민중에게 쉽게 다가갈 수 있는 판화와 벽화, 걸개그림을 선호하였다. 1987년 413호헌철폐미술인 202시국선언에 참여하고 걸개그림「백두산 산자락 아래 밝아오는 통일의 새날」(3×6m, 이상호, 전정호 공동제작)을 출품하면서 파란을 일으켰다. 제작자인 이상호와 전정호가 국가보안법으로 구속되었다.

1988년 광주 미술운동의 역량 결집을 위해 '광주전남미술인공동체'가 출범하였다. '시각매체연구소'와 '광주목판화연구회'가 중심이 되고 뜻을 함께하는 작가들이 참여하였다. 10월 29일 조진호, 홍성담, 김경주, 김진수, 문학렬, 백은일, 박문종, 박철우, 최상호, 김승평, 박광수, 홍성민이 준비위원으로 참여하여 공동대표로 조진호와 홍성담이 추대되고, 창립회원은 34명이었다.

광주·전남민족문학인협의회

1987년 9월 광주·전남민족문학인협의회가 이명한, 송기숙, 문병란, 김준태, 곽재구, 임철우 등 시인과 소설가 50명이 참여한 가운데 창립됐다. 이명한, 송기숙, 문병란 세 사람이 공동대표, 박혜강이 사무국장을 맡았다. 1987년 9월 17일 서울에서 '자유실천문인협의회'가 '민족문학작가회의'로 확대 개편되었다.

'광주·전남민족문학인협의회'는 5월진상규명과 항쟁정신을 계승을 위해 매년 5월 '5월 문학제'를 개최하였다. 초기에는 회원 중심의 '5월시' 낭송이 주류를 이뤘으나 점차 규모가 확대되어 문학인들과 시민들이 함께하는 큰 행사로 자리 잡게 되었다.

1988년 5월 4일, 광주 가톨릭센터 강당에서 전국 최초로 '옥중시인 김남주 석방촉구결의대회'를 개최하였다. 이를 계기로 5월 10일 서울 여성백인회관에서 민족작가회의 주최로 '김남주 문학의 밤'이 개최되고, 전국 5대 도시를 순회하는 석방촉구결의대회를 개최하였다. 투옥 9년 3개월 만인 1988년 12월 김남주 시인이 석방되었다.

노래패 친구

1983년 교회에서 기타를 치며 복음성가를 부르던 청년 문성인이 '일과놀이소극장'에서 풍물을 배우는 한편 고규태(시인), 박영정(탈패) 등과 어울리면서 문화운동에 눈을 뜨게 되었다. 1985년 음악에 재능이 있는 문성인에게 대학에서 본격적으로 공부하라는 지인들의 권유에 전남대 예술대학

1 광주·전남민족문학인협의회 2 노래패 '친구' 테이프

에 입학한 후 신입생환영회에 출연하여 「이 산하에」를 부르고 고규태는 시를 낭송하여 박수를 받았다. 이후 이들은 문성인 작곡, 고규태 작사의 공동 작업으로 「혁명광주」, 「광주출전가」, 「순이생각」, 「봄날의 코스모스」, 「묶인 몸, 묶인 세월」, 「통일을 이루자」 등 민중가요를 만들어 냈다. 이때부터 문성인은 정세현을 예명으로 사용했다.

문성인은 전남대에서 노래패 '햇소리'를 결성하여 노래운동을 시작하였다. 이후 노래패운동은 조선대학교 노래패 '함성'(1988), 광주교육대학교 노래패 '에루얼싸'(1988) 등 각 대학으로 확산되었다.

1987년 정세현은 '민중문화연구회'의 음악분과 '노래패 친구'를 결성하였다. 당시 창단단원은 정세현(작곡, 노래), 배은경(노래), 류진주(신디사이저)로 출발했다. 첫 번째 창단공연 '타는 목마름으로'을 위해 김종섭(기타), 이병채(기타, 노래), 김영학(기타, 기획)이 보강되었다. 이후 전영규(기타), 주화주(노래), 박양희, 강숙향, 고애순, 이영운 등이 합류하여 활동을 이어 갔다.

1988년 '노래패 친구'는 두 번째 공연 '청산이 소리쳐 부르거든'(08. 15.), 세 번째 공연 '통일기 휘날리며'(10. 15.~16.), 네 번째 공연 '전진하는 오월'(1989)을 열었다. '전진하는 오월'은 70여 명이 출연하는 대규모 공연으로 「광주출전가」, 「5월의 노래2」, 「임을 위한 행진곡」, 「광야에서」, 「벗이여 해방이 온다」, 「그날이 오면」, 「전진하는 오월」 등 노래가 불려졌다. 그 외에도 '타는 목마름으로', '어머니의 손', '청산이 소리쳐 부르거든', '통일기 휘날리며', '의연한 산하' 등 9개의 노래테이프를 제작하여 보급하였다.

민중가수 정세현은 1989년 '노래패 친구'를 탈퇴하고 진도에 내려가 민

'일꾼마당' 테이프

요를 배우고 '우리소리연구회'를 만들어 활동하다가 1993년 출가하여 불교에 귀의하여 범능이라는 이름으로 불교 관련 노래를 창작하고 보급하는 활동을 전개하다 2013년 지병으로 입적했다.

노동자문화패 '일꾼마당'

1980년대 초반기부터 대학 탈춤반이 광주가톨릭청년회(JOC) 회원들에게 탈춤과 풍물을 가르쳐 '노동자의 날' 등 행사에 탈춤과 마당극 공연을 하였다. 1986년 마당극을 경험한 노동자들이 중심이 되어 노동자문화패를 결성하였다. 처음 이름은 러시아어의 '불꽃'을 뜻하는 '이스크라'였는데 너무 과격하다는 판단이 들어 '일꾼마당'으로 바꿨다. 일꾼마당은 일신방직, 전남방직, 임동 주변 작은 사업장 노동자를 대상으로 풍물 강습과 활동가 중심의 노동학습과 노동자의 날 기념공연을 하였다.

1987년 노동자대투쟁 전후에는 '국민운동본부'와 '민중문화연구회'의 출범으로 여러 매체의 노동문화활동을 제안받고 마당극 「타오르는 현장」 공연 및 투쟁현장 지원공연, 단위사업장 문화패 조직, 노동가요 노래테이프 제작 및 배포 등 활동을 하였다.

일꾼마당은 전남대 탈패 출신 도경진이 1기 회장, 임병남(2기 회장), 김은영, 김희자, 지인석, 송병은, 이승철(금호타이어) 등 노동자들이 회원으로 2000년대 중반까지 활동하였다. 일꾼마당 회원 이승철이 나중에 금호타이어노조위원장을 역임하는 등 일꾼마당이 노동문화운동 활성화와 아울러 노동자 의식 발전에 기여하였다.

농민문화패 '황토바람'

1984년 광주에서 민주화운동을 지원해온 무진교회 강신석 목사가 기독교민중문화선교원(약칭 기문선)을 설립하였다. 기문선은 탈춤, 풍물, 마당극을 가르치고 풍물강습단을 파견하는 등 농민운동가와 결합하여 농촌두레운동을 전개하였다. 농촌두레운동은 마을두레를 복원하여 마을공동체를 회복하는 것이 목표였다. 극단 광대 출신 김윤기가 사무국장을 맡고 임영희, 조경자, 정기정, 조용희 등 갈리리문화선교단(1983~1985, 약칭 갈리리) 출신들이 활동을 하였다. 농촌교회와 가톨릭농민회(약칭, 가농), 기독교농민회(약칭, 기농) 등 농민운동단체와 연대하여 풍물과 탈춤을 가르치는 등 다양한 지원활동을 하였다. 그 결과 마을의 오랜 전통으로 자리해오다 사라져간 화순군 도암면 도장리 민요가 발굴되는 등 성과가 있었다. 당시 전남기독교농민회 문화부장으로 전남대 탈패 출신 이규현이 활동하고 있었다.

때마침 봇물 터지듯 전개된 대학의 농촌활동(농활)이 농민문화운동의 지평을 확장시키는 데 크게 기여하였다. 농활은 전국대학생협의회와 농민회가 연대하여 풍물, 마당극, 노래, 영화, 사진, 그림, 벽화 등 다양한 활동으로 농촌 현장과 결합하여 농민들의 삶과 문화를 표현해냈다. 농촌두레활동은 대학생 농활과 결합하여 활발하게 전개되었다. 농민회원 풍물교육이 활발하게 전개되자 무안, 강진, 장흥, 함평, 화순 등 농민회 풍물패가 나타났다. 이를 기반으로 정월대보름행사를 부활하고, 가농 무안 망운분회는 추수감사제에서 마당극을 공연하였다.

1980년대 중반 각 지역 농민운동단체를 중심으로 농가부채탕감투쟁, 외국농축산물수입개방저지투쟁, 부당수세철폐투쟁 등 대규모 농민투쟁이 벌어졌다. 1987년 황토바람이 결성되어 광주민중문화운동협의회 농민문화분과로 지역 농민회와 연대하여 활동하였다. 회장 정기정, 회원으로 전영초, 고경애, 이은주 등이 활동하였다.

| 참고문헌 |

전용호, 「광주문화운동 태동과 전개(1977~1987)」, 『광주문화운동40주년기념세미나자료집』, 광주민예총, 2018.

박철우, 「광주미술운동의 전개과정」, 『광주문화운동 40주년기념세미나자료집』, 광주민예총, 2018.

조성국, 「광주작가회의 30년사」, 『광주문화운동 40주년기념세미나자료집』, 광주민예총, 2018.

김도일, 「광주·전남 연행운동사」, 『광주문화운동 40주년기념세미나자료집』, 광주민예총, 2018.

정유하, 「문화예술운동—음악」, 『민주장정100년 광주전남지역사회운동사』, 광주광역시, 2016.

배종민, 「문화예술운동—미술」, 『민주장정100년 광주전남지역사회운동사』, 광주광역시, 2016.

이규현, 「농민문화운동의 전개와 성격에 대한 소고」, 『광주문화운동 40주년기념세미나자료집』, 광주민예총, 2018.

도경진, 「일꾼마당이 걸어온 길과 솟터의 활동」, 『광주문화운동 40주년기념세미나자료집』, 광주민예총, 2018.

김선출, 「유신 폭압을 넘어 5월의 문화예술로 행진하다」, 『탈춤과 나』, 〈프레시안〉, 2021. 08. 19.

07

정근의 동요와
어린이문화운동

정철훈 시인·한국근대문화연구소 대표

이산가족으로 뿔뿔이 흩어져 살았던 반세기의 공백 속에서 정근은 동요작곡가, 둘째 형인 정추
는 평양 음악대학과 모스크바 차이콥스키음악원을 거쳐 카자흐스탄에 정착한 클래식 작곡가가
되어 있었다. 형제는 음악과 세상을 연결하려고 했다. 음악이 무엇을 의미하는지 역사는 알려주
지 못하지만 음악은 역사에 대해 뭔가를 말해줄 수 있다. 음악은 귀로 듣는 예술이다. 그렇기에
음악가의 생애를 말할 때 귀로 듣는 음악만큼 직접적이고 효과적인 수단은 없을 것이다. 정근의
동요는 선율을 모른 채 읽어도 자연스러운 호흡과 리듬이 느껴질 만큼 음악에 밀착되어 있다.
그것은 선율이 붙여지기 전에 이미 노래였다. 이런 측면에서 '정근 동요음악제'를 고향인 광주에
서 개최하는 일은 큰 의의를 지닐 것이다. 정근의 창작동요는 한국전쟁 직후에 전개된 어린이문
화운동의 유산이고 한국동요사의 중요한 유산이다.

정근의 동요와
어린이문화운동

들어가며

우리 동요가 탄생한 배경엔 여러 가지 요인들이 복합적으로 작용하고 있다. 그중에서도 두드러진 것은 일제강점기에 어린이문화운동을 선도적으로 이끈 천도교 소년회의 활동이었다. 천도교 소년회의 방정환을 주축으로 한 '색동회'가 잡지 『어린이』를 창간하고 어린이운동을 주도하면서 우리 창작동요가 탄생하게 되었다. 동요는 일제 교육제도의 강제적인 이식에 대한 저항적 측면과 창가 및 개화 가사, 기독교 찬송가 등의 영향 아래 문학의 한 장르로 자리매김하였다. 이후 동요는 민족운동 성격의 동요 운동으로 전개되었다.[1]

광주전남 지역 출신의 작가들도 전국적으로 전개된 동요 운동에 참여하였다. 시인 김태오와 목일신과 조종현 등이 그들이다. 이들은 광주전남 아동문단의 1세대였다. 김태오는 소년운동의 실천으로 동요를 쓰면서 동요창작법을 제시하였고, 목일신은 항일운동 차원에서 동요를 썼으며, 조종현은 불심의 한 방편으로 동요를 창작하였다. 또한 정태병은 조선의 동요를 집대성하여 1세대 작가들의 성과를 확산하면서 동요동시문단의 발전에 기여하였다.

---

1   이동순, 「1920~1930년대 동요운동의 전개양상」, 『한국문학이론과비평』 53집, 한국문학이론과비평학회, 2011.

정근 근영

　　광주전남 아동문단의 2세대들은 1950년대에 등장하였다. 전후(戰後)의 아픈 동심을 어루만져주기 위한 노력이 그 출발점이었다. 여운교와 김일로는 상처받은 동심의 회복에 힘썼고, 김신철은 평생을 아동문학의 발전에 헌신하면서 전남아동문학회를 조직해 아동문학가들의 역량을 문학적 성과로 드러냈다. 고재승은 동요집 한 권을 남겼을 뿐이지만 2세대 동요작가로서의 한 자리를 확보하였다. 허연은 시인으로서뿐만 아니라 지방 언론사의 문화부장으로 활동하면서 동요동시문단의 형성과 발전에 힘을 보탰다.[2]

　　이들과 더불어 1950년대 광주전남에서 활동한 또 한 명의 동요 작곡가가 광주 출신의 정근이다. 1세대 동요 작가들이 일제강점기를 거치면서 노래를 잊고 산 어린이들에게 민족 정서를 환기하는 민족운동 차원에서 동요를 작사 작곡했다면 2세대 동요 작가들은 6·25 전쟁 직후 폐허와 허무에 빠진 동심 회복을 위해 동요를 지었다.

　　이들의 동요는 방송을 통해 본격적으로 보급되었다. 그 선두에 KBS 방송동요가 있었다. 전쟁으로 파괴된 건물을 재건하는 일만큼이나 전쟁으로 인해 상처받은 어린이의 마음을 치유하고 위로하는 일이 시급했다. 무엇보다 내일의 희망인 어린이의 마음을 위무하고 인성 교육적 차원에서 시대에 맞는 새로운 동요가 필요했다. 정근은 방송동요의 개척자 가운데 한 사람이다. 정근에게 동요는 어떤 것인지를 설명하기 위해 그가 동요를 창작하게 된 배경을 살펴볼 필요가 있다.

2　　김태오, 「少年運動의 當面課題 (4)」, 〈조선일보〉, 1928. 2. 12. 이동순, 「광주전남 근현대 시문단의 형성가
　　연구2–동요 동시를 중심으로」, 『현대문학이론연구』, 57권 0호, 현대문학이론학회, 2014. 6.

1 정근 일가족(왼쪽 뒷줄 한 사람 건너 맏형 준채, 어머니 정참이, 아버지 정순극, 누나 경희
 - 앞줄 왼쪽부터 둘째 형 추, 셋째 형 권, 근)
2 1937년 양림유치원 제8회 졸업식 사진(가운데 줄 맨 왼쪽이 정근)

정근의 생애와 동요창작 배경

정근(鄭槿)은 1930년 11월 21일 광주시 남구 양림동 210번지에서 5남매
가운데 막내로 태어났다. 부친은 한학자이자 시인인 하동 정(鄭)씨 순극(淳
極), 모친은 온양 정(鄭)씨 참이(參二)이다.

위로 월북 영화감독 준채(準采, 1917~1980)와 카자흐스탄 작곡가 추
(樞, 1923~2013), 목포상고 출신의 번역가 권(權, 1925~1950), 그리고 누
이 경희(瓊姬, 1921~2011)가 있다.

정근은 1936년 광주 양림교회 부설 양림유치원(8회 졸업)을 다녔고
1937년 광주 서석공립보통학교에 입학했다. 태평양 전쟁 발발로 서석학교
5학년 때인 1942년 부모를 따라 고향인 전남 곡성군 오산면 봉동리로 이사
했고 2년 후 다시 광주로 나와 광주서중(5년제)을 다녔다. 하지만 해방 직
후 세 형들이 입북하는 어수선한 분위기 속에서 극우 학생들의 등교 방해
와 폭력으로 광주서중을 졸업하지 못한 채 전쟁의 참화를 겪었다. 고향에
잠시 피난 가 있던 1951년 인민군이 퇴각함에 따라 다시 광주로 올라왔으
나 월북 가족으로 낙인찍혀 경찰에 체포되었고 무지막지한 고문 끝에 광주
형무소에 수감되었다.

수감 두 달 후 재판이 열렸고 다행히 변호사의 변론으로 풀려났으나 연
좌제의 늪에서 빠져나올 길은 막막했다. 당시 정근은 전시연합대학인 경북

대 사범대에 재학하고 있었으나 반탁전국학생연맹 학생들의 준동으로 2학년을 수료한 채 학업을 중단할 수밖에 없었다.

> 학교(대구사범대)에 갔다. 부산 피난에서 돌아온 학생은 경찰관이 되어 있었다. 그리고 군에 갔다 온 학생, 광주에 남아 있었던 사람 등 세 가지 유형이 다 달랐다. 부산 피난에서 돌아온 학생은 소위 사법권을 쥐고 순경에서 경위까지 가지각색이었으나 권력을 휘둘러 선생들도 꼼짝 못 하는 형편이었다. 그리고 군에서 돌아온 학생은 두서넛. 그들은 부산 학생과 섞여 놀았다. 그리고 피난을 못 간 학생은 화제가 없고 "피난 못 간 죄로" 기가 죽을 수밖에 없었다. 부산 학생들은 수군댔다. 눈치에 틀림없이 이들 중에 나에 대해 조작한 학생이 있는 것 같은 인상을 받았다. 비하하는 학생도 있었다. 학교가 아니라 바늘방석 같았다. 그러자 2학년 말이 다 되어가는 형편에 형식상 졸업시험을 본다고 했다. 졸업이라도 해야지, 하고 시험 첫날, 졸업시험을 치렀으나 공갈 협박을 했다. 나는 포기할 수밖에 없었다. 직원회의 때 부산 학생들의 고발로 경찰에 연행되었던 사람은 무조건 졸업을 할 수 없다는 것이었다. 이 학교 아니면 학교를 못 다니겠나. 이튿날부터 등교를 하지 않았다. 이로써 나는 졸업장을 못 받고 말았다.[3]

광주로 돌아온 정근은 비관한 나머지 스스로 목숨을 끊으려고 충장로의 한 골목길에서 허벅지 정맥을 끊어 자살을 시도했다. 솟구치는 피는 하수구로 흘렀고 정신은 아득해졌다. 다행히 행인에게 발견되어 현덕신 의원으로 옮겨졌고 치료를 받고 극적으로 살아날 수 있었다.

현덕신과의 인연─광주 신생보육원 교사 시절

황해도 해주 출신으로 동경여자의학전문학교를 졸업한 현덕신(1896~1963)은 1919년 동경에서 2·8독립선언을 주도한 광주 출신의 유학생 최원순(1896~1936)과 1923년 결혼하고 서울 동대문부인병원에서 근무하면서 근우회에 참여하는 등 여성운동에 앞장섰다. 그러다 동아일보 기자로 활

---

3   정근 회고록 『전쟁과 동요』(미발간)

동하던 남편 최원순이 1926년 〈동
아일보〉 '횡설수설' 코너에 기고한
「총독정치는 악당 정치」라는 글로
필화사건에 휘말려 감옥에 수감되
었고 3개월 복역 후 고문에 의한 폐
결핵으로 석방된 후 고향인 광주로
내려왔다. 남편을 따라 광주에 온
현덕신은 1927년 현덕신의원을 개
업한 광주 최초의 여의사였다. 병

신생보육학교 전경과 교장 현덕신(오른쪽
원), 신생유치원장 최상옥(왼쪽 원)

고에 시달리던 지역 여성과 임산부들에게 그의 개업은 큰 도움이 되었다.
지역 유지 가운데 정수태는 광주 동구 남동 40번지 도로변에 3백여 평의 땅
을 제공했고, 현준호(호남은행 창립자)는 입원실을 갖춘 건물을 지을 수 있
도록 자금을 융자해주었으며 정상호(대상대학 설립자)는 의료장비와 의약
품을 제공했다.[4] 정상호는 광주 부호 정낙교의 둘째 아들이자 정근의 둘째
외삼촌이었다.

　일제강점기인 1910년대에 광주 최초의 근대학교인 광주공립보통학교(현
서석초등학교) 출신들이 광주 사회운동을 주도했다. 이들은 1910년대 초부
터 동창회를 조직하여 사상적으로 민족 감정을 부흥시키며 강습회와 토론
회를 개최하고 여러 체육활동을 벌이며 청년운동의 구심점을 형성하는 데
중요한 역할을 했다. 1917년 광주공립보통학교 졸업생 동창회 지육부(智育
部)가 주관[5]하여 광주 동구 불로동의 옛 측량학교 자리(현 광주 동구 서석
로 10번지)에 있던 광주공립보통학교 졸업생 동창회관[6]에 '신문잡지종람소
(新聞雜誌縱覽所)'를 설치했다. 그곳은 사직공원 초입에 양파정을 건립한
정낙교 소유의 건물이었다.[7]

　신문잡지종람소는 단순히 신문과 잡지를 함께 보기 위한 곳은 아니었

4　「광주 최초의 여성 의사, 그리고 여성운동가 현덕신」, 『동구의 인물1』, 광주광역시 동구. 2020, 116쪽.

5　〈동아일보〉, 1926. 10. 01, 『동구의 인물1』, '최한영 편' 광주광역시 동구청, 2020, 125쪽 재인용.

6　〈동아일보〉 1926년 10월 1일 '그간의 사회운동에 대해 기술한 기사'에 따르면 광주공립보통학교 동창회
에 대한 설명과 함께 '동창회관'에 신문잡지종람소를 설치하였다고 기록되어 있다.

7　박수진, 「광주 3·1운동 주역 '애국계몽 독서모임 학생들」, 〈전남일보〉, 2019. 02. 17.

다.[8] 이들은 신문·잡지를 윤독하고 역사 공부도 하였으며, 일제강점기의 정치나 사회상황에 대해 열띤 토론을 하였다. 유명 인사들을 초청하여 세계정세에 대한 강연을 들었으며, 광주 출신으로 서울·일본 등지로 유학 간 학생들과의 접촉을 통해 국내·외 소식을 수시로 접하고 있었다.

회원은 정낙교의 아들 정상호(鄭尙好), 일본 유학생 김복수(金福洙), 경성 유학생 박팔준(朴八俊), 광주농업학교에 다니던 김용규(金容圭), 한길상(韓吉祥), 최한영(崔漢泳), 그리고 강석봉(姜錫峰), 김태열(金泰烈), 강생기(姜生基) 등이었다.[9] 이들은 광주보통학교(서석학교) 및 광주농업학교(농교)를 졸업했거나 재학 중인 20대 청년으로 당대의 지식인 집단이었다.[10]

정근은 외삼촌 정상호를 통해 현덕신 집안과 교류하였다. 현덕신은 1949년 10월 3일 남동에 위치한 현덕신병원 내에 신생유치원을 개원하였다.[11] 이후 1950년 6·25 전쟁 당시 나주군 남평면에 피난을 갔다가 전쟁고아의 참상을 지켜보고 돌아와 신생유치원 내에 신생보육학교를 설립했다. 신생보육학교는 유아교육교사 및 전쟁고아들을 돌볼 사회복지요원을 양성하던 교육기관이었다. 현덕신은 자신의 치료를 받고 회복한 정근에게 신생보육학교를 운영하던 아들 최상옥을 소개했다.

정근은 광주서중 선배인 최상옥을 도와 신생보육학교에 근무하는 동시에 신생유치원 교사가 되었다. 이때부터 정근은 어린이문화운동에 뛰어들어 전쟁의 시달림 속에서 상처받은 어린이의 동심을 회복하고 미래의 희망을 주기 위해 동요를 작사 작곡하기 시작했다.

> 나는 전쟁의 시달림 속에서 어린이를 좋아하게 되었다. 지금은 없어지고 말았지만 사범학교처럼 광주의 유치원 교사양성기관인 신생보육학교에 근무하면서 어린이 교육을 위한 필요에 의해 노랫말을 쓰고 작곡도 하였다.

---

8 노성태, 「광주 3·1운동의 재구성—판결문을 중심으로」, 『광주·전남 3·1혁명의 재평가 학술세미나 자료집』, 2019. 2.

9 최한영, 「비밀결사 '신문잡지종람소'」, 『신동아』, 1965년 3월호

10 최한영, 앞의 글.

11 신생유치원의 설립일자에 대해 1948년으로 기록된 자료가 많으나, 〈동광신문〉 1949년 9월 14일자 기사에 따르면 10월 3일 설립예정으로 소개하고 있다. 또한 위치는 자택이자 병원인 남동 40번지 옆으로 소개되어 있다. 광주광역시교육청 자료에 따르면, 이 유치원을 아들인 최상옥 씨가 물려받아 1954년 4월 3일에 '신생보육학교'라 이름 지어 운영하였다. 1978년 2월 28일 폐교되었다.

나는 전문인처럼 고집을 가지기보다는 유치원 어린이와 함께 생활하면서 아이들이 짧은 말로 대화하고 많은 것을 생각하는 새로운 경지를 발견할 수 있었다. 언어로는 다 표현하지 못해도 6세면 2000단어쯤 이해한다고 한다. 말도 다 알아듣지만 특유의 유아 어휘가 있어 아이들은 말하기 쉽게 문장으로 만들어 쓴다. 귀찮은 토씨는 다 생략하고 주어와 동사만으로 말을 시작한다. 이렇게 자라난 아이들이 연극을 하고 언어를 감각적으로 이해하는 직관적 감성의 대화 속에 모든 것을 말로 하였다. 나는 여기서 유아어를 고르고 그들이 보다 쉽게 받아들이는 반응을 보면서 노랫말과 동시를 지었다.[12]

연좌제의 피해자였던 정근은 본능적으로 약육강식의 논리가 지배하는 어른들의 세계를 피해 어린이 교육에 투신했다. 또한 이 시기의 그는 어린 시절의 막연한 꿈인 무용가로서의 자질을 개척하기 시작했다. 맏형 준채의 니혼대학 동창생 가운데 발레리노가 된 백성규의 무대 공연 사진을 익히 보고 자란 정근은 남몰래 발레리노의 꿈을 키워가고 있었다.

백성규(1919~2013)는 전북 익산 출신으로 휘문고보를 졸업하고 연희전문학교 재학 중 일본 도쿄로 건너가 엘레나 파블로바 문하에서 발레를 배웠다. 일본에 귀화해 시마다 히로시로 개명한 그는 '핫도리시마다발레단'을 창단, 일본 발레 부흥에 기여했으며 프랑스 파리에 진출해 이름을 떨치기도 했다.[13]

무용가 시절

광주에 근대무용이 들어온 것은 1930년대 조택원(趙澤元), 1940년대 최승희(崔承喜)의 순회공연이었다. 1937년 조택원의 일본인 스승인 이시이 바쿠(石井漠)가 제자들과 함께 순회공연차 광주를 찾은 데 이어 1939년 조택원은 광주극장에서 〈밀레의 만종〉 등의 창작품을 공연했다. 이어 1942년 '최승희 무용단'이 고전무용의 현란한 무대를 펼침으로써 관중들을 매료시켰다.

---

12 정근 회고록 『전쟁과 동요』(미발간)

13 백성규가 1946년 기획하고 출연한 〈백조의 호수〉는 일본 발레 역사 최초의 전막 공연이었다. 그는 한국 발레의 기틀을 다진 임성남 초대 국립발레단장의 스승이며 1980년대에 재일교포 무용가 최태지를 한국 무용계에 천거하기도 했다. 한일 무용 교류의 가교 역할을 했다는 평가를 받는다.

광주방송 주최 어린이잔치(정근 지휘·광주 YWCA 1960. 5. 8.)

어린 시절, 형들과 함께 관람한 최승희 무용단의 공연은 정근에게 매우 깊은 인상을 심어주었다. 해방 직후인 1945년 11월, 독립촉성 애국부인회 후원으로 광주동방극장에서 열린 광주 출신 무용가 최진의 무용발표회에서 〈다뉴브강〉, 〈봉선화〉, 〈추풍무〉 등의 작품을 관람한 정근은 무용가로서의 꿈을 키워나간다.[14]

최진은 일본에서 무용가 가네마키(印牧秀雄)에게 사사하며 무용 펜클럽 활동과 전문잡지『국민무용』에 관여하며 활발한 활동을 벌였으며 최진의 지도를 받은 제자 조용자가 발표회를 가졌다. 이어 광주여중 교사였던 이경자가 고전무용을 비롯한 나름의 독자적인 예술세계를 선보였다. 중국 하얼빈에서 백계 러시아인에게 발레를 배운 뒤 귀국해 조선대학에서 무용을 지도하던 옥파일은 광주에 고전발레를 소개했다. 당시 정근은 친구인 광주여고 교사 정병호와 함께 방과 후 신생보육학교에 마련한 무용연습실에서 옥파일 등에게 무용 교습을 받고 창작무용발표회를 통해 무용가로서 데뷔한다.[15]

신생보육학교는 예능교육을 위주로 1년에 한 번씩 연극제를 하였다. 마침 서울대 음대에 다니는 친구도 함께 있었는데, 김용호 작·송해섭 작곡·위창혁 지도·정근 연출로 성대한 연극제를 하였다. 이것은 유명한 행사가 되었다.

이때 광주사범대 부속 초등학교 교감인 장병창 선생이 교육 세미나마다 열심히 다니던 나에게 광주사범대학 후원회와 교육대학 추진위원회를 주축으로 유치원을 설립하는 데 교사로 추천하겠다고 말했다. 마침 친구인 무용가 정병호가 자기와 함께 무용을 하자고 권했다. 평소에 나는 큰 형님은 영

---

14 박종채(광주서중 26회·전 전남매일 기자),「광주 개화 70년」, 〈전남매일〉, 1966.(추정) 기획연재물, 일자 미상.

15 위와 같음.

화감독, 둘째 형은 음악가, 셋째 형은 번역문학가가 되었으니 나는 무용가
가 되고 싶었다. 마침 보육학교를 무용연구소 연습장소로 빌렸다며 오후 시
간에 같이 뛰자고 권하여 용기를 내어 시작하였다.

무용연구소는 날로 발전하였다. 제1회 창작무용발표회를 광주극장에서
가졌다. 여름방학 때 무용 강습회를 하는데 중앙초등학교 교사인 이은렬을
만났다. 그는 피아노는 자기가 맡아 연주할 테니 연습하는 데 음악 걱정은
하지 말라고 했다. 자신의 동생에게 무용을 가르치기 위해 무용연구소를
찾은 이은렬은 즉각 무용단에 들어와 이때부터 연주자가 되었다. 그는 리
드미컬한 즉흥곡을 연주하였고 무용단은 새로운 계기를 마련하였다. 발표
회는 착착 준비되었다. 광주여고 무용반과 기성인 8인, 남자 세 사람, 이렇
게 20여 명이 모였다.

> 나는 안무가의 꿈을 꾸면서 발표회를 마쳤다. 신문에도 소개되었고 처음
> 보는 남자무용수였기에 인기도 있었다. 내가 춤을 춘 '청룡황룡'은 즉흥무였
> 는데 남자의 힘찬 모습을 용으로 상징하였고 '세 인디언'이라는 이색적인 무
> 용은 박수를 많이 받았다.[16]

1954년 박학수·오장현·송준영·김정자 등과 함께 공연한 무용 발표회에
서 정근은 오장현과 함께 2인 무용 〈황룡흑룡〉, 그리고 1인 무용 〈밤의 요
정〉을 공연했다.[17] 〈밤의 요정〉은 배경음악 없이 밤에만 나타나는 동물 소
리나 목탁 소리 등의 효과음만으로 극적 분위기를 연출하는 새로운 시도로
현대무용의 가능성을 가늠해 본 무대였다.

광주방송 새로나합창단 지휘자 시절
1955년 KBS어린이합창단은 한용희의 지휘로 목포·광주·전주·이리·군
산·변산 등을 순회한 데 이어 1956년 부산·대구·대전·인천을 순회 공연했

---

16 정근 회고록 『전쟁과 동요』(미발간)

17 박종채, 위와 같음.

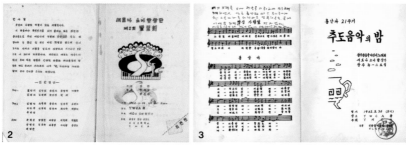

1 새로나소녀합창단 공연 모습(정근 지휘·1950년대 후반 추정)
2 새로나합창단의 광주YWCA 공연 팜플릿(1962. 11. 30.)
3 새로나합창단의 홍난파 추도음악회(정근 지휘·1962. 8. 30.)

다. 방송으로만 듣던 KBS어린이합창단의 지방순회공연은 지방의 어린이
합창운동에 자극을 주는 계기가 되어 지방 곳곳에 방송어린이합창단의 창
설을 보게 되었다.

　1956년 1월, 정근과 이은렬에 의하여 발족된 광주방송 '어린이노래회'도
그중의 하나였다. 두 사람의 지도로 발군의 노래 솜씨를 과시하던 '어린이
노래회'는 1957년 세 차례의 서울 공연을 통해 음악인들의 관심을 끌었다.
1959년 '어린이노래회'는 '새로나합창단'으로 이름을 바꿔 확대 개편되었
다. 원래 '어린이노래회'는 초등학생들로 구성되었으나 남다른 예능 소질을
인정받고 기량을 갈고닦은 아이들은 중학교에 진학한 뒤에도 음악에 대한

열정을 떨쳐버리지 못했다. 정근은 이들의 열망을 받아들여 '새로나합창단'을 발족시켰다.

그 후 이은렬과 함께 생각했다. 우리도 광주방송국에 어린이합창단을 만들자고. 그래야 서로 보람을 가질 것 같았다. 그러자 즉각 방송과장을 만나 교섭하였더니 생각하기보다 쉽게 방송국에 연습 장소와 일주일에 한 번씩 생방송 시간을 얻었다.

> 이름은 광주방송 어린이노래회 겸 극회. 이렇게 출발한 우리들은 아이들의 손을 잡고 방송국에 올라와 맹훈련을 했다. 이때 이은렬은 나의 지도력을 보고 중앙초등학교 교사로 와달라고 제안해 왔다. 그러나 대학 졸업장이 문제가 되었다. 이럴 때마다 졸업장은 나를 몹시 괴롭혔다. 학교 교사가 부족한 때라 자격 취득은 차후로 미루고 우선 특수교사로 채용이 되었다. 그리고 음악과 무용을 지도하였다. 성과는 대단하였다. 음악무용경연대회에 나가면 모두 최우수상을 차지하였다. 이로써 학교장은 인사를 받고 자랑을 하고 인기가 대단하였다. 나는 교육학을 몰랐기 때문에 각종 강습회를 열심히 쫓아다녔다. 이렇게 해서 나는 열정이 좋은 선생이라는 말을 들었다.[18]

이즈음, 정근은 본격적인 동요 작사와 작곡을 시작하였다. 이 시기, 정근이 창작한 동요의 특징은 아이들의 생활 속에서 발견한 동심과 가족, 계절, 꽃, 나무 등 인본주의와 자연주의를 소재로 한 창작 경향에 있다. 1956년에 작곡한 「우체부 아저씨」는 집집마다 전쟁 때 헤어진 가족의 생사를 확인하지 못한 채 가슴 졸이던 전후(戰後) 시기의 시대적 상황이 배어 있다.

> 아저씨 아저씨 우체부 아저씨
> 큰 가방 메고서 어딜 가세요
> 큰 가방 속에는 편지 편지 들었지
> 동그란 모자가 아주 멋져요
> 편지요 편지요 옳지 옳지 왔구나

---

18 정근 회고록 『전쟁과 동요』(미발간)

광주에서 이끌던 성인합창단 지휘 모습

시집간 언니가 내일 온대요
        – 「우체부 아저씨」 전문

[창작 메모] 어른들이 야기한 전란에 무모한 어린이가 희생되어 가슴 아팠던 1956년 집집마다 이산가족들이 날마다 소식을 기다리며 큰 가방을 메고 찾아오는 우체부 아저씨를 만나 대화하는 동네 아이들의 순박한 마음을 동요로 간직해주고 싶었다. 광주사범대학 영생유치원을 맡아 운영할 무렵, 노래를 만들었고 이후 편곡을 해 학습용 노래극 속에서 아이들이 서로 주고받는 노래로 발전시킨 동요이다.

비야 비야
오지 마라
우리 언니
시집갈 때
가마꼭지 물든다
비야 비야
오지 마라

        – 「비야 비야 오지 마라」 전문

[창작 메모] 1955년 무렵. 전시동요는 간혹 방송전파를 타고 흘러나왔으나 정작 유아들을 위한 동요는 없을 때다. 그때는 교통이 여의치 않아 모처럼 가마 타고 시집가는 모습을 가끔 볼 수 있었다. 새색시의 행복을 빌며 귀한 가마의 행차를 기다리는 작은아씨들이 입 맞춰 부르던 것을 바탕으로 꾸민 것이다.

눈이 내린다 펄펄 하얀 설탕 되어라
마음대로 사탕을 먹고 싶어요

눈이 내린다 펄펄 하얀 솜이 되어라
꼬까이불 만들어 덮고 싶어요

눈이 내린다 펄펄 하얀 소금 되어라
바닷물을 만들어 헤엄치고 싶어요

눈이 내린다 펄펄 밀가루가 되어라
맛있는 빵을 만들어 나눠먹고 싶어요

-「눈이 내리면」전문

[창작 메모] 1956년, 하얀 눈을 보고 어린 유아들은 어떤 생각을 할까. 이런 생각에 몰두하고 있을 때 현실과 상상의 세계를 넘나드는 어린이들이 눈을 보고 느끼는 감성을 생각해 보았다.

고드름 고드름
처마 밑에 고드름
해가 지면 좋아서
길게 길게 자란다
해가 뜨면 싫어서
눈물을 흘린다
뚝뚝 또로로롱
잘도 녹는다

-「고드름」전문

[창작 메모] 요사이는 고드름을 보기 힘들다. 세월이 달라져 시멘트 집으로 바뀌었기 때문이다. 1956년 무렵, 초가집 지붕에 매달린 고드름은 유난하게 길고 판자촌 슬레이트 처마에는 무수히 많은 고드름이 열렸다. 고드름을 자기 몸으로 느끼면서 고드름이 크고 작게 자라는 모습을 의인화해 본 것이다.

소낙비가요 줄 같이 내린다

좍좍 우리 마당에
내가 벗어논 고무신을 신고요
둥실둥실 떠내려간다

소낙비가요 갑자기 그쳤다
뚝뚝 물방울 소리
내가 쌓아놓은 모래성에 구멍이
벙긋벙긋 더 커져가요

- 「소낙비」 전문

[창작 메모] 날씨가 더우면 갑자기 소나기가 내린다. 어릴 때는 무척 즐거운 자연현상이다. 1957년 무렵, 어른 아이 할 것 없이 고무신은 귀한 신발이었다. 뜰에서 놀던 아이가 갑자기 쏟아진 소나기를 피해 마루에 올라앉아 고무신이 떠내려가는 것을 보고 상상의 세계가 실현되는 현상을 발견하고 기쁨을 감추지 못한다. 장난감이 없던 시절, 유일한 수단이 흙장난이었다. 처마 밑에 쌓아놓은 모래성이 지시락물(낙숫물)에 허물어지는 모습을 안타깝게 바라보던 아이들의 마음을 그렸다.

'새로나합창단'은 연습 장소도 제대로 마련하지 못하는 등 많은 어려움에도 불구하고 해마다 빼놓지 않고 '음악의 밤'을 열어 광주 시민에게 노래를 선사했다. 정근의 지도와 문영탁·임헌정 등의 헌신적인 협조로 이루어진 '음악의 밤'은 피아노곡을 합창곡으로 편곡한 주옥같은 우리 가곡을 들려줌으로써 관객들의 사랑을 받았다.[19] 특기할 것은 1963년 8월, 소록도 나환자들의 정착사업장인 '오마도'를 찾은 새로나합창단의 노래 선물이다. 새로나합창단은 나환자들의 불행한 삶을 사랑의 선율로 어루만지며 모처럼 소록도의 밤을 환하게 밝혀주었다. 이때 새로나합창단 단원은 훗날 음악계의 신데렐라로 성장한 국영순(김자경 오페라단 프리마돈나)과 대학에서 후진 양성에 힘쓰고 있는 박계, 방현희 그리고 양은희 등이었다.[20]

---

19 박종채, 위와 같음.
20 정근 회고록 『전쟁과 동요』(미발간)

광주방송 어린이극회 시절

1956년 〈전남일보사〉는 전국 규모의 '학생의 날 기념 학생연극제'를 개최해 무대예술을 지향하는 젊은이들의 가슴에 새로운 불을 지피는 계기를 마련한다. 그해 1월 1일, 차가운 겨울을 헤치고 작은 움틈이 있었다. '광주방송어린이극회'가 그것이다.

정근·이은렬의 열성적인 지도와 황의돈·김이식의 협조로 탄력을 받은 '광주방송어린이극회'는 첫 작품으로 「브레맨의 악대」를 전파에 실어 보냄으로서 아동극의 가능성을 제시했다. 1957년 〈교육주보사〉가 주최한 전국 아동극 콩쿠르에서 정근이 연출한 「칠석날」(주평 작)이 연출 상을 수상한 데 이어 「때때회」와 「브레맨의 악대」가 아동극 부문 우수작으로 선정돼 '아동극방송대본 제1집'에 수록됨으로써 아동극 부문의 본보기가 되었다.

정근은 지방권역인 광주 연극계의 좁은 틀이라는 약점을 극복하면서 전국 규모로 그 문화적 토양을 양생하는 데 많은 기여를 했다.

광주교대 부설 영생유치원 교사 시절

정근은 신생유치원 교사를 거쳐 광주교육대학 부설 영생유치원 설립에도 뛰어들었다. 이때 광주 최초로 몬테소리교육을 도입했다. 1955년 4월 미국 존스홉킨스 대학 피바디(Peabody) 음대 유아교육자로 구성된 교육사절단이 방한해 이화여대에서 세미나를 진행했다. 정근의 요청으로 미국의 유아교육자 S. 브루스 여사가 광주를 일주일에 한 번 내방해서 유아교육 세미나를 진행했다.

나는 한 불란서 신부의 도움으로 유아심리학, 유아교육총서 등 일본 책을 구입할 수 있었다. 머리를 싸매고 공부를 하였다. 유치원 교육은 놀이를 통한 흥미 중심교육이라는 생각을 하게 되었다. 독일의 실용주의 교육을 바탕으로 놀이화하였다. 이런 교육방법을 개척하여 일일 운영안. 유치원 교육과정 등 일 년에 한두 번씩 계획적으로 발표하였다. 더구나 광주교육학교 내에서의 열정으로 크게 인정받았다. 마침 이때 미국의 교육 원조의 일환으로 피바디 대학 유아교육 지도자 과정이 이화여대에서 주관하에 열린다는 것을 알게 되어 광주교육대학에 피바디 교육사절단을 요청했다. 일주일에

영생유치원 교사 시절의 정근
(1960년대 초)

금요일 하루, 미스 S. 브루스라는
유아교육전문 교수가 나를 위하
여 서울에서 광주까지 와서 지도
해주었다. 내가 찾아가야 하는데
교수가 나를 찾아왔다. [21]

브루스 여사는 매주 광주에 내려올
때마다 새로운 어린이 놀이를 보여 달
라고 정근에게 요청했다. 이에 따라
정근은 자신의 교육적 구상을 '폐품
유치원'으로 이름 붙여 지물포의 파지
를 재단하고 양복점에서 버린 헝겊을
주워 교육 재료로 이용했으며 철사토
막과 물에 불린 콩으로 인형을 만들어 보여주었다. 광주교대 뒷산에서 채
집한 도토리와 밤, 나뭇잎 등 야생 열매도 재료로 사용했다. 이 모든 게 아
이들을 위한 놀이재료로 쓸 수 있는 재료였다. 브루스 여사는 친척처럼 가
까워졌다. 자기도 스타킹을 수집하여 빨아서 가져오고 사무용품인 클립,
바늘 등도 상자에 채워 가져다주었다. 브루스 여사는 정근을 서울로 초청
해 이화여대 취학교육과에서 특별강의를 하게 했고 종로초등학교에서 함
께 강습회를 열기도 했다. [22] 이후 정근의 커리큘럼은 광주교대 부속 영생유
치원이 자랑하는 아이들의 자발적인 놀이문화로 정착되었다. 하지만 이 시
절의 정근은 남모를 고통을 겪고 있었다.

나는 모든 것을 잊어버리고 열심히 하는데 한 형사가 연좌제 운운하면서
봉급날이면 꼭 찾아왔다. 쉽게 말해서 돈을 뜯어갔다. 나는 의욕을 상실할
정도로 괴로웠다. 공무원보다 작은 봉급을 빼앗기고 보면 기가 막혔다. 집
에 라디오가 없는데도 이북방송을 들었다는 신고가 들어왔다, 좌익을 만났

---

21 정근 회고록 『전쟁과 동요』(미발간)
22 정근 회고록 『전쟁과 동요』(미발간)

다는 등 이유를 억지로 붙이면서 도장이 5, 6개 찍힌 서류를 내보이며 괴롭혔다.

그래서 나는 나의 행동을 사회봉사하는 것으로 인식시켰다. 음악회, 아동극 등 각종 어린이행사를 열어 나를 어린이에 미친 사람이라고 인식을 시켰다. 새로나소녀합창단은 전후 광주사회의 어두운 분위기를 밝게 펼쳐가는 데 일익을 담당하기도 했다.

이러한 활동 때문에 날로 유명세가 붙어 예총 광주음악협회 상무이사도 하게 되었고 1960년 광주공설운동장에서 열린 전국마스게임 경연대회의 연출을 맡아 대상을 차지함으로써 전라남도문화상을 수상하기도 했다.

이렇게 되자 귀찮은 형사 녀석도 소리 없이 떨어져 나갔다. 나는 약자를 좀 먹는 악질 형사들 때문에 나뿐 아니라 많은 사람들이 괴로움을 당했다는 것을 잘 알고 있다. 전쟁은 없어야 한다. 전쟁은 전쟁을 불러일으킬 뿐이다. 그 후유증은 전쟁보다 더 무서운 것이다. 전쟁은 어떤 경우라도 피해야 한다. 총과 칼 대신 사랑으로 다스리면 평화가 온다는 것을 명심해야 한다. 한 사람의 악의 세력 때문에 광주가 싫어졌다. 그래서 나는 서울로 진출하게 되었다.[23]

1961년 텔레비전 시대가 개막되었다. 라디오가 그랬듯, 텔레비전의 보급은 일상의 변화를 이끈 원동력이면서 사회 변화를 상징적으로 드러내는 사건이었다. 가족구조가 변화하고 문화주택이나 아파트 같은 주거공간이 새롭게 고안되면서 텔레비전은 전면적인 변화의 중심에서 그 존재감을 드러냈다. 하지만 텔레비전은 1961년 박정희 정부의 '크리스마스 선물'로 기획된 만큼 선전 수단인 동시에 적절하게 하향 평준화된 대중의 오락거리였다. 어린이 TV 프로그램 역시 인성교육 차원보다는 오락성 짙은 프로가 방영되었다. 이에 정근은 방송을 통한 어린이 교육이라는 꿈을 펼치기 위해 본격적인 텔레비전 시대에 접어들던 1967년 광주를 떠나 상경한다.

---

23 정근 회고록 『전쟁과 동요』(미발간)

1 1960년대 남산KBS방송국의 홍난파 동상 앞에서(왼쪽부터 작곡가 이수인, 김규환, 정근)
2 호출부호 HLKA로 전파를 발사한 남산 KBS의 어린이합창단과 함께

KBS어린이합창단 지도자 시절

상경 이후 남산 KBS방송국에서 어린이 프로그램의 대본을 집필하며 방송작가로 활동하는 한편 신광초등학교, 리라초등학교 부설 유치원, 숭의여전 부속 유치원에서 교사와 원감으로 활동한다. 이 시절, 이원수 극본·김규환 작곡·서옥빈 연출의 「콩쥐 팥쥐」가 KBS어린이합창단의 출연으로 방송을 통해 1964년 처음 발표된다. 다음을 잇는 작품이 1967년 한국소년소녀합창단에 의해 발표된 조풍연 극본·김주영 작곡·정근 연출의 「노래하는 목장」이다.

정근 극본·이은렬 작곡의 「찹쌀떡」과 정근 극본·이수인 작곡의 「심청전」, 「혹 뗀 이야기」도 초창기 KBS의 전파를 탔다.

1960년대는 국내에 방송사들이 하나둘 생기면서 상업시대가 시작되었고, 가요, 팝, CM송 등의 대중적인 새로운 음악이 등장해 어린이들에게 영향을 미쳐 동요의 위기가 대두됐던 시기였다. 이런 위기 상황을 극복하기 위해 각 사회단체에서는 동요행사를 개최하게 되었는데 1963년 〈동아일보〉 소년판에 〈이 주일의 동요〉란이 생겨났고 방송동요로까지 이어지면서 많은 동요를 보급시켰다. 이때는 어린이합창단 활동이 그 어느 때보다 활발했던 시기로 이들 어린이합창단에 의한 각종 동요행사는 어린이 합창의 수준을 높인 것은 물론 동요보급에도 큰 영향을 끼쳤다.

상경 무렵, KBS에 어린이 프로그램이 생겼고 어린이합창단의 안무지도자를 찾는데 내가 지목되어 어린이합창단 지도자로 일주일에 세 번 나가기로 되었다. 일단 KBS에 들어왔으니 내가 할 수 있는 일을 찾기 시작했다. 먼저 교육방송 1, 2학년 사회과 원고를 쓰기 시작했다. 극작을 써본 일도 없었기에 급히 헌 라디오를 구해서 교육방송을 열심히 들었다. 어려운 일은 아니었다. 다행히 이성이란 친구가 맡아 하는 프로였기에 원고 수정과 요령 등을 배우고 열심히 한 탓으로 세 번째 원고부터 수정 없이, 지금까지의 주입식 교육의 틀에서 경험주의 사고로 흥미와 호기심을 살리는 목표를 세우고 추진한 것이 잘 이어지게 되어 성공적이었다. 이윽고 과학프로그램까지 맡았다.

그러자 서울 시내 사립학교 합창발표회가 열려 한 학교가 20분씩 배정을 받아 시민회관에서 대규모 행사가 있었는데 신광국민학교에서 구성의뢰를 받았다. 주어진 시간은 20분. 학교장의 욕심은 음악 무용 연극 등 장기 자랑을 모두 무대에 올리고 싶어 했다. 오후면 신광학교에 나갔다. 입장과 퇴장의 시간을 줄이고 장치하는 시간을 줄이면 개별적인 입장과 퇴장까지 합쳐 무려 6, 7분까지 시간을 줄일 수 있었다. 그래서 일단 책상과 의자를 각자 합창단이 들고 무대에 올라가 4단의 계단을 쌓고 신속하게 서는 무대구성을 연습시켰다. 물론 교사들이 총동원되어 4단의 합창대열이 불과 3분 만에 세워졌다. 이것은 정말 놀랄 만한 일이었다. 그리고 옆구리에는 카드섹션을 위한 용궁 그림과 숲속 그림을 조각조각 나누어 손에 들었다.

그날 이야기의 내용은 '영이의 꿈'이었다. 합창의 메아리가 울려 퍼지며 착한 영이를 부르는 노래로 막이 열린다. 영이가 침대에 누워 잠들어 있다가 부르는 소리를 듣고 일어나 기지개를 켠다. 참새들이 날아와 영이를 깨우고 숲으로 달려간다. 라이트가 들어오면 카드 섹션, 숲속에 참새와 영이가 함께 뛰놀고 다람쥐들이 나와 즐거운 하루가 시작된다.

영이는 동물들을 부른다. 동물들의 머리를 바구니로 엮고 이것을 뒤집어써서 한국 초유의 탈 무용이 됐다. 영이가 다시 노래하는 용궁에 가고 싶다고 한다. 동물들과 함께 용궁을 찾아간다. 그러자 카드 섹션은 어느새 용궁으로 변한다. 용궁에는 물고기가 노닐고 영이는 합창 속에 행복한 용궁을 구경한다. 그리고 5시의 시계 소리가 나자 물고기와 동물들이 서둘러 퇴장

1 KBS 어린이합창단 지휘자 시절의 정근(1970년대)
2 한중 친선소년소녀합창제에 참가한 KBS 어린이합창단(1970년대)

을 한다. 영이도 뛰어가 침대에 눕는다. 라이트는 영이로 조여들고 즐거운
학교 길을 서두른다. 합창단이 즐거운 노래를 부르면 즐거운 학교생활이 시
작됨을 알린다.[24]

　방송의 위력이 점점 커지던 시기에 KBS는 '방송동요'를 제정하였고 방
송인들과 동요인들이 힘을 합쳐 새로운 동요를 널리 보급했다. '방송동요'
의 제정은 창작동요의 획기적인 발전을 가져오는 계기가 되었다. 특히 '이
주일의 새 동요'는 매주 새 동요를 만들어 방송에 내보냄으로써 한 차원 높
은 수준급의 동요들이 탄생할 수 있었다.
　정근은 KBS어린이프로그램의 방송작가로 활동했고 KBS어린이합창단
을 지도했다. 그는 TV 프로그램 개척기에 담당 PD들이 상상하지 못할 새
로운 표현을 시도했으며 획기적인 어린이 프로를 개척하여 개편 때가 오면
편성제작부의 기린아가 되었다. 이런 다면적인 활동이 가능했던 것은 젊은
시절의 경험이 주효했다. 광주에서 무용에 심취했고 합창단을 지도했으며
어린이극회를 이끌었고 유치원 교사 시절, 율동을 곁들인 동요를 작곡 작
사한 경험이 총체적으로 발현되었다. 정근은 KBS 간판 어린이 프로인 〈모
이자 노래하자〉의 대본을 쓰면서 뽀빠이 이상룡, 서수남·하청일 등을 기용
해 동요보급에 나섰다.

24　정근 회고록 『전쟁과 동요』(미발간)

정근의 동요에 비친 시대상

정근의 동요엔 아이들의 눈에 비친 시대상이 드러나 있다. 일별하자면 광주 시절과 서울 시절, 그리고 라디오 시대와 텔레비전 시대 등으로 구분할 수 있을 것이다.

1970년대 창작동요

1974년 서울역과 청량리 사이를 잇는 지하철 1호선이 개통되면서 시작된 지하철 시대를 맞아 작사한 「싱싱 지하철」, 컬러 TV가 보급된 1980년대 초 텔레비전에 출연하고 싶은 아이들이 꿈에 그린 「텔레비전」, 아이들이 방과 후에도 귀가하지 못하고 학원으로 내몰리는 상황을 그린 「학원가는 길」, 이웃과 인사도 하지 않는 아파트촌의 비정함에 멍든 동심을 그린 「아파트」 등의 노랫말이 그것이다.

> 싱싱 지하철
> 싱싱 잘도 간다
> 서울역에서 청량리
> 캄캄한 땅속을 잘도 간다
>
> 싱싱 지하철
> 싱싱 달려간다
> 우리 집에서 유치원
> 땅굴로 달리면 참 좋겠다
>
> — 「싱싱 지하철」 전문

[창작 메모] 1974년 서울에 지하철이 생겼다. 어린이는 땅속을 뚫으면 길을 돌아가지 않고 쉽게 목적지에 갈 수 있다는 꿈을 꾼다. 1호선은 청량리까지 단박에 질주한다. 어린이들은 집에서 유치원까지 또 지하철이 다니길 소망할 수 있을 것이라는 생각에 노래로 만들어 보았다.

1980년대 창작 동요

텔레비전에
내가 나왔으면
정말 좋겠네 정말 좋겠네
춤추고 노래하는 예쁜 내 얼굴
텔레비전에
내가 나왔으면
정말 좋겠네 정말 좋겠네

텔레비전에
엄마 나왔으면
정말 좋겠네 정말 좋겠네
애기가 엄마하고 부를 테니까
텔레비전에 엄마 나왔으면
정말 좋겠네 정말 좋겠네

− 「텔레비전」 전문

[창작 메모] 어린이의 꿈에 그리던 영상이 공중파를 통해 안방으로 날아들었다. TV라는 요술상자 속에서 사진이 살아서 움직이더니 1980년엔 컬러로 바뀌었고 텔레비전이 있는 집은 어른아이 할 것 없이 가득 모여서 웃음꽃을 피웠다. 어린이의 호기심은 더해가고 밤마다 자신이 출연하는 꿈을 꾸었을 것이다. 이 꿈과 욕망을 간접적으로나마 충족시키고자 했다.

저 멀리 하늘에 구름이 간다
외양간 송아지 음매음매 울적에
어머니 얼굴을 그리며 간다
고향을 부르면서 구름은 간다

저 멀리 하늘에 구름이 간다

뒤뜰에 봉선화 곱게곱게 필적에
어릴 제 놀던 곳 찾으러 간다
고향을 그리면서 구름은 간다

- 「구름」 전문

[창작 메모] 남산 중앙방송국에서 내려오는 길에 하늘에 흘러가는 구름을 보고 다방에 들러 차 한 잔을 하면서 즉석에서 쓴 동시다. 해방 직후 북으로 간 형들이 어머니 얼굴을 보고 싶어 구름이 되어 남쪽으로 내려온 것 같은 느낌이 들었다. 함께 있던 작곡가 이수인이 즉석에서 곡을 붙였다.

둥글게 둥글게 (손뼉) 둥글게 둥글게 (손뼉)
빙글빙글 돌아가며 춤을 춥시다 (손뼉)
손뼉을 치면서 (손뼉) 노래를 부르며 (손뼉)
랄랄랄랄 즐거웁게 춤추자
링가 링가 링가~ 링가 링가링
링가 링가 링가~ 링가 링가링
손에 손을 잡고 모두 다함께
즐거웁게 뛰어봅시다
둥글게 둥글게 (손뼉) 둥글게 둥글게 (손뼉)
빙글빙글 돌아가며 춤을 춥시다 (손뼉)
손뼉을 치면서 (손뼉) 노래를 부르며 (손뼉)
랄랄랄라 즐거웁게 춤추자

- 「둥글게 둥글게」 전문

[창작 메모] 어린이의 신체 놀이를 위한 율동에 착안해 지은 노랫말이다. '둥글게 둥글게'는 어린이들이 서로 도우며 살아가는 연대의식을. '링가 링가 링가'는 둥글게 혀를 말아 발음하는 입말을 특정해 보았다. 모닥불을 중심으로 둥글게 돌아가는 캠프파이어의 모습과 함께 어린이 레크리에이션 활동의 장면이 떠올랐다. 결과적으로 어린이의 몸에 잠재되어 있는 흥을 북돋아주기 위해 손뼉을 치면서 노래를 부르는 활동성 높은 춤곡이 되었다.

그밖에 널리 애창되는 동요(노랫말)

토마토는요 빨갛구요
정말로 정말로 어여쁘지요

토마토는요 동그랗구요
정말로 정말로 귀여웁지요

토마토는요 먹으면은요
정말로 정말로 맛이 있어요

－「토마토」

동실동실 햇님이 서산에 가면
왼쪽 길로 안녕히 가시라고요
손에 손에 손은 잡고 안녕히 안녕
선생님과 친구들도 안녕히 안녕

－「안녕히 안녕」

산에는 산바람 들에는 들바람
바람이 부는 언덕에 꽃가루 날리자
파랑색 노랑색 빨강색 오렌지색
산에는 푸른 꿈 들에는 오색 꿈

푸른 산새소리 풍기는 꽃향기
꽃 너울 퍼진 동산에 큰 꿈을 키우자
파랑색 노랑색 빨강색 오렌지색
하늘은 밝은 빛 마을은 오색 꽃

－「꽃가루 날리자」 전문

나뭇가지에 실처럼 날아온 솜사탕

하얀 눈처럼 희고도 깨끗한 솜사탕

엄마 손잡고 나들이할 때 먹어본 솜사탕

호호 불면은 구멍이 뚫리는 커다란 솜사탕

- 「솜사탕」 전문

흰 물결이 밀려오는 바닷가에서

춤을 추는 갈매기 떼 바라봅니다

스르르르 파도가 밀려오며는

파르르르 물결 위에 잘도 놉니다

흰 모래가 밀려오는 바닷가에서

물결소리 들으면서 춤을 춥니다

또르르르 사뿐사뿐 맴돌면서

니나니나 니나니나 잘도 놉니다

- 「춤추는 갈매기」 전문

정근과 방송동요

방송동요는 1926년 경성방송국이 개국하면서 등장했고 활성화된 것은 1957년 남산방송국이 개국하면서부터다. 1926년 일제는 유화정책을 위해 일본 도쿄(JOAK), 오사카(JOBK), 나고야(JOCK)에 이어 네 번째로 서울 경성방송국을 개국하고 한국 최초의 라디오 방송 호출부호인 JODK를 처음으로 발사하였다. 경성방송국 개국은 일본의 식민지 정책의 일환으로 시작되었지만 1933년부터 입안된 문화정책에 따라 일본어와 우리말로 이중 방송이 실시되었고 동요프로그램에서도 일본 동요와 우리 동요가 함께 방송되었다.

이 영향으로 홍난파는 어린이를 위한 노래를 보급하기 위해 '연악회'를 조직하고 윤석중의 동요가사에 곡을 붙인 「퐁당퐁당」, 「낮에 나온 반달」, 「꾸중을 듣고」, 「꿀돼지」 등을 작곡했다. 홍난파는 이를 기반으로 『조선동

KBS 간판 어린이프로인 〈모이자 노래하자〉의 진행자 박설희와 함께

요 100곡집』을 상·하 두 권으로 각각 1929년, 1930년 편찬했다. 대구의 박태준도 1929년 첫 동요작곡집 『중중 때때중』을 펴낸 데 이어 1931년 두 번째 작곡집 『양양 범버궁』을 펴냈다.

이렇듯 새로운 창작동요가 쏟아져 나옴에 따라 조선총독부는 크게 당황하여 우리 동요를 배척하기 시작했다. 이에 따라 학교에서는 일본 창가를 불렀을지언정 가정이나 교회에서는 우리 동요를 부르는 상황이 연출되었다. 1904년 설립된 광주 최초의 교회인 양림교회에서도 찬송가와 함께 우리 동요를 즐겨 불렀다. 정근은 1936년 양림교회에서 운영하던 양림유치원에 다니면서 우리 동요를 배우고 노래했다.

1940년대에 들어 조선총독부의 억압정책은 더욱 가혹해져 우리 민족의 문화와 예술을 말살하려고 했다. 이런 상황에서 동요에 뜻을 가졌던 문학가와 음악가는 대부분 창작의 동력을 잃고 다른 일로 전직해 갔으며 이들 예술가들도 친일적이며 체제 찬양의 꼭두각시 노릇을 강요당하였다. 그러나 우리 동요는 없어진 것이 아니라 때를 기다리며 숨어 있었다.

1945년 일제의 통치에서 해방된 우리 민족은 윤석중 작사, 박태준 작곡의 「새 나라의 어린이」를 불렀으며 1947년 어린이 방송시간에 안병원 작곡의 「우리의 통일」이 발표되어 널리 애창되었다.

일제강점기에서의 동요와 해방 후의 창작동요는 성격을 달리한다. 즉, 우울하고 어두운 그늘진 심성을 노래했던 동요가 밝고 씩씩하고 희망을 담은 건설적인 노래로 변한 것이다. 동요에 대한 인식도 바뀌어 유희적인 개념에서 교육적이며 음악적인 개념으로 확장되었다. 해방 후 첫 공휴일이 5월 5일이어서 해마다 이날을 어린이날로 확정하였다. 윤극영은 만주 용정에서 1947년 서울로 귀국한 후 윤석중을 제일 먼저 찾았다. 이들은 윤석중의 집에서 '노래 동무회'를 만들고 어린이를 모아 한인현 지도에 김천 반주로 윤석중 작사, 윤극영 작곡의 새로운 동요를 지도했다. 이때 불린 노래가

「봄이 와요」, 「기찻길 옆」, 「나란히 나란히」, 「길조심」, 「꼬리」, 「어린이날 노래」 등이다.

KBS서울중앙방송국의 배준호는 윤석중의 영향으로 1948년 방송국에 어린이노래회를 조직했다. 지도는 방송국 근처 국민학교 교사 김순홍이 맡았다. 그 후 방송국 어린이노래회는 해를 거듭할수록 장족의 발전을 하였고 자타가 공인하는 어린이합창단으로 성장했다. 이때 어린이합창단으로 활동한 단원 중에는 나중에 유명한 음악가가 된 소프라노 이규도·한복희·김성애, 작곡가 이여진, 피아니스트 한동일, 바이올리스트 이희춘 등이 있다.

그러나 6·25전쟁이 발발함에 따라 전시동요 시대로 접어들게 되었다. 전쟁과 동요라는 두 단어는 어울리지 않았지만 국군의 전의를 북돋우고 승전에의 의지를 나타내는 데 한몫을 담당했다. 김성태의 「우리 공군 아저씨」, 윤용하의 「피난 온 소년」, 윤이상의 「산넘어 남쪽」, 정세문의 「전투기」 「피난살이」, 권길상의 「대한의 아들」, 박태현의 「위문편지」, 「간호언니의 노래」, 한용희의 「대한의 소년」 등이 그것이다.

전시에 나온 동요 중에서도 어효선 작사 권길상 작곡의 「꽃밭에서」는 많은 사랑을 받은 곡이다. 이 노래는 1952년 전쟁이 한창일 때 동시가 지어졌고 1953년에 노래로 발표되었다. '아빠하고 나하고 만든 꽃밭에~'로 시작하는 이 동요는 전후의 황폐한 분위기를 따뜻하게 감싸 안은 작품이라는 평을 받고 있다. 6·25전쟁으로 인해 정동방송국 연주소가 잿더미로 변해 제대로 된 공개방송 하나도 하지 못하던 환경에서 남산방송국의 개국은 방송동요의 황금기를 열었다.

정근은 남산방송국 시절, KBS-TV의 〈어린이동산〉, 〈얘기들 차지〉, 〈모이자 노래하자〉 등의 구성을 맡았고 〈부리부리박사〉의 안무를 맡는 등 인기 프로그램을 진행하였다.

남산중앙방송국이 한국방송공사로 개편되면서 1983년 여의도로 옮기게 되었다. 면모를 갖춘 한국방송의 어린이 프로도 구실을 하게 되었고 교양 위주의 프로 편성으로 피아노 교실, 기타 교실, 노래 교실 등의 프로가 생겨났다. 〈모이자 노래하자〉의 규모도 확대개편되어 게임과 촌극이 첨가되었다.

또 〈노래의 메아리〉는 야외촬영을 나가게 되었고 어린이 프로 〈영이의 일기〉가 시작되어 정근은 매주 토요일마다 노래 일기를 집필하였다. 〈영이의 일기〉는 새 어린이상을 보여주는 교육적인 양질의 프로로 평가받았고 각 사립, 공립 초등학교에서는 감상문 '나 같으면' 등을 쓰게 하여 학부형들로부터 대환영을 받았다. 그리고 어린이날에는 서울공설운동장을 가득 메운 어린이를 대상으로 중고등학생 군악대, 의장대, 인기 스포츠맨, 연예인 축구, 낙하산 착륙, 행글라이더, 마스게임 등 각종 이벤트를 모아 약 1시간 반 동안 어린이를 즐겁게 해주는 프로 구성을 맡았다.

이때부터 유아 중심 프로 〈딩동댕 유치원〉, 초등학생 프로 〈딩동댕 7시다〉 등 네 가지 프로의 구성을 맡았다. 괄목할 만한 일은 유아들이 쉽게 리듬놀이를 따라할 수 있도록 노래 가사를 미리미리 동작을 설명해주는 '짤랑짤랑'을 창안하여 전국의 유아가 모르는 아이가 없이 다 같이 따라 불렀다.

나는 이때부터 한국적 뮤지컬 '모이자 노래하자'에 촌극 옛 이야기를 준비하기 시작했다. 이 촌극은 1994년 '사운드 오브 뮤직'이라는 제목으로 무대 공연(서빈 연출)을 하게 되어 전국을 순회하였고 다음은 뮤지컬 '폭풍 속의 아이들'도 전국 순회공연을 하였다. 이것은 한국에 어린이 뮤지컬 붐을 일으켰다. 또 어린이를 위한 오락프로를 구성하여 어린이들에게 지적 발달의 자극을 주었으며 행사 위주의 각종 특집도 맡았다. 특히 하나의 동요로 40분짜리 프로그램을 만들자는 실험도 성공시켰다. 이렇게 어린이 프로가 성황하게 되자 라디오에서도 '동요부르기회' 프로를 만들었다. 더불어 어머니 동요합창단 등이 만들어져 3년여를 진행했다. '톰 소여의 모험' '숲속의 공주' 등 뮤지컬을 맡아하였으며 정체된 어린이 TV프로에 자극을 주고자 했다. 또 '과학세계' 프로가 개설되어 3년여를 계속했다.

이같이 간추린 나의 TV경험은 어린이 작가들의 선망이 되었으나 나이는 어쩔 수 없었다. 잊을 수 없었던 일은 어린 시절, 동요를 듣고 자란 기성세대들이 하나같이 동요를 부르지 않는 일이었다. 그래서 나의 동요사랑의 하나로 기성 성악가(국내 교수)를 출연시켜 그리운 동요를 노래시키고 어린이들과 함께 동요의 꿈을 깨우치는 데 주력을 하여 수많은 교수들이 동요를 불러주었다.

특기할 만한 일을 지적하자면 교수들이 자기 현재의 성량으로 동요를 부르려 했다는 점이다. 그 때문에 동요의 이미지 손상이 될까 봐 무척 걱정되었다. 때로는 '허밍'으로 따라 부르듯이 자신을 유도하여 가성으로 어릴 때의 기억을 찾아주자 결국은 벨칸토와 같이 부드럽고 유연한 소리로 노래하였다. 성악인 자신들도 놀랐다. 이처럼 순수하고 맑고 깨끗한 노래가 바로 동요였다고. 그리고 '동요부르기회'의 어머니동요합창단은 두 해에 걸쳐 오페레타 '슬기로운 선조들' '노래동화 호랑이와 곶감'은 참으로 대단한 성과를 거뒀다. 아마 당시로는 초유의 것이며 노래하고자 하는 욕망과 나타내고자 하는 표현본능을 충족시켰다. 성취의 욕구, 인정의 욕구 등 여성들의 본능적인 활동은 훌륭한 예술을 창조하였다.

한편 유아교육에 대한 열망은 'TV유치원'을 맡으면서 전국의 모범이라는 유아교육의 진수를 보여주었으며 '이 주일의 동요'는 지금의 뮤직비디오와 같이 가사의 이미지를 화면에 부각시키며 동요의 리듬을 변형하고 보다 활발하게 때로는 서정적으로 한 동요를 여러 가지 표현으로 나타내주었다. TV프로그램 개척기에 PD도 감당하지 못할 새로운 표현을 시도했으며 획기적인 어린이 프로를 개척하여 개편 때가 오면 으레 정근하고 이미지화하여 편성제작부의 기린아가 되었다. 이렇게 해서 1956년부터 시작한 방송생활을 1995년에 마감하였다.[25]

말년의 정근

동화구연대회 심사위원

정근은 말년에 광주동화구연대회의 심사위원으로 여러 차례 광주를 찾았다. 이에 대한 회고가 있다.

광주는 내 고향이다. 그러나 내 흔적도 없이 변해버렸다. 명색이 대학에 있다는 교수들의 연구도 나의 흔적을 감쪽같이 없애버리고. 1950~1970년

---

25 정근 회고록 『전쟁과 동요』(미발간)

구연동화의 유래에 대해 강연하는 말년의
정근

대에 흔적도 없었던 그들이 큰 활동이나 한 듯 여기저기 떠벌리고 있다. 1921년 광주에서 일어난 소년학생운동은 내가 살던 양림동에서부터 발기되어 방정환의 소년사랑론을 중심으로 소년지도자협회를 비롯해 광주학생독립운동에 이르는 씨를 뿌렸다. 광주의 소년운동은 급기야 무언의 반일시위를 하게 되었다. 이렇게 발전한 소년반일사상은 일제의 탄압으로 소년들은 단기(團旗)며 장비를 빼앗겼고 지도자는 옥살이를 했다. 그 후 지하로 들어가 해방을 맞게 되었다. 1930년대부터 열렸던 전국동요동화 호남대회가 열려 지도자가 일경에 발각되어 말썽이 될 때부터 소년들은 동화대회 우수상을 받아와 위로했다. 그래서인지 광주 사람들의 동화 사랑은 유난히 크게 적극적이다. 오늘로써 2회째 대회를 심사하였고 두 번의 강좌를 가졌다. 나는 고향을 스스로 만들어갔다. 이번에는 광주소년운동을 주제로 이야기해야겠다.[26]

광주가 고향이라서 나에게는 뜻이 있었다. 회고하면 1955년 전쟁이 마무리되기도 전에 38선을 남긴 채 사회 안정을 하고 있을 때 광주방송 어린이노래회를 만들어 북에서 남에서 온 어린이들의 손을 맞잡고 사직동 광주방송국으로 모여들어 노래와 방송극을 방송했다. 당시는 녹음기가 없어서 주로 생방송을 했다. 그리고 이들이 자라서 새로나합창단으로 발전하였고 광주의 합창운동을 주도하였다. 다시 고등학교에 들어간 이들을 중심을 오페라 〈춘향전〉을 했고 성인합창단을 도와 화려한 발표회와 새로나합창단 발표회는 인산인해를 이뤘다. 아쉽게도 이런 자료들이 하나도 남아 있지 않다. 역사를 말하는 사람들은 역시 편협적이다. 그들이 모르면 지워버리고 자기보다 큰일은 축소하여 버리는 것이 이들의 횡포이다. 광주에서 서울까

---

26 「광주 반달회 이야기 1」, 『정근 일기』(2002. 10. 27·미발간)

지 이제는 너무 긴 여행이다.[27]

정근 글·조선경 그림의
『마고할미』 표지.

어린이 그림책 출판

정근은 1992~1996년 보림출판사 편집 고문을
맡았고 이때 제작한 그림책 『자장자장』, 『마고할
미』, 『호랑이와 곶감』 등은 지금도 사랑받고 있다.
그밖에 동요집으로 『봄 여름 가을 겨울』, 『안녕, 안
녕』, 『유아 노래 1000곡집』과 뮤지컬 대본 『폭풍
우 속의 아이들』, 『혹 뗀 이야기』, 단행본으로 『엄마와 함께 하는 유아극 놀
이』, 『엄마엄마 얘기 해주세요』, 『이런 말하면 안 되는데』 등이 있다. 번역
동화로는 『아기 곰의 가을 나들이』, 『나의 크레용』, 『바다 건너 저쪽』, 『사과
가 쿵!』, 『못난이 내 친구』, 『하지만, 하지만 할머니』, 『뛰어라 메뚜기』, 『좋
은 느낌 싫은 느낌』, 『쉬야 쉬이』 등이 있다.

나가며

정근은 1956년부터 1995년까지 40여 년 동안 한국방송공사(KBS)를 위
시한 여러 방송사에서 어린이 프로그램 작가이자 합창단 지휘자로 활동하
였다. 그의 별명은 '방송국 할아버지'였다. 정근은 방송에 나오지 않는 방송
인이었지만 그의 대표곡은 방송을 통해 전국적으로 애창되었다.

한국음악저작권협회에 등록된 정근의 총 작품 수는 269곡이다. 이는 일
반적으로 알려진 작품에 비해 두 배 이상의 창작곡인 것은 물론 뮤지컬 「폭
풍 속의 아이들」과 「혹 뗀 이야기」를 비롯해 인형극 삽입 노래, 어린이 오페
라, 노래가 있는 옛날이야기 등을 포괄한 숫자이다. 정근은 한국전쟁의 피
해자인 동시에 연좌제의 피해자였다. 그런 측면에서 전쟁과 동요라는 전혀
상치되지 않는 두 단어의 충돌 속에서 그가 동요 운동에 뛰어들었다는 사
실은 전후 한국동요사의 한 배경을 되새기게 한다. 동요에 피가 묻어 있다

---

27 「광주 반달회 이야기 2」, 『정근 일기』(2002. 10. 28.·미발간)

전남 곡성군 오산면 봉동리 선산 앞에 세운 시비 (詩碑) 앞에서의 정근(2010. 10.)

는 창작자의 고통을 그 노래의 수용자인 어린이들이 일일이 알 필요는 없을 것이다. 하지만 정근의 고향 광주만큼은 그러한 사실을 잊지 않고 기억해야 한다. 광주는 기억의 도시이고 그 기억은 광주의 역사이기도 하다.

정근은 생전에 "여러 초등학교의 교가를 수십 편 지어 기증했다"라고 말했지만 일일이 수소문하기엔 역부족이었다. 말년엔 소장하고 있던 방송 시나리오 대부분을 한국방송작가협회에 기증하였으나 이 역시 수습하지 못했다. 그 밖에도 적지 않은 창작동화와 뮤지컬 대본, 인형극 대본과 노래극 시나리오 등이 남아 있지만 이에 대한 수습 작업도 다음을 기약할 수밖에 없다.

특기할 것은 이산가족으로 뿔뿔이 흩어져 살았던 반세기의 공백 속에서 정근은 동요작곡가, 둘째 형인 정추는 평양 음악대학과 모스크바 차이콥스키음악원을 거쳐 카자흐스탄에 정착한 클래식 작곡가가 되어 있었다는 점이다. 형제가 약속이라도 한 듯 일생을 음악에 바쳤다는 것은 뜻밖의 일이다. 음악은 음향을 통해 사람들에게 기묘한 향수와 감각을 촉발한다. 그 음향은 성장 환경의 영향을 받은 창작자의 독특한 언어적 산물이기도 하다.

형제는 음악과 세상을 연결하려고 했다. 음악이 무엇을 의미하는지 역사는 알려주지 못하지만 음악은 역사에 대해 뭔가를 말해줄 수 있다. 음악은 귀로 듣는 예술이다. 그렇기에 음악가의 생애를 말할 때 귀로 듣는 음악만큼 직접적이고 효과적인 수단은 없을 것이다. 정근의 동요는 선율을 모른 채 읽어도 자연스러운 호흡과 리듬이 느껴질 만큼 음악에 밀착되어 있다. 그것은 선율이 붙여지기 전에 이미 노래였다. 이런 측면에서 '정근 동요음악제'를 고향인 광주에서 개최하는 일은 큰 의의를 지닐 것이다. 정근의 창작동요는 한국전쟁 직후에 전개된 어린이문화운동의 유산이고 한국동요사의 중요한 유산이다.

08

광주 판소리 전통과
명창 박동실

신은주 전북대학교 교수

광주는 판소리 서편제의 고장으로 이 지역을 중심으로 많은 판소리 명창들이 나고, 활동하였다.
20세기 전반에는 여러 창극 단체들이 광주를 중심으로 결성되어 활동하며, 새로운 판소리 문화
를 주도하였는데, 그 중심에 명창 박동실이 있다. 박동실은 이날치-김채만의 계보를 잇는 서
편제의 대표적인 창자로, 20세기 전반 많은 제자를 양성하였으며, 창극 운동을 주도하였고,
무엇보다 「열사가」를 작곡함으로써 창작판소리의 시초를 이루었다. 비록 1950년 한국전쟁 중
에 월북을 한 까닭에 한동안 그의 이름을 언급조차 하지 못하였고, 오늘날 그의 소리 역시 전
승이 미미하나, 판소리 역사에서 그의 업적이 매우 큰 의미를 갖는 바, 그에 대한 재조명이 이
루어져야 할 것이다.

광주 판소리 전통과
명창 박동실

들어가는 말

광주는 판소리 서편제의 고장으로 이 지역을 중심으로 많은 판소리 명창들이 나고, 활동하였다. 20세기 전반에는 여러 창극 단체들이 광주를 중심으로 결성되어 활동하며, 새로운 판소리 문화를 주도하였는데, 그 중심에 명창 박동실이 있다.

박동실은 이날치-김채만의 계보를 잇는 서편제의 대표적인 창자로, 20세기 전반 많은 제자를 양성하였으며, 창극 운동을 주도하였고, 무엇보다 「열사가」를 작곡함으로써 창작판소리의 시초를 이루었다. 비록 1950년 한국전쟁 중에 월북을 한 까닭에 한동안 그의 이름을 언급조차 하지 못하였고, 오늘날 그의 소리 역시 전승이 미미하나, 판소리 역사에서 그의 업적이 매우 큰 의미를 갖는 바, 그에 대한 재조명이 이루어져야 할 것이다.

이에 본고는 박동실이라는 인물이 등장할 수 있었던 지역 배경—광주 지역의 판소리 계보와 20세기 전반 광주의 판소리 문화—을 살피고, 박동실의 행적 및 그가 남긴 소리 「열사가」를 고찰하도록 하겠다.

자료 1 정노식의 『조선창극사』 출처 : 한국민속대백과사전 홈페이지(https://folkency.nfm.go.kr)

광주의 판소리 전통

광주를 중심으로 한 판소리 계보

1940년에 출판된 정노식의 『조선창극사』[1] 는 판소리 역사를 서술하는 데 있어서 가장 기본이 되는 책이다. 이 책은 당시 판소리 명창들 및 고로(古老)들을 면담 조사한 구술을 바탕으로 기록하고 있다. 89명의 판소리 창자들과 고수 한성준 및 판소리 이론가 신재효에 대해 소개한다. 또한 책의 전반부에는 악조, 장단, 유파 등 간략한 판소리 이론에 대해서도 적고 있는데, 그 한 부분에 '대가닥'에 대한 설명이 있다. '대가닥'이란 판소리 유파를 말하는 것으로, 『조선창극사』에서는 동편제, 서편제, 중고제, 호걸제를 설명하였다. 그중 '서편제'에 대한 설명에서 '광주'라는 지명이 보인다.

> 西便제는 界面을 主張하여 軟美浮華하게하고 句節 끝마침이 좀 질르를 끌어서 꽁지가 붙어단인다 … 西는 津津然 肉味的이다 … 서는 萬樹花爛格이다 … 西는 朴裕全의 法制를 標準하여 光州, 羅州, 寶城等地 저쪽을 西便이라 하였다.[2]

서편제는 광주, 나주, 보성 등지를 중심으로 한다고 설명하고 있는 정노식의 글에서도 볼 수 있듯이, 광주는 판소리의 역사와 그 전승 과정에서 매우 중요한 지역이다. 판소리 전통과 관련하여 '광주'라고 하면, 비단 행정구역상의 광주에 한정하는 것이 아니라 그 주변 지역인 나주, 담양, 화순 등까지 아우르는 구심점으로 이해할 수 있다.

광주 지역 판소리 계보에서 가장 중심이 되는 인물은 김채만이다. 그는 1865년 전남 화순 능주에서 출생하여, 광주 속골(현 광주광역시 남구 효덕

---

1   경성 : 조선일보사출판부, 1940.
2   정노식, 『조선창극사』, 10~11쪽.

동 구암촌)로 이주하여 성장하였다. 그는 이날치의 제자로, 본래 목이 좋지 않았으나 끈질긴 노력으로 이를 극복하고 명창이 되었다. 김창환의 권유로 서울로 상경하여 한동안 원각사에 참여하였고, 1907년부터 김창환 협률사에도 함께하였다. 그러나 창극보다는 판소리 바탕소리에 주력하였던 그는, 1910년 협률사가 해체한 이후 광주 속골로 돌아와 제자를 양성하였다. 이듬해인 1911년 47세의 젊은 나이로 사망하였으므로, 속골에서 본격적으로 제자를 양성한 시기는 그리 길지는 않으나, 그가 원각사나 협률사에 참여하던 시기에도 틈틈이 서울과 광주를 오가며 제자들에게 소리를 전수하였던 것으로 추정된다. 김채만의 장기는 심청가로, 당대 독보적이었다고 한다. 특히 심청가의 첫머리인 〈심봉사를 소개하는 대목〉은 그의 특장으로, 제자들을 통해 그의 더늠이 전해지고 있다.

김채만의 제자 중 가장 대표적인 이가 박동실이고, 그 외에도 공창식, 박화섭, 한성태, 박종원, 신용주, 성원목, 김정문 등이 있다. 이들은 흔히 '속골명창'으로 불리는데,[3] 이들을 중심으로 20세기 광주 지역의 판소리 문화가 전개되었다.

김채만의 소리 계보[4]

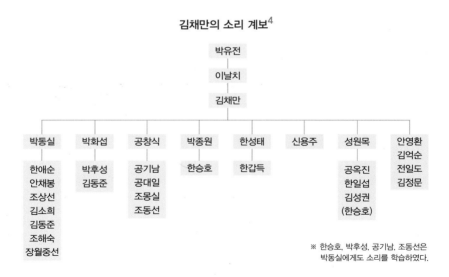

※ 한승호, 박후성, 공기남, 조동선은 박동실에게도 소리를 학습하였다.

---

3   배성자, 「박동실 판소리 연구」, 전남대학교 석사학위논문, 2008, 14쪽.

4   졸고, 「광주판소리전통과 광주성악연구회」, 『정신문화연구』 제41권 제1호(통권150), 한국학중앙연구원, 2018, 229쪽.

20세기 전반 광주 지역의 판소리 문화[5]

20세기 전반 광주 지역을 중심으로 한 판소리 문화에 대해 살펴보기 위하여, 광주 지역 혹은 광주 출신들이 중심이 되어 활동하였던 단체들에 대해 살펴보겠다.

김창환 협률사

김창환 협률사는 1907년 전라도 출신의 명창들을 규합하여 김창환이 조직한 단체이다. 김창환 협률사에 소속되었던 이들은 김창환, 김봉학, 박지홍(이상 김창환 문도), 김채만, 안영환, 공창식, 김억순, 신용주, 전일도, 한성태, 박화섭, 박종섭(박꾼수), 박종원(이상 김채만 문도), 강용환, 유성준, 김정길, 정학진, 안영채 등 50여 명으로 기록되어 있다.[6] 이들은 대개 김창환 및 김채만의 문도이거나, 김창환과 함께 활동하던 이들이다.

1907년 조직된 '김창환 협률사'가 1910년 해체[7]되기까지 꾸준히 활동한 것은 아나나,[8] 삼남 지역을 순회하며 창극 등을 공연하였고,[9] 이러한 바탕이 이후 전남 지역의 단체 설립에 영향을 끼쳤다.

양명사와 광주협률사

광주는 다른 지역보다도 매우 이른 시기에 창극 단체로서의 협률사가 조직된다. 광주 지역에서 처음으로 조직된 창극 단체는 '양명사'와 '광주협률사'이다.[10] 보다 이른 시기인 1909년에 조직된 '양명사'는 창극 공연에 따른

5 　이 부분은 필자의 선행연구 「광주판소리전통과 광주성악연구회」(『정신문화연구』 제41권 제1호(통권150), 2018)의 글을 중심으로 요약하였다.

6 　박황, 『창극사연구』, 백록출판사, 1976, 46~47쪽.

7 　1910년 8월 경상도 남해에서 공연을 하던 중 한일합방의 소식을 접하고 해산(박황, 『판소리이백년사』, 도서출판 사사연, 1987, 151쪽.).

8 　1908년 7월 29일 〈대한매일신보〉에 원각사 공연에 김창환이 참여하였으며, 1910년 6월 26일 〈대한매일신보〉 기사에서는 김창환을 연흥사 창부라고 기록하고 있다. 또한 1909년 9월 1일자 〈황성신문〉에서는 개성군에 거주하는 李氏인 부자가 연극장을 설치하고자 김창환을 고용하였다는 기사가 보인다.

9 　강용환 창작의 〈어사와 초동〉, 강용환 개작·윤색의 〈심청전〉, 강용환 작의 〈변강쇠타령(1910년)〉을 공연하였다는 기록을 찾을 수 있다(박황, 『창극사연구』, 46~63쪽.).

10 　'양명사'와 '광주협률사'는 동일 단체로 인식되기도 하나, 조직한 시점과 배경, 활동을 살펴보면 다른 두 단체임을 알 수 있다. 박동실의 증언 자료에는 '양명사(陽明社)'라 명명되는 창극 단체가 1909년 조직되어 동년 9월 7일 창립 공연을 하였다는 기록이 보이고(이진원, 「박동실의 "창극이 걸어온 길을 더듬어」, 『판소리연구』 제18집, (판소리학회, 2004, 317쪽), '광주협률사'는 박황의 기록에서 1912년에 조직되었다고 적고 있다(박황, 『창극사연구』, 73쪽).

광주 지역 소리꾼들과 애호가들의 논의[11]에 따라 창립된 조직으로, 판소리 창자들뿐만 아니라 악기를 연주하는 율객들도 다수 포함되어 있었다.[12] '양명사'는 공연장도 갖추고 있었는데, 광주 북문 안에 위치한 임시 건물이었으나, 2층 구조에 1,000여 명을 수용할 만한 큰 규모였다. 1909년 9월 7일 창립공연으로 〈춘향전〉을 공연하였는데, 춘향가 전 바탕을 세 부분으로 나누어 총 3일에 걸쳐 진행하였다고 한다. 공연의 내용은 앞과장과 뒷과장으로 나뉘어, 앞과장에는 다양한 기악 연주가, 그리고 뒷과장에는 창극을 공연하였다. 이때 참여한 이들은 한성태(이도령), 박동실(춘향), 박종원(춘향모), 박화섭(향단), 박재실(사또), 전일도(방자) 등이었다.

'양명사'에 이어 1912년에 창립된 '광주협률사'는 1911년 김채만이 사망한 이후, 김채만의 제자들이 스승의 유지에 따라 창립한 단체이다. 구성원 대부분은 당연히 김채만의 제자들로 이루어졌고, 이들은 광주천변의 가설무대에서 창립공연 〈춘향전〉을 올렸다. 이때 배역을 맡았던 이들은 박화섭(이도령), 한성태(춘향), 신용주(춘향모), 김월향(향단), 김정문(신관사또), 공창식(방자) 등이다. 이후 1921년 광주협률사에 박동실과 조몽실, 성원목이 합류하였다.

양명사와 광주협률사가 언제까지 활동을 이어갔는지, 창립공연 이외에 어떠한 활동들을 전개하였는지에 대해서는 밝혀진 것이 없다. 이에 대해서는 추후에 많은 연구와 고증이 이루어져야 할 것이다.

화랑창극단

'화랑창극단'은 1939년 박석기[13]를 대표로 하여 창단하였다. 단체의 태동은 1938년 여름으로, 화순군 동복면에 소재한 정각에서 박동실의 창 지도와 조상선의 연출로 오랜 기간 연습하여, 이듬해인 1939년 3월 광주극

---

11 광주에서 창극 단체를 조직한 데 대한 물의가 일어난 것은 퍽 이전이었으나 정식으로 조직된 것은 1909년이었다. 그전에 이미 서울을 왕래하던 사람들을 통하여 원각사라는 극장이 생기고 여기서 창극이란 것을 하고 있으며 장안에 여론이 분분하다는 소문이 들려왔다. 그러면 우리도 한번 해 볼 수 있지 않을까 하는 논의들이 광대들 사이에서, 또는 애호가들의 사람방들에서 자주 오고 가 하였으며 점차 일을 꾸밀 수 있는 데까지 이르렀다(이진원, 앞의 글, 317~318쪽.).

12 인원은 도합 40여 명으로 구성되었는데 율객의 비율이 높았다. 이것은 장단군들과 특히 〈앞 과장군〉이 많이 필요하였기 때문이었다(이진원, 「박동실의 "창극이 걸어온 길을 더듬어"」, 318쪽.).

13 박석기는 담양의 지실마을에서 판소리 명창들을 모아 판소리 전승에 기여하였던 인물이다.

자료 2 1939년 광주극장에서 공연된 춘향
전의 광한루장면 출처 : 박황, 『창극사연구』
122쪽에서 참조.(사진의 상태가 좋지는 않으나,
의상과 무대장치를 갖추었음을 알 수 있다.)

장에서 창립공연 〈춘향전〉을 무대에
올렸다. 자료 2는 당시의 공연 장면
으로, 이도령 역은 박후성, 방자 역은
한일섭, 후배사령 역은 조몽실이다.

1940년 화랑창극단은 서울로 상경
하여 제일극장에서 12월 24~31일, 8
일간 〈팔담춘몽〉과 〈봉덕사의 신종〉[14]
두 작품을 공연하였다. 당시 신문기사
에 따르면 이를 화랑창극단의 창립공
연이라고 기록하고 있으나, 실제 창립공연은 1939년 3월 광주극장에서의 〈춘
향전〉 공연이고, 이는 서울에 상경하여 이루어진 첫 공연이다.

자료 3 〈매일신보〉 1940년 12월 20일자 기사

唱劇團 『花郞』

第一劇場서 創立公演

　朝鮮固有의 音樂과 舞踊을 살리어써 眞實한 古典唱劇樹立을 目標로하는
唱劇團『花郞』이 結成되어 오는 二十四日부터 三十一日까지 第一劇場에서 ○
生公演을 가지게되엇다. 上演藝題는 朝鮮古譚歌舞劇 『八潭春夢』 三幕六場
과 新羅傳說의 唱劇 『奉德寺의神鐘』四幕七場이다. 李花中仙 金綠珠 金素姬

---

14 극 내용은 신라시대 봉덕사의 에밀레종을 만들 때 거기에 얽힌 슬픈 전승을 소재로 다룬 것으로, 창극단
　에서 역사물을 취급한 것은 화랑창극단이 처음이었다(박황, 『판소리이백년사』, 222쪽.).

氏도 贊助出演 더욱同劇團의 結成主要 멤버어는 다음과같다.

　企畫部에 朴珍氏 文藝部에 金光宇씨 舞踊은 韓成俊 演技部男子에 趙相鮮 朴東實 李起權外 女子에金如蘭 趙素玉 金順姬外 諸氏들이다.

－〈매일신보〉 1940년 12월 20일자 기사[15]

　화랑창극단의 태동은 화순과 광주 지역을 중심으로 하나, 서울에서도 공연활동을 전개하였으므로 다수의 신문자료를 찾아볼 수 있다. 아래 기사는 1941년 화랑창극단이 새롭게 정비하여 재출발하였다는 기사이고(자료 4), 1941년 1941년 11월 5~6일 양일간 동양극장에서 열렸던 "혁신제1회공연"(자료 5),[16] 1942년 3월 17일부터 19일까지 3간 부민관에서 공연한 기록(자료 6, 〈項羽와 虞美人〉)도 찾아볼 수 있다.

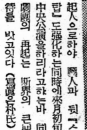

자료 4 〈매일신보〉 1941년 10월 22일자 기사

劇團 "花郎"

內容强化코再出發

　鄕土舞踊과 唱劇으로서基盤잇는 藝術家들로 組織된 劇團『花郎』은 一時 沈滯中에잇든바 最近이에 뜻을둔 분들의 손으로 內容을 强化擴充하야 再出發을 보게되엇다. 劇團『花郎』은 朴錫紀氏가 引繼하야 崔南善, 鄭魯湜, 李輔相, 徐珉鎬, 金良洙 五氏를 發起人으로하야 藝人과 뒷『스탑』도 强化하는 同時에 來月初旬 中央公演을하리라고하는바 同劇團의 再起는 斯界의 큰期待

15　한국언론진흥재단 홈페이지(https://www.kinds.or.kr/) 참조

16　이때 공연된 작품은 이서구 작의 창작 창극 〈망부석〉으로 추정된다(백현미, 『한국 창극사 연구』(서울: 태학사, 1997, 312쪽.).

를 밧고잇다(寫眞은 朴氏)

－〈매일신보〉1941년 10월 22일자 기사

자료 5 〈매일신보〉1941년 11월 1일자 기사

劇團花郎

五, 六日東劇公演

劇團 花郎은 朴錫紀氏가 引繼經營하게되어 崔南善 鄭魯湜 徐珉鎬氏等의 後援으로 內容을强化 陣容을整頓하야 이미地方公演을마치고 革新第一回公演을 오는五六兩日間 東洋劇場에서 幕을열기로되엇다. 劇團花郎에는 趙相鮮 金覽宇 林素香 金順姬 趙南紅等 南道歌謠에 優秀한 藝術家들로 組織되여 압흐로 唱劇發展에 이劇團의 役割이 클것으로 벌서부터 期待와人氣는 자못노퍼잇다. (寫眞은 本社來訪한 花郎一行)

－〈매일신보〉1941년 11월 1일자 기사

中國領事館後援 楚漢傳『項羽와 虞美人』

十七, 八, 九日 府民館公演

그간 ○○한 唱劇藝術을 ○皮○展하자는 意○로 名唱歌手로 組織된 劇團『花郎』은 오는 十七 八 九 三日間 府民館에서 『楚漢傳』을 主題로한 李雲方作『項羽와 虞美人』(五幕)을 全昌根氏演出로 上演하기로되엿는데 이企劃은 ○山商率○行部에서세워 一般에公○提供하기로하는한편 特히京城駐在 中華民國總領事館에서 後援을 마터보기로되여 이楚漢傳을 더욱 意○잇게 하게되엿다.

內容은 一千八百餘年前 ○○時代 楚漢의兩期看 項羽와 劉邦과사이에 버러진싸움 더구나 一代의美人 虞美을 가운데 두고 兩雄의 싸움은 더욱

○○○烈한 戰史를 남긴것이지만 이는 正○를爲하야싸운 지나의 첫記錄인 것으로 大東亞○○下 큰意○를가진 것이다. 이公演을압두고中華民國總領事 林○宇氏는 다음과가치말한다. 『각본을보고 고내용이 지금 이시국에 알맞는내용이엿스므로 후원을승락하엿다 이극을보면 한패왕과 초패왕의싸움은 시대는다르나 지금의대동아전쟁과비슷한 일면이잇으며 정의는어느때나 익인다는 것을 누구에게든지 잘늣끼게할줄로밋는다』

– 〈매일신보〉 1942년 3월 16일자 기사(자료 6)

1942년 화랑창극단은 조선성악연구회의 창극좌와 '조선창극단'을 결성함으로써,[17] 화랑창극단이라는 이름의 단체는 1942년 마무리된다. 화랑창극단의 진용은 다음과 같은데, 이들은 대부분 광주를 중심으로 활동하던 김채만 계보의 소리꾼들이다.

화랑창극단의 진용을 보면 창극좌에서 떨어져 나온 조상선, 한주환, 김여란, 김소희 등을 중심으로 박동실, 조몽실, 김막동, 공기남, 주광득, 한갑득, 박후성, 한승호, 한일섭, 임소춘, 박농주, 최명숙 등으로 구성되었다.[18]

광주성악연구회

광주성악연구회는 1945년 해방 직후 박동실, 오태석, 조몽실, 조상선, 성원목, 공기남 등이 모여 조직한 창극 단체로, 해방 이후 지방에서는 처음으로 조직된 창악인들 중심의 단체이다. 광주성악연구회의 구성원은 대개 김채만의 문도이거나 그들의 제자 및 광주를 비롯한 전라도 출신인 경우가

---

17 唱劇座, 花郞合同 朝鮮唱劇團. 지난 演劇, 演藝團體의 統制와 合同의 機關으로서 演劇文化協會가 생긴뒤 各演藝團體의 制限과統制가 되여오든중 이機會에應하야 지금까지 조선의聲樂人을 中心으로된 唱劇座와 花郞은 이번合同하야 朝鮮唱劇團을 結成하얏다 (〈매일신보〉 1942년 8월 28일)
　1940년 경무국은 창극단체를 연극협회에 소속시켜 이를 경무국이 관장, 감독함으로써 창극을 말살하고자 하였다. 1940년 4월에는 조선음악협회 내에 일본 노래를 주로 하는 방악부와 조선악부를 두고, 조선성악연구회 간부들을 경무국으로 불러 창악 기악인은 조선악부에 가입시키고, 창극단은 연극협회에 소속시켜 성악연구회를 해체하라고 강압하였다. 당시 활동하던 창극단도 제한하고, 단체의 수를 줄이도록 압력을 가하자, 화랑창극단과 창극좌 두 단체가 연합하여 '조선창극단'을 조직하게 되었다(박황, 『판소리이백년사』, 225~227쪽.).
18 박황, 『판소리이백년사』, 222쪽(인용문의 밑줄 친 이들이 김채만 계보의 소리꾼들).

광주 판소리 전통과 명창 박동실 223

대부분이다.

박동실(朴東實) 오태석(吳太石) 조몽실(曹夢實) 조상선(趙相鮮)
성원목(成元睦) 조동선(曹東善) 공대일(孔大一) 공기남(孔基南)
주광득(朱光得) 한영호(韓英鎬) 한갑득(韓甲得) 박후성(朴厚性)
한일섭(韓一燮) 한승호(韓昇鎬) 안채봉(安彩鳳) 한애순(韓愛順)
박농주(朴弄珠) 김경애(金敬愛) 공옥진(孔玉珍)

자료 7 1930년대 광주극장 출처 : 위경혜, 앞의 책, 27쪽
자료 8 2017년 광주극장 필자 직접 촬영

광주성악연구회의 창단 공연은 1945년[19] 10월 15일 광주극장[20]에서 공연
된 〈대흥보전〉[21]이다.[22] 창단 공연 〈대흥보전〉은 조상선이 연출하고 박황이

19 박황의 『창극사연구』 159쪽에는 1955년 10월 15일이라고 기록되어 있으나, 이는 오기이다.

20 전남의 담양과 화순 등지의 토지를 소유하였던 만석꾼이자 광주 지역의 경제 문화계의 유지인 최선진(崔
善鎭)이 자본금 30만 엔과 불입자본금 7만 5천 엔을 투자하여 1933년에 극장 설립을 신고, 1935년 10월
1일 개관한, 광주 최초의 민족자본에 의해 건립된 영화 상영관[위경혜, 『광주의 극장문화사』 (서울: 다지
리, 2005), 26쪽.].

21 송방송의 『한겨레음악대사전』 203쪽에는 〈대춘향전〉이라고 기록되어 있으나, 이는 1946년 1월 광주성악
연구회가 해체된 서울에서의 공연 〈대춘향전〉과 혼동한 듯하다.

22 박황의 『판소리이백년사』 271~272쪽에 의하면, 광주성악연구회는 1945년 10월 15일 광주극장에서 창단
공연 〈대흥보전〉을 공연하여 대성황을 이루었고, 2개월간 전남 지역에서 〈대흥보전〉 순회 공연을 했다
고 기록하고 있다. 그러나 광주성악연구회에 동참하였던 오태석과 박농주가 1945년 11월 22일과 23일
서울에서 조선창극단의 공연에 참여하였으며(〈중앙신문〉 1945년 11월 22일, 23일자 기사 참조), 박동실
과 조상선도 1945년 12월 중순경에 있을 서울 국악원의 가극 〈춘향전〉에서 각각 창악지도와 무용지도를
맡았다는 기사(〈중앙신문〉 1945년 11월 29일)에 의하면, 박황이 기록하고 있는 것과 같이 2개월의 순회
공연 및 연구회의 운영이 조직적이고 지속적으로 이루어지지는 않았던 것으로 보인다. 특히 구성원들 중

창작하였다고 하나,[23] 정확한 기록을 찾을 수 없다. 공연이 이루어진 광주극장은 1933년에 설립하고 1935년에 개관한, 광주 최초의 민족자본에 의해 건립된 영화 상영관으로, 입장 정원이 천이백 명에 달하는 매우 큰 규모였다.[24]

광주극장은 조선 영화를 주로 상영하였으나, 영화 이외의 공연을 위해 무대 양쪽에 넓은 배우 대기실과 분장실을 갖추고 있었으며, 건물 내부의 2층 양 측면에는 무대 공연에 필요한 조명기를 설치할 수 있는 공간이 마련되어 있어, 창극 공연 및 노래나 무용, 쇼, 코미디를 합친 악극도 자주 공연되었다.[25] 또한 해방 직후에는 정치적인 집회 공간으로도 활용되었다. 1945년 10월에는 광주·전남의 전통음악인들이 총망라하여 '해방기념 축하 대공연'을 기획하였는데, 이날 공연의 관객은 주로 일본에 의한 징용과 위안부 동원에서 살아 돌아온 이들로 채워졌으며, 행사의 마지막에 박동실이 작사·작곡한 「해방가」[26]가 불렸다.

광주성악연구회에 대한 당시의 기록은 현재까지 발견된 것으로는 1945년 12월 12일자 〈중앙신문〉 기사가 유일하다.

서울 및 중앙의 음악계에서 활발하게 활동하던 이들의 경우 단체 활동과 개인적인 활동을 병행하였던 것으로 생각된다.

23 송방송, 위의 책, 719쪽.

24 光州劇場落成 十月一日에 開館[광주] 조선 제一이라고 하는 광주극장(光州劇場)개관ㅡ 十月一일에 부(府)로 승격하는 광주시민의 시대적 요구에 의하야 본정(本町) 五정목에다가 대극장(大劇場)을 건축중이라고 함은 본지에 긔보하엿거니와 이제 준공케 되여 十月 一일에는 개관한다는데 전평이 四백평이며 공사비는 七만五천원으로서 조선제一의 대극장이라는 칭호를 받게 되엇다는데 입장정원은 一천二백명이라고 한다. … 후략(1935년 10월 1일자 〈동아일보〉)

25 위경혜, 위의 책, 28~29쪽.

26 「해방가」는 식민지 지배로부터 벗어나 해방을 맞이한 기쁨과 나라가 앞으로 발전할 것에 대한 소망을 담고 있다. 「해방가」는 가사만 전하고 음악이 전하지 않아, 음악적인 특징을 알 수는 없으나, 중모리장단과 중중모리장단을 사용하여 구성되고, 유절형식으로 되어 있되 각 절마다 다함께 부르는 합창 부분이 연결되는 점에서 민요풍의 음악이었을 것으로 추정해 볼 수 있다. 노랫말은 아래와 같다.
[중모리] 북으로 백두산 남으로 한라산 우리강토 삼천리에 무궁화 찬란하고 기름진 너른 땅에 황금물결이 일어난다 (합창) 얼씨구나 얼씨구나 좋구나 지화자자 좀도 좋네 …
[중중모리] 밝아왔네 밝아와 삼천리 강산이 밝아와 모두들 나와 손뼉을 치며 우리 국가 부르면서 할 일을 허면서 춤을 추거라 요런 경사가 또 있느냐 (합창) 얼씨구나 절씨구 얼씨구나 절씨구 얼씨구 절씨구 지화자 좋네 이런 경사가 또 있느냐 … 「해방가」의 노랫말은 김기형의 글 참조(「판소리 명창 박동실의 의식지향과 현대판소리사에 끼친 영향」, 『판소리연구』 제13집, 판소리학회, 2002, 18쪽.]

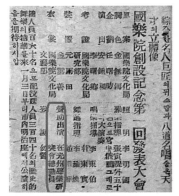

綜合한 名人巨匠의 뒤스답과 八道名

唱숨은天才의立體像

國樂院創設記念第一回發表大會

原案 國樂院文化局 脚色 金無何 企

劃 任曙昉 演出 安鍾和 李曙鄉 考證

國樂院文化局研究部 裝置 元雨田 金

雲善 衣裳 國樂院文化局文藝部 照明

李明國 雅樂指導 張寅湜外五十名으로

宮中儀禮그대로의 大演奏 唱樂指導

李東伯 朴東實 舞踊指導 李珠煥 趙相

鮮 贊助出演 在光州聲樂研究會總動員

자료 9 〈중앙신문〉 1945년 12월 12일자 기사

登場 勿警 總人員百六十名으로 配役延人員三百四十名의 歷史的舞樂의精

華를 來一月三日부터 市內明治座에서 公演하옴을 期待하시압

– 〈중앙신문〉 1945년 12월 12일자 기사

　이 기사는 1946년 1월 3일부터 공연될 국악원 창설 기념 제1회 발표회에 대한 기사로, 창악지도는 이동백과 박동실이 맡고 있고, 무용지도는 이주환과 조상선, 그리고 "찬조출연 在광주성악연구회총동원"이라고 되어 있다. 즉, 광주성악연구회에서 중추적인 역할을 맡고 있던 박동실과 조상선이 국악원 창설 기념 공연의 창악과 무용지도를 맡으면서, 광주성악연구회 회원들이 찬조출연의 형태로 함께하게 되었다는 것을 알 수 있다. 그러나 국악원 창설 공연[27]을 위해 광주성악연구회의 구성원들이 서울로 상경하게 되면서, 이들의 서울 진출과 함께 연구회는 해체되었다.

　한편 서울에서는 1946년 1월 창악·기악인을 망라한 「대춘향전」 공연을 기획하고, 각지의 창악인 전원의 상경을 권고 요청하였다. 이 때문에 광주성악연구회의 직속 창극단은 2개월의 순회공연을 마치고 단원 거의가 상경

27　國樂院서 春香傳公演 明春一月三日明治座에서 기보한바이어니와 고전음악단체 국악원(國樂院)에서 창설기념제일회발표로 ○고전악단을 망라하야 명춘一월三일부터 시내명치좌에서 『춘향전』을 공연한다.(〈중앙신문〉 1945년 12월 14일)

하는 바람에 자연히 해산되고 만 것이다. 이리하여 기성인, 중견, 신진할 것 없이 서울로 집결하였고, 그 수효는 창악인, 기악인을 합쳐 130여 명이 되었다. 이 사람들이 총동원된 대춘향전은 예정대로 당시의 국제극장에서 막을 올렸는데 서울 장안의 인심을 온통 들끓게 하는 대성황이었다.[28]

광주성악연구회는 1945년 10월 15일 창립공연을 하고, 이듬해인 1946년 1월에 해체된, 3~4개월 정도 존속되었던 단체이다. 그러나 매우 짧은 활동기간에도 불구하고, 해방 이후 서울이 아닌 지방에서 조직되었던 첫 단체라는 점에서 광주성악연구회가 갖는 의미는 결코 작지 않다. 남겨진 자료가 많지 않아 광주성악연구회에 대해 밝히는 과정이 쉽지는 않으나, 그간 20세기 전통 음악계의 근현대사 연구가 대부분 서울을 중심으로 이루어져 왔던 한계를 넘어서기 위해서라도 광주성악연구회에 대한 보다 심도 있는 연구가 이루어져야 할 것이다.

이상으로 살펴본 20세기 전반 광주 지역을 중심으로 한, 혹은 광주 출신 판소리 창자들이 중심이 된 단체들을 살펴보았다. 김창환협률사 – 양명사 – 광주협률사 – 화랑창극단 – 광주성악연구회로 이어지는 흐름을 살펴보면, 구성원들 대부분이 김채만의 문도이거나 그들의 제자들을 중심으로 하고 있음을 볼 수 있다.

20세기 전반 광주지역 창극 단체의 구성원

	김창환협률사	양명사	광주협률사	화랑창극단	광주 성악연구회
김채만 문도 및 그들의 제자들	김채만, 안영환 한성태, 박화섭 박종원, 김억순 전일도, 박종섭 신용주, 공창식	한성태, 박화섭 박종원, 김억순 전일도, 박동실	한성태, 박화섭 박종원, 김억순 전일도, 박종섭 신용주, 공창식 조몽실, 박동실 성원목, 성용태 안영환, 김정문	한갑득, 박후성 한승호, 조몽실 공기남, 박동실 김소희, 조상선 한일섭	한갑득, 박후성 한승호, 조몽실 공기남, 공대일 조동선, 박동실 조상선, 한애순 안채봉, 성원목 한일섭, 공옥진
김창환 문도	김창환, 김봉학 박지홍				

28 박황, 『판소리이백년사』, 272쪽.

기타	강용환, 유성준 김정길, 안영채 정학진	정학진, 박재실 손칠성, 박흥준		한주환, 김여란 김막동, 임소춘 최명숙, 신평일 김남우, 임소향 김순희, 조남홍 주광득, 박농주	주광득, 박농주 오태석, 한영호 김경애

그리고 양명사부터 광주성악연구회까지 지속적으로 참여하고 있는 '박동실'의 이름을 찾아볼 수 있다. 박동실은 김채만의 대표적인 제자의 한 사람으로, 20세기 중반 광주 지역 판소리 전승에 가장 큰 역할을 한 소리꾼이자, 해방 공간에서 「열사가」 등을 지어 부르며 민족의식을 고취시켰던 인물이다.

20세기 전반 광주의 대표 판소리 명창 박동실

이제, 20세기 전반 광주 지역 판소리 중심에 있었던 박동실로 들어가 보자.

박동실의 출생과 가계

박동실의 출생 연도 및 출생지에 대해서는 여러 이견들이 있으나, 1897년 9월 8일 담양군 금성면 대판리에서 출생하였다고 보는 것이 일반적이다.[29] 한편, 제적등본에 따르면 1923년 광주군 본촌면 용두리에서 담양 지역으로 전적하였다는 기록이 있어, 박동실의 출생지를 광주군 본촌면 용두리로 보기도 한다.[30]

그의 집안은 세습 음악가 집안으로, 전라남도의 유명 예인 가계와 통혼 관계를 맺고 있다. 모친이 서편제 명창 배희근의 딸이고, 박동실의 동생 영실은 화순 능주의 공창식 가계와 연결되어 있으며, 누이는 옥과의 한애순 집안과 연결되어 있다.[31]

---

29 박경화, 「창작판소리 박동실 명창의 안중근 의사가 연구」, 동국대학교 석사학위논문, 2011, 4쪽.

30 정병헌, 「박동실의 삶과 판소리 활동」, 「월북국악인연구」, 서울: 국립국악원, 2013, 34~35쪽.

31 정대하, 「세습무계의 통혼과 판소리 전승의 상관성: 광주소리를 중심으로」, 목포대학교 석사학위논문, 2006. 박경화, 위의 글, 8쪽.

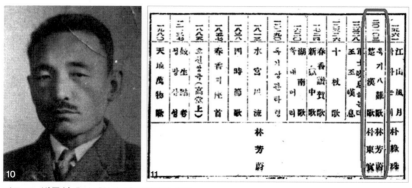

자료 10 박동실 출처 : 『한겨레음악대사전』 참조
자료 11 〈오케매월신보〉 1943년 2월 11일자 한국유성기음반 출처 : http://www.78archive.net/v2/

당시의 판소리 명창들 대부분이 그러하였듯, 박동실은 대대로 국악을 하던 집안에서 자라나며 자연스럽게 소리꾼의 길로 들어서게 되었다. 그는 부친 박장원과 외조부 배희근으로부터 집안의 소리를 이어받았으며, 배희근의 제자인 김재관을 통해 명창으로서의 자질을 갖추게 되었다. 그리고 10세 무렵 김채만에게 심청가와 적벽가 등의 소리를 배우면서 소리가 더욱 공고해지며 대표적인 서편제 창자로 거듭나게 되었다.

그의 소리 학습 내력을 살펴보면 동서편의 소리를 두루 아우르고 있음을 볼 수 있다. 박동실의 부친 박장원은 동편제 송우룡의 제자이고, 외조부 배희근과 김재관, 김채만은 서편제 명창이다. 즉, 박동실은 대표적인 서편제 창자로 설명되고 있으나, 그가 명창으로 성장하는 데 있어 근본 바탕이 되었던 부친의 소리는 동편 소리로, 동·서편을 아우르는 소리 내력은 박동실의 소리가 갖는 다양성과 자유로움을 설명해준다. 박동실의 제자 한애순 역시 그의 스승의 소리에 대해서 "동서편을 섞어서 소리를 했기 때문에 맛있다"고 증언한 바 있다.[32]

박동실의 소리는 현재 그가 남긴 단 두 면의 음반을 통해 확인할 수 있다. 그러나 이 중에서도 「흥보치부가」는 음원 상태가 좋지 않다.

---

32 이경엽, 「명창 박동실과 창작판소리」, 『남도민속연구』 제10집, 남도민속학회, 192쪽.

Okeh20103-A 단가 초한가 박동실 반주오케고악단
Okeh12227 흥보전 흥보치부가 박동실

이날치-김채만-박동실로 이어지는 서편제 심청가가 박동실의 제자 한애순에게 전해져 광주시 문화재로 지정받은 바 있고, 박동실-장월중선-정순임 등으로 이어지고 있기도 하나, 직접 박동실의 소리를 통해 들을 수 없다는 것이 안타깝다.

박동실의 「열사가」

박동실의 판소리로는 '이날치-김채만' 계보의 심청가가 '고제 서편'의 소리이자 동편제의 음악 특징까지 겸하고 있는, 오늘날 보존 및 전승의 가치가 매우 뛰어난 소리로 평가받고 있다. 그 외에도 박동실에 대해 언급할 때 빼놓을 수 없는 중요한 소리가 바로 「열사가」이다. 박동실이 작곡한 「열사가」는 창작판소리의 길을 연 선도적인 작품이자, 사회참여적인 작품으로서, 이후 많은 창작판소리가 양산될 수 있는 바탕이 되었다. 본 항에서는 그의 「열사가」를 통해 박동실의 의식 지향과 음악적 능력을 간단히 정리해 보겠다.

박동실의 창작판소리 대표작인 열사가는 「이준열사가」, 「안중근열사가」, 「윤봉길열사가」, 「유관순열사가」로 구성된다. 열사가의 작사에 대해서는 박동실이 지었다는 설[33]과 다른 사람이 작사한 것에 박동실이 작곡만 했다는 설[34]이 있다. 그러나 작사 여부를 떠나, 열사가와 같은 작품을 작곡하고 널리 보급한 그 자체로, 박동실이 자신의 소리를 통해 담아내고 표현하고자 했던 것이 무엇인지를 보여준다.

「열사가」는 일제에 항거한 영웅적 인물의 모습을 통해, 일제에 대한 비분강개를 표출함과 동시에 민족적 자존심을 회복하고자 한 작품으로, 대다수

---

33 김소희 명창 증언, 「판소리 인간문화재증언자료」, 「판소리연구」 제5집, 판소리학회, 1994. 김종철은 「열사가」가 박동실의 작품으로 구비 전승되어 왔다는 점, 사설이 세련되게 직조되고 다듬어지지 않았다는 점, 원천이 되는 자료를 바탕으로 판소리 작품이 창작된 선례들이 그 이전에도 많았다는 점을 들어, 「열사가」의 작사 또한 원천 자료를 바탕으로 박동실이 직접 사설을 직조하여 작곡하였을 가능성을 주장하였다.
34 정광수 명창 증언, 「판소리 인간문화재증언자료」, 「판소리연구」 제5집, 판소리학회, 1994

민족 구성원의 공통된 열망과 저항정신을 반영하고 있다.[35] 「이준열사가」,
「안중근열사가」, 「윤봉길열사가」의 서사는 그 앞과 뒤가 서로 연결되어 전
체적으로 하나의 큰 작품을 이루며 전체가 50분 정도 길이로 구성되어 있
고, 「유관순열사가」는 독립적으로 70분 정도 연행된다.

열사가의 내용과 구성

제목	내용	곡의 길이	장단구성
이준열사가	고종의 밀서를 받는 대목부터 순국하는 장면까지	20분	중모리, 중중모리 자진모리, 진양조
안중근열사가	이등박문 저격을 결심 이등박문이 죽는 장면 어머니의 면회 어머니의 통곡	12분	단중모리 엇모리 중중모리 진양조
윤봉길의사가	폭탄을 던지는 윤봉길의사의 의거	15분	자진모리, 중모리, 중중모리, 진양조, 휘모리
유관순열사가	유관순의 어린 시절부터 3·1운동과 옥에 갇히고 최후를 맞기까지 전 생애	1시간 10분	진양조, 단중모리, 느린중모리, 자진모리, 엇모리, 휘모리, 자진중중모리

이 중 「안중근열사가」를 대표적으로 살펴보도록 하겠다. 「안중근열사가」
는 네 편의 열사가 중 길이가 가장 짧지만, 그 구성을 살펴보면 박동실의
작창 능력이 응집되어 있음을 알 수 있다.

가장 첫 대목은 안중근에 대한 설명과 그가 이등박문 저격을 결심하는
대목으로, 계면조에 단중모리장단으로 부른다.

[단중모리] 그때여 안중근씨 황해도 출신으로 당년 31세 혈기왕성한 청
년이라. 국운이 불행허여 외적이 정권하니 간신이 득세로다 안중근씨 분한
마음 참아볼 수가 전혀 없어 노량으로 망명하야 해상위에 의거 할제, 그때
여 이등박문 하얼빈에 온다기로 옳타 내가 이놈을 죽여 나라 원수 갚고 침
략 정책 반대함을 세계에 알리리라. 동지수삼인과 하얼빈에 잠복하야 손을

---

35 김기형, 앞의 글, 17쪽.

꼽아 기다릴적 이때는 어느 땐고 육이삼년 시월이십육일 아침이라. 이등박
문 호기 있게 하얼빈역을 당도한다.

중모리장단은 판소리에 사용되는 장단 중 비교적 느린 템포의 장단으로
2소박 12박자 장단이다.

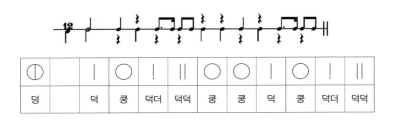

중모리장단은 느리게 부르면 춘향가 중 이별가와 같이 슬픈 느낌의 대목
에 사용될 수 있으나, 조금 빠른 템포로 부르면 또박또박 이야기를 서술해
나가는 기능을 한다. 안중근열사가의 첫 대목은 단중모리장단으로, 중모리
장단이되 속도가 너무 느리지 않게 부르는 것으로, 안중근열사에 대한 설
명과 그가 이등박문 저격을 결심하게 된 경위, 그리고 안중근의 하얼빈행
을 담담하게 서술한다.

다음 대목은 안중근이 이등박문을 저격하는 대목으로, 사설은 다음과
같다.

[엇모리] 뜻밖에 어떠한 사람이 권총을 손에 들고 번개같이 달려들어 기
세는 추상같고 심산맹호 성낸 듯 왜진 중을 헤치고 이등 앞으로 우루루루루
이등 전에 쾅 또다시 쾅 쾅 이등이 총을 맞고 섰던 자리 쓰러질적 흐르난 피
는 물결같이 땅으로 흐르고 사지만 벌벌 떤다. 감췄던 태극기를 번듯내여
휘두르며 나는 원수를 갚았다. 이천만 동포들을 쇠사슬에 얽혀 논 우리 원
수 이등방문 내손으로 죽였소 대한독립만세 우렁찬 큰소리로 하얼빈 역에
진동 삼천리 빛난 이름 세계로 흘러가고 흉적 이등은 혼비백산이라.

이 부분을 박동실은 엇모리장단으로 구성하였다.

엇모리장단은 위 악보에서 보는 바와 같이, 네 박자이되 각 박의 길이가 일정하지 않은, 절뚝거리는 네 박자이다. 첫 박과 세 번째 박의 길이는 ♪ 셋이 모인 ♩.의 길이를 갖고, 두 번째 박과 네 번째 박은 ♪ 둘이 모인 ♩의 길이를 갖는다. 판소리에 사용되는 장단 중 주된 장단인 진양조, 중모리, 중중모리, 자진모리장단이 각 박의 길이가 일정한 규칙적인 장단인 것에 비하여, 엇모리는 각 박의 길이가 일정하지 않은 불균등 박자이다. 때문에 엇모리는 비범한 인물의 등장이나 비범한 정경을 다룰 때에 사용하는 장단이다. 심청가 중 〈중타령〉과 〈수궁풍경〉, 수궁가 중 〈범 내려온다〉가 대표적으로 엇모리장단이 사용되는 대목이다. 엇모리장단을 사용하여 안중근이 이등박문을 저격하는 대목을 구성함으로써, 안중근을 비범하고 영웅적 인물로 그려내고자 한 박동실의 의도를 알 수 있다. 또한 템포를 매우 빠르게 몰아감으로써 급박하고 긴장감 있는 당시의 상황을 생생하게 묘사하였다.

다음 대목은 감옥에 갇힌 안중근과 어머니의 면회 장면이다.

[창조] 이리하야 그 이튿날 오전 10시에 어머님 면회가 드는데
[중모리] 쓸쓸한 면회장에 모자 서로 마주서서 몇몇 간수들은 좌우로 갈라서고 그때여 안의사는 모친을 바라보고 두 눈에 눈물이 방울방울 떨어지며 불효자식 중근이는 어머님 슬하를 떠납니다. 그 어머니 타는 가슴 어찌다 말하리요 마는 타는 가슴 진정허고 태연히 웃으시며 오 내 아들 장하도다 국민 의무를 지켰으니 늙은 어미 생각 말고 부디부디 잘 가거라 한 두말로 영별을 허니 어안이 벙벙 두 눈이 깜깜허고 설움이 복 받쳐 나오는디 나라를 위하여 죽는 아들을 부여잡고 적 있는 처소에서 울 수도 연이없고 억지로 눈물을 참노라고 눈만 번히 뜨고 말 못허고 서서 있다.

이 대목은 '창조'로 시작한다. '창조'란 판소리에서 소리와는 다르게 장단이 없이 부르는 것으로, 흔히 슬프거나 한탄하는 대목으로 들어서는 도입부에 절절함을 담아내는 데 효과적으로 쓰인다. 안중근열사의 어머니가 아들을 면회하고 나와서 주저앉아 울음을 우는 다음 대목 역시 '창조'로 소리를 이끌어 모친의 애끓는 절규를 보여준다.

> [창조] 그때여 안 의사 모친은 넋 잃은 사람 같이 우두머니 바라보시는디
> [진양조] 태연히 돌아서서 옥문 밖을 나갈적 어안이 벙벙 흉중이 꽉 차 오르고 하늘이 빙빙돌고 땅이 툭 꺼지난 듯 섰던 자리에 주저앉더니마는 아이고 이 자식아 너의 의혈은 장커니와 늙은 어미는 어쩌라고 너맘대로 하였느냐 너를 낳아서 기를 적에 특재 총명이 하늘로 떠오르기로 쥐면 끌까 불면 날까 금옥같이 길렀더니 오늘날 만리 타국에 와서 모자 영별이 웬일이냐 야이 흉칙한 왜놈들아 너희를 쫙쫙 찢어 사지를 갈라놔도 이 원수를 내가 언제다 갚을거나. 주먹을 쥐어서 가슴을 뚜다리며 복통 단장으로 울음을 운다.

그런가 하면, 어머니가 아들을 면회하는 장면은 중모리로, 면회 후에 울음을 우는 대목은 진양조로 소리하는데, 이 역시 어머니의 심경 변화를 잘 표현한다.

판소리에서 진양조장단은 가장 느린 템포의 장단으로 담담하게 부를 때는 점잖고 화평한 분위기를 묘사하지만, 계면조 선율과 결합하여 부를 때는 깊은 슬픔을 표현하기에 적절한 장단이다. 젊은 아들의 죽음을 앞두고 어미의 심경이야 어찌 이루 다 표현할 수 있을까. 박동실은 느린 템포의 진양조장단과 짙은 계면조를 통해 소리에서도 그 슬픔과 한을 충분히 묘사하고 있다. 반면, 어머니가 안중근을 면회하는 장면은 중모리장단으로 소리하는데, 이는 슬픔을 억누르고 아들에게 장하다 말하는 어머니의 결연한 의지의 표현이고, 애써 담담하고자 하는 슬픔과 비통의 절제이다.

박동실의 「열사가」는 항일의 정신을 담고 있는 내용적인 면도 훌륭하지만, 〈안중근열사가〉를 통해 살펴본 바와 같이, 음악적인 면에서도 극적 내용을 잘 표현하고 있고 구성과 짜임이 훌륭하다. 이에, 박동실의 열사가가 당대에, 그리고 후대까지 여러 창자들에 의해 불리고 전승될 수 있었던 것이다.

해방 공간에서 항일을 노래하고[36] 민족적 자긍심을 일깨웠던 「열사가」는, 판소리계에서 사회 운동과 발맞추어 창작된 최초의 작품이고, 유일한 작품이다.[37] 「열사가」는 창작판소리의 표본이 되어, 이후로 1969년과 1973년 박동진의 「판소리 예수전」과 「충무공 이순신전」이 나왔으며, 1980~1990년대 민중문화운동의 흐름 속에서 김지하의 담시를 판소리로 짜서 부른 임진택의 「똥바다」와 「오적」, 「소리내력」, 그리고 1990년 임진택 작사/작곡의 「오월광주」, 1993년 정철호 편작의 「그날이여 영원하라」 등이 나올 수 있었다.

판소리는 조선후기 신분계급의 문제나 양반 및 지배 권력에 대한 풍자를 담아 표출하였던 장르이다. 판소리 고유의 풍자와 해학, 그리고 그 안에 담긴 근본적인 저항정신이 박동실의 「열사가」를 계기로, 항일과 민주화라는 시대정신을 반영한 새로운 창작물로서 현시대의 음악으로 거듭나게 된 것이다.

박동실의 소리 전승

20세기 중반 전라도 지역에서 판소리 전승에 큰 역할을 담당하였던 이로는, 전북의 이기권과 전남의 박동실이 있다. 박동실의 소리 전승은 담양의 지실초당을 중심으로 이루어졌는데, 박동실이 이곳에서 소리를 전승할 수 있었던 것은 전적으로 박석기의 후원이 있었기에 가능하였다.

박석기는 전남 옥과 출신으로, 인근의 명창들을 불러 모아 소리를 부르

---

36 김종철은 「열사가」 내용의 바탕이 된 원천자료들을 근거로 할 때, 「이준, 안중근, 윤봉길 열사가」는 1946년 이후에, 「유관순열사가」는 1948년 이후에 창작된 것으로 보았다(김종철, 「해방공간의 항일투쟁 기념과 박동실의 '열사가'」, 「판소리연구」 제48집, 판소리학회, 2019, 284, 286쪽.). 그러나 박동실의 제자인 한승호와 김동준은 해방 이전에도 열사가를 몇 차례 몰래 들었다고 증언한 바 있다.

37 김종철, 위의 글 295쪽.

자료 12 1970년대 지실초당

게 한 후, 박동실을 소리선생으로 정하고, 지실초당[38]에서 판소리 전승에 힘쓸 수 있도록 하였다. 이에, 1930년대 후반 수많은 소리꾼들이 이곳에 집결하였다. 박동실의 제자로는 한애순이 대표적이고, 그 외에도 김소희·한승호·장월중선·박귀희·임유앵·임춘앵·오비연·전명옥·박명주·박후성·김녹주·안채봉·공기남·조상선·조해숙 등이 그에게서 소리를 배웠다.[39] 이 중 대표적인 흐름은 다음과 같다.

박동실의 소리 전승[40]

박동실 ─┬─ 김소희 : 「심청가」, 「수궁가」, 「적벽가」
      ├─ 장월중선 – 정순임 : 「심청가」
      ├─ 한승호 : 「춘향가」, 「흥보가」, 「심청가」, 「수궁가」
      └─ 한애순 : 「심청가」, 「수궁가」, 「흥보가」, 「적벽가」, 「춘향가」

　박동실이 전한 소리는 담양을 중심으로 전승되었기에 일명 '담양소리'라고도 하고, 담양/광주/나주/화순이 하나의 문화권을 형성하며 판소리 발전을 이루었고, 이들의 주요 활동지는 광주를 중심으로 하였기에 '광주소리'로 칭하기도 한다. 이 소리는 "음악적 짜임새와 엄정함이 돋보이고, 예술적

38　1970년대 지실초당 사진은 정옥경의 글 「담양 지실 박석기의 국악 학당 연구」, 『남도민속연구』 제37집, 남도민속학회, 2018, 121쪽에서 참조.

39　정병헌, 「명창 박동실의 선택과 판소리사적 의의」, 『한국민속학』 제36권, 한국민속학회, 2002, 218쪽. 김진영, 「박동실 명창의 삶과 예술」, 『인문학연구』 제7호, 8쪽. 『조선민족음악가사전(상)』, 길림: 연변대학출판사, 1998. 이진원, 「박동실 증언 "창극이 걸어온 길을 더듬어"를 통해본 창극의 초기 양상」, 『판소리연구』 제18집, 판소리학회, 2004, 172쪽에서 참조. 『남도민속연구』 제10집, 남도민속학회, 185쪽을 참고하였으나, 한애순이 배운 소리에 대해서는 심청가, 수궁가 두 바탕과, 춘향가와 적벽가 일부를 배웠다는 기록도 있다.

40　이경엽의 글, 「명창 박동실과 창작판소리」.

236 근현대 광주 사람들

완성도가 뛰어나"[41]며, "서편제가
추구한 예술적 완성도가 구체화"[42]
된 소리로, "서편제지만 동편제에
가까운 서편제의 시조본으로, 박자
놀음과 음악 구성이 뛰어난 소리"[43]
라는 평가를 받고 있다.

　　박동실에게서 한애순으로 이어
진 '이날치-김채만-박동실' 계보
의 심청가는 1974년 전남도무형문
화재 제1호 '남도판소리'로 지정되었고, 이후 광주시지정문화재 제1호로 이
관되었다.[44] 안타까운 것은 한애순 생전에 이수자 지정이 이루어지지 못함
으로써, 그의 사후 박동실제 심청가의 문화재 지정이 해제되었고, 이에 따
라 오늘날 박동실제 심청가의 전승이 미미하다는 점이다. 장월중선의 제자
이자 딸인 정순임 명창이 박동실제 심청가를 이었으나, 현재 경상북도 경
주를 중심으로 활동하고 있어, '광주소리'로서의 박동실제 심청가의 터전을
벗어나 있을 뿐 아니라, 최근 박록주제 홍보가로 '국가무형문화재 제5호 판
소리 예능보유자'가 되었다는 점에서 아쉬움이 있다. 그 외에 장월중선과
정순임의 제자인 이선숙, 김수미도 박동실제 심청가에 대한 깊은 애정을
갖고 소리를 보존하고 있다.

　　한편, 최근 담양에서 '박동실판소리보존회'가 결성되어 권하경이 보존회
장을 맡아 운영하며 제자를 양성하고 있다. 권하경은 담양 죽녹원 후문 쪽
정원에 복원된 '우송당'[45]에서 소리를 전승하고 있는데, 우송당은 한때 박동
실이 머물며 소리를 공연하였던 장소이다.[46] 복원된 우송당에서 매주 일반

41　이경엽, 위의 글, 185~186쪽.

42　이경엽, 위의 글, 186쪽.

43　권하경 증언(2021년 6월 25일 인터뷰)

44　한애순 참고 자료 : 이보형, 위의 책, 152~154쪽. 정대하, 앞의 글, 29~30쪽.

45　우송당은 1920년대 담양 담주리에 지어져 있었으나, 허물어질 위기에 있었던 것을 2004년 담양 죽녹
　　원 후문 쪽 정원에 복원하였고, 현재 '담양소리전수관'으로 기능하고 있다.

46　박동실의 판소리 활동과 우송당의 역할에 대해서는 지역 내에서 다양한 의견이 있다. 박동실이 이곳에
　　서 판소리 수련과 창작, 교육을 담당하였다고 주장하는 이들도 있고, 단순히 공연만을 행하였던 곳으로
　　평가하기도 한다.

인들을 대상으로 한 판소리 강습과 함께 전문 소리꾼들 역시 박동실 심청가를 학습하여 전승의 맥을 잇고 있으나, 그 수가 미미하여 현재 전승이 탄탄하게 이루어지고 있다고 보기는 어렵다.

나가는 말 : 오늘날 우리의 역할

담양의 가사문학관 한편에는 박동실을 기념하는 기념비가 세워져 있다. 이 기념비는 2002년 2월에 세워진 것으로, 기념비의 한쪽 면에는 다음과 같은 문구가 기록되어 그를 기리고 있다.

> 名唱 朴東實은 1897년 이곳에서 태어나 소리의 근원을 익혔고, 이를 우리에게 넘겨 주었다. 그 소리의 연원 또한 이곳의 천재적인 명창 李捺致로부터 비롯되었으니 그 예술의 태반은 오로지 담양의 대바람과 푸르른 들판에서 여문 것이다. 그는 또 이 고을이 충절의 고장임을 한순간도 잊지 않도록 많은 烈士歌를 지어 소리의 세계를 넓혀 주었다. 전쟁 속에서 그는 추운 북쪽으로 떠났고, 1968년 12월 영원히 우리의 곁을 떠났다. 담양의 바람과 햇살은 그로 인하여 더 넓은 세상으로 뻗어갔다. 북소리 호령소리 가득하던 이곳에서 그는 환히 뚫려가는 소리길을 다시 지켜볼 것이다.(이천이년 이월 이십일)
>
> — 명창박동실기념비

기념비가 남아 박동실을 기리고 있기는 하나, 그가 남긴 업적에 비하여 박동실을 기억하고 기념하기 위한 공간은 제대로 마련되어 있지 않다. 박동실이 머물며 제자들을 양성하였던 근거지인 담양 지실초당이 현재까지 보존되어 있고, 그곳을 중심으로 초당문화예술재단[47]이 최근 '박동실·박석기 기념 사업회'를 설립하여, 서편제의 맥과 창작판소리 「열사가」의 전승 터전으로서 지실초당의 역사 문화적 가치와 의미를 보존하고 전승하는 방

---

47 원장 정은주. 장월중선의 딸인 정순임이 그녀의 고모이다.(2021년 7월 26일 정은주 증언)

자료 14 담양 가사문학관 내 명창박동실기념비 필자 직접 촬영
자료 15 담양 가자문학관 내 지실초당 출처 : 〈무등일보〉신문기사 사진 참조(http://www.mdilbo.com/detail/EHdc4G/605989)

안을 추진해 나가고자 하는 노력[48]을 기울이고 있는 점에서 매우 다행스러운 일이 아닐 수 없다. 그러나 가장 중요한 것은 박동실의 소리를 어떻게 전승해 나갈 것이냐 하는 점이다. 박동실의 소리를 전승하고 있는 이들이 활발하게 공연 활동을 전개할 수 있도록 지원하고, 그들이 소리를 전승해 나갈 수 있는 기반을 마련해 주어야 한다. 또한, 학계에서 지속적으로 박동실에 대한 논의 및 연구의 축적이 이루어질 수 있도록 독려하고, 일반 대중들에게도 박동실에 대해 알리는 사업들이 진행되어야 할 것이다.

광주소리냐 담양소리냐의 구분 없이, 20세기 중반까지 하나의 문화권으로 존재하였던 것처럼 힘과 역량을 모으는 것이 필요하다. 1930년대 박석기가 그리하였던 것처럼, 후원자의 역할을 이제는 지역 사회가 담당해주어야 한다. 이는 우리의 관심으로부터 시작될 것이다.

---

48 〈무등일보〉 2020년 6월 16일자 기사(김혜진 기자) 참조.

09

광주무용의 대모 박금자의
예술세계와 광주발레

박선희 광주로얄발레단 대표, 송원대학교 초빙교수

광주시립무용단이 출범은 하였으나 제대로 갖춰진 연습장도 없었고 단원들의 급여도 교통비 수준에 불과했다. 연습은 간판도 없는 박금자발레단 연습실에서 이루어졌으며 어떠한 조건보다 춤을 출 수 있고 단체를 만든다는 의지로 앞만 보고 달리는 박금자 선생의 의지가 결국은 광주시립무용단이라는 단체를 탄생시키게 된 것이다. 그럼에도 불구하고 단원들의 사기는 대단히 높았고 모든 단원이 하나가 되어 기량 향상에 열중하며 연습이 이루어졌다. 한 장르에 국한하지 않고 공연을 할 수 있는 곳이면 어디든 찾아갔으며 어떠한 환경 속에서도 꿋꿋하게 무용단을 운영해 나가고 한 단계, 한 단계 올라가기 시작하자 환경도 조금씩 나아져가기 시작했다. 이렇게 어렵게 무용단을 운영해 가는 동안 그 안에 소속되었던 광주의 보석 같은 많은 무용인들, 지금 우리의 스승이자 선배로 계신 분들의 노고와 열정이 있었기에 지금의 시립발레단이 존재하는 것이라 여긴다.

광주무용의 대모 박금자의
예술세계와 광주발레

들어가며

박금자 선생님.

舞鄕 광주무용의 역사는 박금자 선생님 삶의 발자취와 함께한다.

60여 년을 광주와 함께, 무용과 함께 살아온 인생이다.

광주에서 무용인을 길러내기 위해 대학 무용과를 최초로 설립했고, 광주를 세계적인 발레 중심지로 가꾸겠다는 야심찬 꿈을 품고 시립 직업 무용단을 창단했다.

조선대학교 교수, 광주시립무용단장, 박금자발레단장, 조선대학교 체육대학 학장, 광주예총회장 등을 역임하며, 무용인 겸 교육자, 문화행정가로 폭넓은 활동을 했다.

그는 다양한 한국창작발레와 고전발레 재안무를 통해 광주를 무향의 도시 반열에 올렸으며, 광주발레를 대한민국을 넘어 세계에 알리고자 노력했다.

새로운 길을 개척해 나가는 일은 모든 분야에서 힘든 일일 것이다. 한국적 영혼이 담긴 발레 작품을 만들기 위해 누구도 가지 않은 길을 내며 남모르는 눈물도 많이 흘렸을 박금자 선생님! 그분의 삶은 우리 모든 예술가가 지표로 삼아야 할 길을 보여주고 있다.

더 늦지 않은 때에, 그분의 예술혼을 기려 여기 박금자의 예술세계를 남긴다.

수상

– 1981년 전남도문화상

– 1987년 대통령 표창

– 1992년 무등문화상(광주일보사)

– 1992년 무용한국사 무용대상

– 1994년 금호문화상(금호문화재단)

– 1999년 광주시민대상등 다수 수상

주요 심사 경력

– 러시아 국제 아라베스크 발레콩쿠르 심사위원

– 동아무용콩쿠르 심사위원

– 서울국제무용제 심사위원

– 전국무용제 심사위원

– 광주국제발레콩쿠르 심사위원장

– 대한민국체육상 심사위원

– 전국대학무용콩쿠르 심사위원장

– MBC무용콩쿠르 심사위원 등 다수 수상

그 외 활동

그 외 백조의 호수, 지젤, 파키타, 잠자는 숲속의 미녀, 돈키호테, 세레나데, 공기의 정, 발푸르기스의 밤 등 다수의 클래식 발레작품을 재안무 하였으며, 주요 창작작품으로는 심청전, 우수영의 원무, 춘향전, 직녀성의 향연, 회색의 공포, 장희빈, 사랑은 마술사, 징소리, 레퀴엠, 춘향 등이 있다. 한국적인 소재를 발레로 재탄생시키고자 많은 노력을 하였으며, 광주발레를 전국, 세계에 알리려 많은 작업에 도전하여 수많은 업적을 남기며 광주발레뿐 아니라 한국발레에 많은 공헌을 하였다.

본 내용은 〈광주무용의 대모 '박금자'의 예술세계와 광주발레〉라는 주제로 인물사 위주로 구성되어졌으며 필자의 경험 이전의 내용은 사)한국무용협회 광주광역시지회에서 발행한 『광주 근·현대 무용사』 저서를 참조하였으며 박금자 선생님과 함께 제자로 활동했던 당시를 다룬 내용을 바탕으로 박

금자 선생님의 업적을 재조명하고자 한다. 또한 광주발레를 위해 노력해주신 무용가들을 일일이 언급하지 못한 점을 양해바라며 이번을 계기로 광주 무용 발전에 이바지한 훌륭한 무용인들의 인물사가 재조명되기를 바란다.

발레의 역사

발레는 르네상스 시대에 이탈리아의 궁정연회에서 탄생하였다. 이탈리아어로 '춤추다(Ballare)'에서 진화한 프랑스어로 무도장에서 춤을 춘다는 의미로 '바로(Ballo)'에서 파생된 '발레티(Balleti)'가 발레(Ballet)로 되었다.[1]

그중에서 유명한 것은 1489년 이탈리아의 토르토나에서 베르곤치오 데 보타라는 부유한 예능 애호가 밀라노공(公) 갈레아초 스포르차와 그의 신부 이사벨라를 위한 결혼 축하연에서 상연된 〈이아론과 금의 양모(羊毛)〉라는 발레였다. 당시의 무언극과 가면극의 춤을 구성한 당스 피귀레라고 하는 기하학적인 형태로 무용수가 모여서 추는 춤, 일종의 사교댄스, 극적인 성격을 갖춘 무대무용인 브란디, 모리스카라는 즉흥적이고 그로테스크한 무대 무용 등 4가지 춤이 혼합하여 발레가 되었다.[2]

---

1   백의선, 『BALLET의 발달사』, 원광대학교출판국, 1994.

2   네이버 두산백과 '발레의 역사' 참조.(https://terms.naver.com/entry.naver?docId=1186071&cid=40942&categoryId=33126)

르네상스 시대에 많은 후원을 통해 이탈리아 문화발전에 크게 기여한 메디치 가문의 딸인 캐서린 드 메디치(Catherine de Medici)가 프랑스의 왕 앙리 2세와 결혼을 하면서 프랑스에 발레를 소개하였다. 오늘날의 발레형식을 만든 사람은 루이 14세로 발레를 체계적으로 발전시키기 위해 1661년 최초의 전문발레학교인 왕립 무용학교를 만들었다. 발레 기본동작이 정형화되면서 발레 용어는 불어로 통용되었다.[3] 이 시기에 전문무용수가 배출되고 공연을 할 수 있는 극장이 생겨나면서 대중을 위한 발레로 발전하기 시작한 셈인 것이다.

그 이후 19세기 중반 유럽의 발레 인기가 시들어지며 그 시대 최고의 무용수·지도자들이 러시아로 활동 반경을 옮겨가기 시작하면서 러시아의 발레가 꽃을 피우게 된다.

궁정발레는 16세기 말 프랑스에서 탄생하여 17세기 초(1610~1620년)에 매우 번창한 무대예술 중의 하나로, 대사·노래·무용이 결합한 것이다. 궁정발레는 그 시대에 현존하는 사람이나 왕족 탄생, 결혼, 조양 등과 같은 큰 행사들을 기념하여 관련된 군주나 왕자 등에 직접 초점을 맞춰 공연되었다. 최초 작품은 1581년 여러 사람에 의해 공동창작된 〈루아느와 발레 코미크(Ballet comique de la Royne)〉인데, 이 최초의 궁정발레는 공연자 모두 남성 아마추어로 구성됐다. 공연자들은 화려한 장식을 갖춘 의상에 가면을 착용하는 특징이 있었다. 1641년 이후부터는 일반인들을 위한 공개적 공연이 무대에 올려지기 시작됐다.

오페라 발레는 노래와 무용이 있는 장면들을 결합했지만, 무용의 경우 가수의 노래에 맞추어 하는 동작으로 어떤 순간을 나타내는 막간 연기에 불과해 표현력이나 극을 발전시키지는 못했다. 오페라 발레는 1661년 파리에 왕립무용학교(Academie Royale de Dance)를 설립했던 루이 14세가 1660년대 말 당시 발레의 무대를 극장으로 옮기려고 노력한 것에서 시작돼, 1681년 이탈리아인 쟝 밥티스트 륄리(Jean Baptiste Lully)에 의해 탄생하였다. 대표적인 작품에는 〈카드뮈스와 에르미온〉(1673), 〈알세스트(아르케스티스)〉(1674), 〈알시드의 승리〉(1674), 〈아르미드〉 등이 있다.

---

3   백의선, 『BALLET의 발달사』, 원광대학교출판국, 1994.

1830년대에 시작된 낭만발레는 예술에서 현실적인 것들을 쫓아내고 오로지 환상과 신비로움을 최고로 삼았다. 주로 평민들의 사랑 이야기를 배경으로 한 목가적·서정적인 성격을 가진 것으로 〈라 실피드〉와 〈지젤〉이 낭만주의 발레의 쌍벽을 이루는 대표작이다. 이탈리아 발레의 거장 필립포 탈리오니(Filippo Taglioni)가 그의 딸 마니 탈리오니를 위해 안무한 작품인 〈라 실피드〉는 발레의 낭만주의를 여는 역사적인 공연으로 파리 오페라에서 성공을 거두었다. 이 시기에 마리 탈리오니, 카를로타 그리시, 뤼씰 그랑 등 여성 무용수가 무대를 주도하게 되었으며, 이후 거의 1세기가 지나 루돌프 누레예프가 출현할 때까지 남성 무용수들은 여성 무용수를 보조하는 역할에 그치게 되었다.

　　특히 발끝을 완전히 세워 춤추는 동작인 '포인트 기법', 상체는 꼭 끼고 치마는 부풀어올라 무릎까지 내려오는 흰색 의상인 로맨틱 튀튀(Romanitic Tutu), 여성 무용수를 남자 무용수가 들어올리는 파드되(pas de deux), 가스 조명이 모두 이때 시작되었다. 한편, 1870년경 서유럽에서 낭만주의가 쇠퇴하면서 발레의 중심지는 프랑스 파리에서 러시아 상트페테르부르크로 옮겨가게 된다.

　　고전주의 발레는 춤과 함께 마임을 사용하여 스토리를 전개하였다. 그리고 교향곡의 서곡처럼 발레의 내용을 처음에 예고하듯이 꾸민 서곡(Prelude) 부분과 솔리스트(독무자)들이 줄거리와는 상관없이 다채로운 춤들을 많이 보여주는 디베르티스망(Divertissment), 남녀 주역 무용수들의 화려한 발레 기수를 보여주는 그랑 파드되(Grand Pas de Deux) 형식이 빠짐없이 들어갔다. 이는 낭만주의 발레가 쇠퇴한 이후 발레가 다시 주목을 받기 위해 볼거리 많은 극작 예술로 변형을 시도함에 따른 것이다.

　　고전주의 발레는 19세기 중반부터 후반까지 번성했는데, 특히 1877년 초연된 백조의 호수가 1895년 마린스키 극장의 예술감독이 된 마리우스 프티파(Marius Petipa)에 의해 지금과 같은 모습을 갖추게 되면서 고전발레의 대명사로 자리 잡게 되었다. 마리우스 프티파는 〈백조의 호수〉 이외에도 〈잠자는 숲속의 미녀〉, 〈돈키호테〉, 〈라 바야데르〉, 〈레이몬다〉 등 주옥같은 작품들을 남겼으며, 특히 「호두까기 인형」과 「백조의 호수」를 작곡한 차이코프스키는 고전발레 음악의 대표적 작곡가로 손꼽히게 되었다.

현대 발레는 20세기가 시작되면서 개발된 것으로 특별한 형식은 없으며, 발레뿐만 아니라 타 장르가 많이 결합되는 양상을 보인다. 발레 작품 안에 음악, 연극, 서커스, 민속무용 등 모근 예술을 결합시켜 보다 풍부한 볼거리가 담긴 작품들이 탄생한 시기다. 모리스 베자르, 이어리 킬리언, 마츠 에크가 이 시기 선구적인 안무가로 꼽힌다.[4]

박금자의 예술세계와 광주발레

광주 지역의 최초의 발레 공연은 1926년 동방극장에서 열린 일본인 무용가 이시이 바쿠(1890~1962) 공연으로 올려졌다.[5] 그 이후 1937년 광주극장에서 열린 최승희 공연(6·25사변~1950대 말)이 있었다. 최승희(崔承喜, 1911~1969)는 서구식 현대무용에 본격적으로 입문하고 현대무용의 기법으로 한국풍의 춤을 창작하여 공연으로 올린 최초의 인물이었다. 당시에는 신무용을 근대춤과 동일시 하였는데 자율적인 춤의 독자성을 바탕으로 한 신식 예술춤으로 이해되었다. 6·25사변 이후 1950년대 말까지 광주무용계를 이끈 사람은 이경자와 이복래, 정병호, 오희근 등으로 이 시기는 한국무용, 현대무용, 발레 등의 장르 구분이 없이 신무용이라는 이름으로 현대무용과 발레가 혼용되었던 시기였다.[6]

이들에 이어 광주에 현대무용의 신무용 기법과 다양한 춤의 기능을 전수시킨 사람이 박금자이다. 그는 학강초등학교 교사로 재직하면서 개인 연구소를 설립하여, 발레와 창작무용을 학생들에게 지도하였으며 광주 동방극장에서 발레와 함께 현대창작무용 〈투쟁〉, 〈Ball〉 등의 작품에서 본인이 직접 주역으로 출연하여 춤을 추며 다양한 작품활동을 하였다.

1960년대에는 호남예술제 무용 부문이 만들어지면서 도약의 계기가 마련되었다. 전남일보(현 광주일보)가 주최하는 호남예술제에 중·고등부가

---

4 역사에 따른 발레의 종류에 대한 설명은 네이버 시사상식사전 '발레의 역사적 분류'를 참조함. (https://terms.naver.com/entry.naver?docId=68356&cid=43667&categoryId=43667)

5 (사)한국무용협회 광주광역시지회, 『광주 근·현대 무용사』, 전일출판사, 2013.

6 위의 책.

1 1960년 호남예술제 경연 2 1965년 신설. 호남예술제 무용부 초등부문 경연

신설된 데 이어 5년 뒤인 1965년 초등부가 신설됨으로써 무용발전의 도화선이 되었다. 호남예술제에 무용 부문이 신설됨으로써 지역 무용계에 건전한 경쟁 심리를 유발해 무용연구소나 무용학원들이 잇따라 개설되기에 이르렀다.[7] 그 당시 호남예술제는 광주 최고의 무용경연대회였으며 대회 준비를 하기 위해 무용교사가 재직해 있는 학교들은 거의 경연에 참여하고자 열띤 준비를 하기도 하였다. 그런 과정에서 많은 무용교사들이 학교에서 학생들에게 무용을 직접 지도하고 작품을 준비해서 출전하는 경우도 많았으며 무용연구소를 통해 체계적으로 준비하기도 하였다. 현재까지 호남지역 최대의 종합예술제인 호남예술제는 무용 부문뿐만 아니라 다양한 분야의 장르가 만들어져 많은 학생들에게 동기부여와 함께 문화예술에 도전하고 경험하게 하는 경연대회로 오랜 역사 속에서 광주 지역 문화예술인 양성의 등용문 역할을 해오고 있다.

이 시기(1960년)에 무용가 박금자가 계림동에 이원무용연구소를 개설하고, 발레 중심의 신무용 종합학원을 운영하면서 무용인들을 양성하기 시작했다. 이원무용연구소는 1968년 중앙무용학원으로 이름을 바꾸고 본격적으로 발레와 창작무용을 지도하였으며 연구소 수강생들을 중심으로 박금자무용단을 창단하여 창작 활동과 공연 활동을 이어갔다. 또한 많은 인재들을 지도, 육성하여 광주 지역의 인재들을 중앙으로 진출시키기도 하였으며 다양한 활동을 이어나갔다.

무용연구소의 활발한 활동으로 하나둘 신설무용학원이 생겨나기 시작하

---

7   위의 책.

광주무용의 대모 박금자의 예술세계와 광주발레 249

조선대학교 무용과 발레실에서 지도 중인 박금자 교수

여 1970년대 초 김경무용학원, 김정란무용학원이 생겼고, 1972년 엄영자
무용학원이 개원해 국내 무용학원 가운데 가장 많은 무용인을 배출하였다.
1975년 서라벌무용학원, 1980년 국제무용학원, 전남발레학원, 1982년 이
상준무용학원 등 많은 무용학원들이 생겨나며 광주의 무용을 이끌 수 있는
기초교육의 장이 되었던 무용학원들의 활발한 활동을 바탕으로 오랜 세월
이 지난 지금까지 광주 무용교육이 학원교육으로 연결되어지고 있는 게 아
닌가 한다.

　그 이후 1963년 전남무용협회(회장 오희근)가 결성되었으나 활동한 흔
적을 거의 찾아볼 수 없었으며 1970년대 새롭게 전남무용협회가 결성되었
다. 1986년 광주시가 전라남도로부터 분리, 독립해 광주직할시로 승격되
면서 광주지회가 동등한 자격으로 분리되었다.[8] 무용협회전남지회는 광주
직할시지회가 분리되면서 광주를 제외한 지역의 회원을 영입하여 활동을
계속해 나갔다. 1986년 한국무용협회 광주지부가 따로 인준을 받기 전까지
는 전남무용협회의 역사와 동일하다고 할 수 있다. 한국무용협회 광주지부
는 광주시장배 전국학생무용경연대회, 전국무용제예선대회, 영호남춤페스

8　위의 책.

티벌, 송년우수작품공연, 무등신인안무가전, 빛고을청소년춤축제 등을 개최해 활동을 해오고 있다. 특히 전국무용제는 광주가 전국에서 대통령상을 가장 많이 수상한 저력 있는 지역으로, 한국의 무향으로 자리매김하는 데 크게 기여하였다.

전남무용협회 창설(1971), 조선대학교 무용과 개설(1972), 광주시립무용단 창단(1976) 등 이 시기는 광주무용사에서 매우 중요한 위치를 차지한다. 조선대학교 무용과는 우리나라에서 4년제 대학으로서는 이화여대 다음으로 무용과가 설립되었으며 지방에서는 최초의 무용과 설립이 되었다.

1976년 창단된 광주시립무용단은 국내 시립예술단 가운데 유일한 무용단으로 특히 한국적인 창작발레를 제작해 국내 무용계에 창작발레의 새바람을 일으켰다. 광주시립무용단의 창단은 당시 조선대학교 박금자 무용과장이 전석홍 광주시장에게 건의한 상태에서 박금자무용단이 '광주시민의 날'을 '광주시립무용단 창단공연'으로 규정하고 무대에 올림으로써 햇빛을 보게 되었다. 광주시립무용단은 부산시립무용단에 이어 두 번째로 창단된 시립무용단이자 지방 유일의 공립발레단으로 한국 발레사에 크게 기록될 만한 일로 평가할 수 있다.

1977년 1월 1일, 광주시립무용단이 발레단 성격의 공립무용단으로 정식 출범하였다. 박금자를 안무자로 하여 한국무용, 현대무용까지도 지도할 수 있는 훈련장으로 구성하여 광주시립무용단은 지방도시 무용단이라는 형편상, 한국무용과 현대무용까지도 공연할 수 있는 단체로 창단되었다. 창단 공연으로 클래식발레 〈백조의 호수〉 중 2막과 함께 한국무용 작품 〈가을의 향연〉, 현대무용 작품 〈상실된 언어〉 등을 무대에 올렸다. 그 당시 광주에서 클래식 발레인 〈백조의 호수〉를 볼 수 있는 기회가 어려웠고 관객들의 수준도 낮았던 시기에 클래식 발레를 광주 시민들에게 선보이고자 하는 도전과 노력이 관객들의 수준을 한 단계 끌어올리고 무용에 눈뜨게 하는 계기가 되었다.[9]

하지만 광주시립무용단이 출범은 하였으나 제대로 갖춰진 연습장도 없었고 단원들의 급여도 교통비 수준에 불과했다. 연습은 간판도 없는 박금

---

9   위의 책.

1 1976년 광주시립무용단 창단 기념 〈백조의 호수〉 공연 2, 3 한국창작발레 〈심청전〉 3막 중

자발레단 연습실에서 이루어졌으며 어떠한 조건보다 춤을 출 수 있고 단체를 만든다는 의지로 앞만 보고 달리는 박금자 선생의 의지가 결국은 광주시립무용단이라는 단체를 탄생시키게 된 것이다. 그럼에도 불구하고 단원들의 사기는 대단히 높았고 모든 단원이 하나가 되어 기량 향상에 열중하며 연습이 이루어졌다. 한 장르에 국한하지 않고 공연을 할 수 있는 곳이면 어디든 찾아갔으며 어떠한 환경 속에서도 꿋꿋하게 무용단을 운영해 나가고 한 단계, 한 단계 올라가기 시작하자 환경도 조금씩 나아져가기 시작했다.

이렇게 어렵게 무용단을 운영해 가는 동안 그 안에 소속되었던 광주의 보석 같은 많은 무용인들, 지금 우리의 스승이자 선배로 계신 분들의 노고와 열정이 있었기에 지금의 시립발레단이 존재하는 것이라 여긴다. 그분들이 광주를 지키지 않고 떠났다면 과연 광주에서 춤을 추며 공연을 할 수 있는 무대가 있었을지…. 시작은 미약하였으나 끝은 창대하리라는 말처럼 시작은 미약했던 광주시립무용단이 전국 유일한 광주시립발레단으로 명성을 얻을 수 있었던 것은 박금자 선생의 포기를 모르는 열정과 강단 있는 결정들이 만들어 낸 결과라 생각한다.

창단 무렵 공연장은 광주 시민들의 행사장으로 사용하던 광주시민회관

밖에 없었는데, 객석도 715석에 불과한데다 무대나 조명 등이 열악하기에 이를 데가 없었다. 발레를 해야 하는 상황인데도 댄스플로어나 분장실 등 여건이 좋지 않은 상황에서 포인트 슈즈를 신고 발레공연을 했다.

그 이후 1970년대 말 준공된 남도예술회관은 광주시립무용단의 공연활동이 한 단계 도약하는 데 큰 도움이 되었다. 대형작품을 무대에 올리기에는 역부족이었으나 무용인들의 건의가 상당 부분 받아들여져 조명, 객석, 분위기 등에서 시민회관보다 훨씬 좋은 여건이 갖춰졌다. 광주시립무용단은 이곳에서 특별공연으로 프티파(Marius Petipa) 안무와 차이코프스키(Tchaikovsky) 작곡의 3대 발레작품 중 하나인 고전발레 작품 〈잠자는 숲속의 미녀〉를 무대에 올렸다. 광주 시민들이 고전발레 전막을 최초로 관람한 일이었다.

또 1990년에는 〈돈키호테〉(박금자 재구성) 전막을 한국 최초로 광주, 대전, 대구, 서울에서 공연했으며, 광주발레의 강세를 전국에 알리는 데 큰 역할을 하였다. 1991년 광주문화예술회관이 세워지면서 광주시립무용단은 새로운 날개를 달게 되었다. 개관기념작으로 클래식 발레의 대표적인 작품인 프티파(Marius Petipa) 안무의 〈백조의 호수〉(전막)를 무대에 올렸다.[10] 광주문화예술회관이 만들어지는 동안 박금자 선생님이 희망과 꿈에 부푼 어린아이처럼 큰 무대에 무용수를 세우고 좋은 작품을 무대에 올릴 수 있다는 생각에 한없이 들떠계셨던 모습이 눈에 선하다. 문화예술회관이 개관된 후 많은 작품을 올렸으며 무용수들의 기량과 환경들도 대폭 개선이 되어 전국에서 오디션을 보러 오는 무용수들이 늘어나기 시작했다. 또한 재미 시카고 영·호남 향우회 초청으로 〈심청전〉(전막)을 공연하여 뜨거운 갈채와 함께 광주시립무용단은 시카고 명예 시민증을 받기도 했다.

박금자 단장 시절의 가장 큰 업적은 한국창작발레를 크게 활성화시킨 점이다. 이 지역 소설가 문순태 원작의 『징소리』를 시작으로 〈심청전〉, 〈우수영의 원무〉, 〈춘향〉, 〈장희빈〉 등 우리의 역사와 소설을 테마로 한 발레를 창작, 안무함으로써 서양의 춤을 우리의 예술로 발전시키는 데 크게 기여했다. 뿐만 아니라 〈백조의 호수〉, 〈지젤〉, 〈잠자는 숲속의 미녀〉, 〈돈키

10　위의 책.

1 제1회 광주국제발레페스티벌에 참여한 일본 타니모모코 발레단
2 제1회 광주국제발레페스티벌에 참여한 러시아 볼쇼이 발레단
3 1994년 국제발레페스티발 포스터

호테〉, 〈레퀴엠〉 등 고전발레나 클래식 발레도 끊임없이 무대에 올림으로
써 무용평론가들로부터 무용수뿐만 아니라 관객들의 수준이 높다는 평가
를 받기도 했다.[11] 광주시립무용단은 1976년 창단된 이후 2017년 '광주시립
발레단'으로 개명되었으며 올해 45년이 되는 국내 유일의 시립발레단이다.
지금까지 광주시립발레단은 박금자, 박경숙, 이영애, 김유미, 신순주, 최태
지 예술감독으로 이어지며 역사 있는 발레단으로서 자리매김하고 있다.

또한 광주문화예술회관에서 다양한 레파토리로 광주 시민들에게 발레
작품을 선보이며 무향의 도시로 활발하게 활동하면서 광주발레를 세계로
알리고자 무용 관련 국제행사를 개최, 광주무용아카데미와 광주시가 공동
주최한 광주국제발레페스티벌과 광주국제발레콩쿠르 그리고 광주국제공
연예술제 등의 행사를 진행하였다.

1994년 '광주국제발레페스티벌'과 1995년 '광주국제발레콩쿠르'는 서울

---

11 위의 책.

중심의 기존 문화적 풍토를 뒤엎은 광주발레의 문화혁명이 되었으며, 그것은 광주발레의 쾌거로써 광주 시민들에게 큰 자부심을 선사하게 되었다.

광주국제발레페스티벌은 1994년 8월 8~17일 광주문화예술회관 대극장에서 열렸다. 공연, 워크숍, 심포지엄 등으로 구성된 이 페스티벌은 광주무용아카데미와 광주시가 공동 주최했으며, 참가 단체는 국외 5개, 국내 12개 등 17개 팀의 갈라콘서트 형식으로 진행됐다.

'세계의 발레를 광주로, 광주의 발레를 세계로'라는 표어를 내건 광주국제발레페스티벌은 한국 역사상 최초로 광주에서 열려 전국적인 관심을 모았다. 광주시립무용단은 이 페스티벌에 〈레퀴엠〉과 함께 〈돈키호테〉 그랑파드되로 참여하였다.

이듬해 광주국제발레페스티벌 성공을 발판으로 '제1회 광주국제발레콩쿠르'를 개최한 바 있다. 광주시립무용단은 한국창작무용 작품인 〈원수영의 원무〉(전막)를 무대에 올려 세계적인 발레 지도자들로부터 박수를 받았다. 한국적 소재의 의상과 강강수월래를 발레로 새롭게 안무화 하였으며 사실적인 전쟁 장면과 거북선의 등장 등, 클래식 발레와 다른 색다른 아름다움을 자아냈다는 평을 받기도 하였다.

광주국제발레콩쿠르는 1995년 7월 24일부터 30일까지 광주문화예술회관에서 열렸다. 한국을 비롯한 13개국의 66개 팀이 참가하였고, 15~27세로 나이 제한을 두어 남녀솔로(청소년부, 청년부)와 2인무 분야로 나누어 예선, 준결승, 결승 등으로 치러지며 준결승과 결승에서 그랑프리를 받은 팀에는 1만 달러의 상금을 내걸었다. 각 팀의 금상에게는 3천 달러의 상금도 주어졌다.[12]

콩쿠르 심사위원으로는 러시아 볼쇼이발레단의 바체슬라브 고르데예프 단장, 볼쇼이발레학교의 소피아 고로프키나 교장, 독일 슈트르가트르 발레단의 리차드 크레이건 예술감독, 덴마크 로얄 대니쉬발레단의 프랭크 앤더슨 전 예술감독, 미국 샌프란시스코 뮈미발레단의 마이클뮤므 단장, 아메리칸발레시어터의 로스 스트레튼 예술감독, 중국 센트럴발레단의 쟈오 루형 예술감독, 일본 마츠야미발레단의 요코 모리시다 프리마 발레리나, 그

12 위의 책.

한국창작발레 〈우수영의 원무〉

리고 유니버셜 발레단의 예술감독을 지낸 로이 토비아스, 미국 페리 댄스
이갈 페리 예술감독, 한국발레협회의 임성남 회장, 광주시립무용단의 박금
자 단장 등으로 세계 최정상급 심사위원으로 구성되었다.

축하공연으로는 광주시립무용단이 25일 오후 7시 30분 광주문화예술회
관 대극장에서 이순신 장군의 일대기를 발레로 그린 〈우수영의 원무〉(안무
박금자)를, 30일 오후 7시 같은 공연장에서 러시아 국립발레단과 콩쿠르
수상자들이 갈라콘서트를 열었다.

또 24일부터 30일까지 광주문화예술회관 소극장과 광주시립교향악단
및 광주시립무용단의 연습장에서는 미국 페리 댄스앙상블의 이갈 페리 예
술감독, 러시아 국립발레단의 올가 코헨쵸크 발레마스터 등과 콩쿠르 심사
위원을 주축으로 한 강사들이 발레워크숍도 열었다.

30일 폐막된 광주국제발레콩쿠르에는 러시아의 이아나 카잔체바(25)와
안드레이 리아보프(27)가 그랑프리 없이 청년부 2인무 1위를 차지했다. 청
년부 독무 남녀 1위는 카자흐스탄의 안보니우스 보거프(20)와 러시아의 타
티아나 구리아노바(27), 청년부 남자 부문은 1, 2위를 내지 못했으나 여자

부문 1위는 제일동포 3세로 독일 함부르크 발레학교에 입학 예정인 강화해 (18)가 수상했다. 각 부문 금상 수상자에게는 3천 달러의 상금이 주어졌다.

1997년 제2회 광주국제발레페스티벌은 9월 1일부터 11월 27일까지 광주비엔날레 기간과 맞물려 광주문화예술회관에서 진행되었다. 국내외 60여 개 발레단이 참가해 실력을 겨뤘으며, 광주국제발레페스티벌은 1994년과 1997년, 2000년 등 세 차례에 걸쳐 펼쳐졌고, 광주국제발레콩쿠르는 1995년에 한 차례 개최되고 막을 내려 많은 아쉬움을 샀다.

또 다른 무용 관련 국제행사로서 2006년부터 시작된 광주국제공연예술제(집행위원장 박금자)는 국제미술행사인 광주비엔날레에 버금가는 국제공연행사로 기획되었으며, 그 후속 행사로 2011년부터 열린 '페스티벌 오! 광주-브랜드공연축제' 등이 이어졌다.

이렇게 광주발레가 국제행사를 치를 만큼 성장해온 기본 바탕은 열악한

1 광주국제발레콩쿠르 심사장면(1995) 2 광주국제발레콩쿠르 심사위원

1 1997년 광주국제발레페스티발 포스터
2, 3 1997년 광주국제발레페스티벌 커튼콜

환경 속에서 열정을 가지고 지켜온 그 시대의 지도자 무용수들이 바로 우리의 선생님이자 선배가 되는 분들이며, 그분들이 있었기 때문에 현재의 국·공립 발레단이 존재하는 것이 아닌가 한다. 누군가 희생을 했던 자리에 싹이 트고 나무가 자라 꽃을 피우는 것처럼 현재 광주발레가 이만큼 성장해온 결과물이라 생각된다.

광주의 무용인을 양성하는 첫 시작이 무용학원에서부터 발전되어온 것처럼 현재 광주발레의 전문교육은 대부분 학원에서 이루어지고 있으며, 전문교육기관으로는 광주예술고등학교와 대학 무용과에서 무용교육이 이루어지고 있다.

광주 동부교육지원청과 서부교육지원청 자료에 나타난 무용학원 등록현황에 따르면 1970년대에는 3개, 1980년도 20개, 1990년 24개, 2000년대 이후 78개 이상의 학원이 문을 열었다.

한때 무용 인구가 감소하여 미래를 예측하기가 어려운 시기가 있었으나 현재는 다양한 콘텐츠 개발과 보급으로 전문적인 무용인 양성뿐만 아니라 일반인을 대상으로 하는 프로그램이 늘어남에 따라 무용인구가 점차 늘어나고 있는 상황이다.

　문화의 도시, 무향의 도시에 맞는 문화예술인 양성 및 지역인재 육성에 아낌없는 지원이 이루어지길 바라며, 박금자 선생님이 광주발레를 위해 어렵게 걸어오신 길을 위해, 필자도 제자이자 광주 무용인의 한 사람으로서 부족하지만 최선을 다해 노력해 보고자 한다.

근대 도시 광주의 첫 시인, 김태오의 삶과 문학

이동순 조선대학교 자유전공학부 교수

근대 도시 광주의 첫 시인은 김태오다. 그동안 박용철과 김현승을 광주 문학의 앞자리에 호명하였던 것은 김태오가 1920년대부터 1930년대 초반까지 광주에서 활동하다가 1933년에 동요집 『설강동요집』을 낸 뒤에 서울로 생활의 터전을 옮겼고, 1939년 시집 『초원』을 냈으나 1940년대에는 초반에 발표한 몇 편의 작품을 끝으로 작품 활동을 거의 하지 않기 때문이다. 김태오의 문학은 소년운동과 동요운동의 맥락 속에 있다. 소년운동과 동요운동이 따로 전개된 것 같지만 사실은 하나이면서 둘이었다. 청년운동이 소년운동을 낳았고, 소년운동이 어린이를 주체로 호명하였고 그것이 동요운동을 불러일으켰기 때문이다. 따라서 김태오의 문학적 활동 속에 있었던 소년운동과 동요운동의 궤적을 따라갈 필요가 있다.

근대 도시 광주의 첫 시인, 김태오의 삶과 문학

어린이의 탄생과 소년운동

근대 도시 광주의 첫 시인은 김태오다. 그동안 박용철과 김현승을 광주 문학의 앞자리에 호명하였던 것은 김태오가 1920년대부터 1930년대 초반까지 광주에서 활동하다가 1933년에 동요집 『설강동요집』을 낸 뒤에 서울로 생활의 터전을 옮겼고, 1939년 시집 『초원』을 냈으나 1940년대에는 초반에 발표한 몇 편의 작품을 끝으로 작품 활동을 거의 하지 않았기 때문이다. 김태오의 문학은 소년운동과 동요운동의 맥락 속에 있다. 소년운동과 동요운동이 따로 전개된 것 같지만 사실은 하나이면서 둘이었다. 청년운동이 소년운동을 낳았고, 소년운동이 어린이를 주체로 호명하였으며 자연스럽게 동요운동을 일으켰다. 따라서 김태오의 문학적 활동 속에 있었던 소년운동과 동요운동의 궤적을 따라갈 필요가 있다.

천도교는 '어린이'의 발견에 큰 영향을 주었다. 수운 최제우가 일으킨 종교인 천도교의 핵심교리서는 『동경대전』이다. 일제강점기에 인내천 사상을 바탕으로 한 천도교에는 민족운동 지도자들이 대거 포진하고 있었고 잡지 『개벽』을 창간하여 민족 계몽운동을 주도하였다. 천도교는 산하에 여러 단체를 두고 있었는데 천도교 청년회도 그중 하나였다. 천도교청년회는 산하에 천도교소년회를 두고 소년들을 위한 운동을 시작했다. 천도교소년회는 방정환이 이끌었다. 방정환은 1920년 8월 『개벽』에 「어린이노래」를 발표, '어린이'라는 존재를 호출하였다. 그리고 1922년 5월 1일 천도교소년회 주체 어린이날을 개최하기까지 했다. 그날 "어린 사람을 빈말로 속이지 말아주십시오. 어린 사람을 늘 가까이하시고 자주 이야기해주십시오. 어린 사람에게 경어를 쓰시되 늘 부드럽게 해주십시오. 어린 사람에게 수면과 운동을 충분히 하게 하여 주십시오. 이발이나 목욕 같은 것을 때맞춰 하도록 하여 주십시오. 나쁜 구경을 시키지 마시고 동물원에 자주 보내주십시오. 장가와 시집 보낼 생각 마시고 사람답게만 하여 주십시오."라는 「선언문」을 발표했다. 방정환은 소년운동을 어린이 인권운동이자 문화운동으로 확대해 나갔다.

방정환은 일본 유학 중이던 1923년 3월 16일에 손진태, 조재호, 정순철, 고한승, 진장섭, 윤극영과 함께 색동회를 조직하고 『개벽』을 낸 개벽사에서 어린이 전문잡지 『어린이』를 창간하였다. 『어린이』의 「창간사」에는 "새와 같이 꽃과 같이 앵두 같은 어린 입술로, 천진난만하게 부르는 노래, 그것은 고대로 자연의 소리이며, 고대로 한울의 소리입니다. 비둘기와 같이 토끼와 같이 부드러운 머리를 바람에 날리면서 뛰노는 모양, 그대로가 자연의 자태이고 그대로가 한울의 그림자입니다. 거기에는 어른들과 같은 욕심도 있지 아니하고 욕심스런 계획도 있지 아니합니다. 죄 없고 허물없는 평화롭고 자유로운 한울나라! 그것은 우리의 어린이의 나라입니다."라고 썼다. 『어린이』를 발간하는 이유를 제시한 것이다.

천도교소년회 주최 어린이날은 1회로 끝이 났고, 1923년 5월 1일에 '소년운동협회'가 주최하는 제1회 어린이날을 개최했다. 소년운동을 하는 여러 단체가 협회를 구성하여 어린이날을 개최한 것인데 그날의 「선언문」을 옮기면 다음과 같다.

> 1. 어린이는 어른보다 더 새로운 사람입니다.
> 2. 어린이를 어른보다 더 높게 대접하십시오.
> 3. 어린이를 결코 윽박지르지 마십시오.
> 4. 어린이의 생활을 항상 즐겁게 해주십시오.
> 5. 어린이는 항상 칭찬해 가며 기르십시오.
> 6. 어린이의 몸을 자주 주의해 보십시오.
> 7. 어린이에게 잡지를 자주 읽히십시오.

그날의 「선언문」은 '어린이'를 어른들의 종속물이 아닌 하나의 독립된 주체로 인정하고 인격적으로 대우할 것을 주문하고 있다. 뿐만 아니라 어른들은 어린이들을 보살펴야 할 의무가 있기 때문에 어린이 양육과 교육, 위생 관리를 잘해 달라고 요청하고 있다. 어린이는 존중받아야 하는 존재라는 것을 강조하였다. 단지 선언으로 끝나지 않도록 『어린이』가 그 역할을 했다. 어린이 전문잡지 『어린이』가 창간된 이후 『신소년』이 창간·발행되었고, 1925년에는 『선명』, 『새벗』, 1926년에는 『소년계』, 『아동세계』, 『아희생활』, 『별나라』, 『영데이』 등이 연이어 창간·발행되었다. 이른바 어린이 잡지의 전성시대가 된 것이다. 어린이를 위한 많은 잡지의 출현은 반가운 것이었다. 그런데 문제는 수가 많지 않았던 당시의 작가들로는 지면을 채울 수가 없었다. 잡지의 지면을 채울 글이 절대적으로 부족한 상황이 되었기 때문이다. 이를 타개하기 위해서 자구책으로 '독자투고'를 받기로 했다. '독자투고' 받기 전략은 적중했다. 어린이들이 절대적인 독자층이었던 만큼 어린이/학생들이 투고가 작품을 선별할 수 없을 만큼 몰려들었다. 어린이들의 동요가 지면에 발표되면 동요에 곡이 붙어 다시 발표되었다. 그래서 어린이 잡지는 동요운동의 중심에 있게 되었다. 어린이들과 어른 작곡가들의 합작품이 탄생하게 되었고, 문학의 장르였던 동요가 부르는 노래 동요로 이어지는 현상이 발생했다.

어린이 잡지에 작품을 투고한 어린이들은 해가 거듭함에 따라 작가로 성장하기 시작했다. 윤석중, 서덕출, 이원수, 목일신, 강소천, 한정동 등은 어린이 잡지 투고자에서 작가로 성장한 대표적인 인물들이다. 윤석중은 15살이던 1925년 4월 『어린이』에 동요 「오뚜기」를 발표한 이후 잡지와 신문을 오가면서 작품을 발표하여 천재 소년으로 불렸다. 〈중외일보〉에 발표한 「우산」은 「오뚜기」, 「낮에 나온 반달」 등과 함께 그의 대표적인 작품이 되었다. 한편으로 졸업을 앞두고 광주학생독립운동에 나선 학우들이 퇴학과 정학을 당하자 학교를 자퇴하는 결단을 내렸다. 한국 동요의 아버지로 기록된 것도 이런 정신적인 토대가 있었다. 서덕출은 대청마루에서 다리를 다친 후 걸을 수 없는 장애를 갖고 살았던 소년으로 1925년 4월호 『어린이』에 「봄편지」가 입선동요로 선정된 뒤 창작에 열중하였다. 윤석중은 1927년 8월 언양의 신고송, 대구의 윤복진과 함께 울산에 사는 서덕출을 찾아가 우

「가을맞는제비」, 〈동아일보〉, 1926. 10. 10.

정을 나누고 「슬픈밤」이라는 동요를 공동으로 창작하였다. 훗날 박태준이 곡을 붙여 『아동가요 300선』[1]에 수록되어 널리 알려졌다. 동요 「봄편지」와 더불어 「눈꽃송이」는 그의 대표적인 작품이다.

이원수는 1926년 4월 『어린이』에 「고향의봄」이 입선동요로 뽑혔고, 지속적인 투고와 창작은 그를 동요작가로 성장하게 했다. 후에 부인이 되는 최순애 역시 『어린이』에 동요 「오빠생각」이 입선동요에 뽑혔다. 두 사람은 잡지 『어린이』를 통해 소식을 주고받으면서 부부가 되었다. 신문지면에 작품 투고를 시작했던 소년 목일신은 1928년 〈동아일보〉에 「산시내」를 발표한 뒤, 1930년 〈동아일보〉와 〈조선일보〉 신춘현상에 당선되면서 문단의 주목을 받았는데 1932년 『아희생활』에 발표한 작품 「자전거」를 비롯하여 「누가 누가 잠자나」는 대표적인 작품이다. 한정동은 1925년 동요 「소금쟁이」가 〈동아일보〉 신춘문예에 당선되었고, 1925년 5월 『어린이』에 「두룸이」(「따오기」)를 발표했다.

1903년 7월 16일 전라남도 광주군 광주읍 금계리 124번지에서 김윤흥(金允興)과 김덕연(金德然)의 차남으로 태어난 김태오는 소년운동과 동요운동에 투신하였다. 그는 1919년 부동교 아래 작은 장터에서 열린 광주의 3·1만세운동에 참여한 뒤 여름에 양림동에 있는 '양파정'에 올라 동지 10여과 함께 소년단을 조직한 것으로 소년운동에 첫 발걸음을 내딛었다.[2] '양파

---

1   『아동가요 300선』, 농민생활사, 1936. 1. 15.
2   김태오, 「少年運動의 當面課題 (4)」, 〈조선일보〉, 1928. 2. 12.

조선소년운동단체 연맹, 〈동아일보〉, 1927. 8. 1.

정'에서 울린 소년단 결성과 소년운동의 출발은 조선소년운동의 시작이었다.[3] 그리고 전국을 누비며 민족운동을 전개하였다. 광주에서 소년운동을 시작한 뒤 1921년 평안남도 의주의 양실학원에서 학생들을 가르쳤는데 유여대, 김정련과 함께 황해도 수재민 구제를 위해서 손목에 차고 있던 시계를 내놓았다.[4] 의주에는 교사로 갔지만 그곳에서 "1922년 5월 김정련 등과 함께 한국독립단을 조직하고 독립결사대를 편성하여 군자금 모집과 일제 관공서 폭파 등의 활동을 벌였던 것"[5]이다.

그가 광주에서 전개한 소년운동 형태 중의 하나가 음악회다. 1924년에는 소년군 주최 음악대회를 흥학관 정원에서 개최하였는데 출연자는 김태오를 비롯하여 최순호, 이태식, 이수경, 최윤용, 정윤모였다.[6] 그들은 광주 소년군을 선전할 목적으로 음악과 무용단을 조직하여 광주 근교의 지방을 순회하기로 하였다. 8월 4일 담양, 5일은 창평, 6일 화순, 7일은 동복, 8일은 순천 9일은 벌교, 10일 보성, 11일 능주, 12일은 남평, 13일은 나주, 14일은 송정리에서 순회공연을 하였다.[7] 그 뒤로도 양림기념각에서 어린이날 기념식장에서 토론대회를 이끌었고[8] 광주기독교청년회가 주관한 동아일보

3   최명표, 『한국 근대 소년문예운동사』, 경진, 2012. 184~190쪽.

4   〈동아일보〉, 1922. 11. 15.

5   국가보훈처, 「김태오 공훈록」, 국사편찬위원회

6   〈조선일보〉, 1924. 5. 29.

7   〈조선일보〉, 1924. 7. 27.

8   〈동아일보〉, 1925. 5. 8.

1 광주기독교청년창립회원(뒷줄 오른쪽이 김태오, 1928) 출처 : 『광주 YMCA 100년사』
2 광주기독교청년회관(1932) 출처 : 『광주 YMCA 100년사』

와 조선일보사가 후원한 광주소년소녀웅변대회도 이끌었다.[9] 김태오는 전남소년연맹과 광주청년동맹 등의 운동단체에 몸담고 활동하던 때 광주의 유지들에게 서로 돕는 사람들이 되자고 호소하기도 하였다. 1925년 〈동아일보〉에 발표된 「광주 유산자에게」는 의미심장하다.

> 今般 全鮮을 通하야 曠古 未曾有의 大水難은 實로 悽絶慘絶하엿도다. 當時 全社會 及 各 個人이 總出動員하야 그 救護와 扶助와 盡力한 것은 實로 欣賀讚嘆하는 바이다.
>
> 그러나 그 應急策은 그들을 永久히 根本的으로 救濟할 수는 업섯다. 그럼으로 그들을 飢渴과 病에서 엇더케 救護할가 하는 것이 目下의 急務이다. 그러면 이 救護의 責任과 能力을 가진 者가 그 누구일가? 나는 무엇보다도 其事實에 잇서서 有産者, 卽 實力잇는 者의 奮起를 苦待하지 마지 안는 바이다.
>
> 우리 光州에서도 그들을 萬一이라도 救濟하겟다는 精神下에서 이미 水災 救濟會를 組織하고 音樂會까지 開催한 일이 잇섯는데, 참으로 가슴속에서 울어나온 熱情으로 同情하는 者는 오즉 無産者일 쑨이오, 所謂 有産者 兩班들의 同情이라고는 눈을 씻고 보아도 어더 볼 수가 업섯다.
>
> 光州 富者 諸君이여!
>
> 諸君도 耳目이 잇는 以上, 罹災民의 慘狀을 耳聞目睹하엿슬 것이 아닌가! 人面獸心이 아닌 以上, 엇지 彼岸의 火로만 보고 잇슬 수가 잇나!

---

9   〈동아일보〉, 1925. 5. 31.

諸君의 富는 길게 말할 것 업시 無産者의 피쌈으로 된 結晶體이다. 人智는 發達되고 時代는 變하야 于今짜지 唯唯順從하든 無産大衆은 인제는 諸君에게 向하야 戰線을 整頓하는 中이다. 엇지 諸君에게만 限하야 永遠히 그 安逸을 許할소냐!

諸君아!

互相扶助는 人類의 本性이니, 此 機會에 反省 懺悔하야 저들 罹災 同胞 救濟에 그 誠意를 다할지어다.

－「光州 有産者에게」[10]

　김태오는 소년운동으로 다져진 신념과 가치를 실현하기 위하여 애를 썼다. 수재로 어려움에 봉착한 사람들의 비참한 생활을 돕자고 음악회까지 열었는데 동참한 사람들은 유지들이 아니라 가난한 사람들이었다. 가난한 사람들의 피와 땀에서 얻는 것이 유산자들의 재산이 되었으니 무산자들을 돕는 데 동참해 달라고 호소하였다. 그런가 하면 1927년에는 오웬기념각에서 기독교면려청년회가 주최한 신춘 음악연주회[11]를 비롯하여 1929년 어린이날을 맞이하여 어린이들에게 조선을 알고 꾸준히 힘써 뛰어난 인물이 될 것을 주문하였다.[12] 다음 해의 어린이날에는 「소년운동자에게」를 통해 소년운동단체가 통일해야 한다고 주장하였다.[13] 김태오는 광주어린이회에서 주최하는 양림기념각에서 열린 '어린이날 기념식'에는 500여 명의 청중을 이끌었고, 4개 연맹체와 64개 단체가 참여한 오월회와 소년운동협회의 발기대회 자리에서 자리에서 남천석, 방정환, 정홍교, 최청곡과 함께 창립준비위원으로[14] 선출되어 "조선의 어린 영들을 위하여 아동 옹호 기관인 소년운동의 고조를 의미한 소년회 간판이 지금에 200여 단체"[15]의 통일에도 앞장섰다.

　김태오의 위상을 알 수 있는 하나의 사례가 서북지방을 순례한 것이다.

10　김태오, 「光州 有産者에게」, 〈동아일보〉, 1925. 8. 25.

11　〈동아일보〉, 1927. 3. 1.

12　〈동아일보〉, 1929. 5. 4.

13　〈조선일보〉, 1930. 5. 4.

14　〈동아일보〉, 1929. 1. 4.

15　〈동아일보〉, 1927. 7. 29.

조선동요연구협회, 〈동아일보〉, 1927. 9. 3.

그는 1927년 8월 10일 서울역을 출발하여 봉천으로 가는 기차를 타고 신의주에서부터 20일간 서북지방을 순방하고 서울역으로 돌아오는 강행군을 했다. 서북지방의 소년운동을 점검하고 동화를 들려주면서 조선 어린이들을 위로하는 여정이었다. 신의주를 거쳐 의주, 안동현, 선천, 정주, 안주, 평양, 황주, 사리원, 신천, 재령, 해주, 개성을 거쳐 서울로 돌아왔다. 기차를 이용하여 출발했으나 비가 많이 와서 철로가 유실되어 걷기도 하고 배로 이동하기도 하였다. 평양에서는 어린이들이 역으로 마중을 나오기도 하였다. 소년운동 지도부에 있었던 그는 동요와 동화, 동극 등 장르를 넘나드는 창작 활동으로 어린 독자들을 사로잡았다. 김태오를 만나기 위해, 그의 강연을 듣기 위해 수백 명의 인파가 몰려들었다. 교통이 발달하지 않았던 때였지만 매일 장거리를 이동하는 강행군을 했다. 조선이 처한 현실에서 어떻게든 민족을 구하려는 사명감이 그를 움직인 것이다.

그런 한편으로 조선동요연구협회 결성에도 참여했다.[16] 조선동요연구협회는 조선소년운동 문화전선에서 조직된 단체로 동요의 연구와 현실을 기하고 보급하는 것을 목적으로 결성되었다. 그런 만큼 소년문예 대강연회를 개최하고 동요, 음악, 승무대회를 개최하고 『연간동요집』을 발간하는 동요운동에 적극적으로 참여했다. 방정환, 김태오, 정지용, 유지영, 홍난파, 윤극영, 윤석중, 신고송, 서덕출, 최순애, 이원수, 윤복진, 유도순, 박팔양 등이 조선동요연구협회에 참여했다. 그리고 1927년 10월 16일 조선소년연합

---

16 〈동아일보〉, 1927. 9. 3.

全南少年聯盟
創立大會解散

全部禁錮求刑
被告七名에게

1 전남소년연맹공판, 〈동아일보〉, 1928. 9. 22.
2 전남소년연맹 창립대회, 〈동아일보〉, 1929. 1. 4.

회 창립대회에서 방정환은 위원장으로, 전백은 부위원장으로, 김태오는 강
석원, 최청곡, 정홍교와 함께 중앙집행위원으로 선출되었다.

　광주에서 활동하였던 김태오는 전국 소년운동단체까지 폭넓은 활동을
펼쳤다. 그런 중에 '광주 피의자 사건'의 2차 검속에 걸려 강석원, 김만년,
김판암, 김재천, 박광신 등과 함께 체포 구금되었다가 방면되는가 하면, 일
경이 전남소년연맹창립대회를 불허하자 무등산 증심사에서 비밀회합을 했
다. 그러나 증심사를 완전히 포위한 일경에게 회합을 갖던 40여 명이 일제
히 검거되었다. 그중에서 김태오, 유혁, 조병철, 강자수, 고장환, 정홍교는
보안법 위반으로 재판을 받고 투옥되었는데[17] 이들은 소년운동의 첫 번째
희생을 치른 사람들이 되었다.[18]

　그렇게 소년운동가로 활동하는 한편으로 북문밖교회의 광주 서북여자
야학원 원장[19]으로, 광주소년연맹의 위원장으로 소년운동을 지도하였다.
1927년 10월 29일 광주 흥학관에서 열린 신간회 광주지회 창립총회에서
회장에는 최흥종, 부회장에는 정수태가 선출되었고, 그는 간사로 선출되었
다.[20] 광주청년동맹 창립총회에서 위원, 광주기독교청년회 임원으로 최영
욱, 서노득, 최흥종, 조중건 등과 함께 활동하였다.[21] 광주의 여러 사회단체

17　〈동아일보〉, 1928. 8. 26.
18　〈동아일보〉, 1929. 1. 4.
19　〈동아일보〉, 1929. 1. 7.
20　〈동아일보〉, 1927. 11. 1.
21　〈동아일보〉, 1928. 5. 3. 〈동아일보〉, 1928. 5. 3.

에서 활발하게 활동하였던 김태오는 "경성의 소년운동단체의 간부직을 맡고, 소년운동과 관련된 논전을 서슴지 않"[22]는 소년운동 이론가로 성장하여 소년운동의 지도부에서 활동하였다. 1929년 일본의 니혼대학으로 유학을 떠난 중에서 소년운동 지도자로서 여러 매체에 소년운동과 관련한 글을 발표했다. 유학에서 돌아온 후에 잠깐 조선일보 광주지국 총무 겸 기자로 활동하기도 하였다.

그때 어린이 잡지의 발행과 함께 어린이들의 창작활동으로 일으킨 동요운동은 민족운동이나 다름없었다. 어린이를 주체로 부상시키며 어린이 문화운동이자 어린이 인권운동으로 확대된 것은 소년운동가들의 활동이 있었기에 가능했다. 어린이 잡지는 어린이 중심의 행사를 마련하여 의도적이고 체계적으로 동요운동을 확산시켰고, 동요창작론과 동요 지도론 등은 지평을 확장하는 촉진제가 되었다. 자연스럽게 동요 단체가 결성되고 동요집이 출판되었다. 동요운동은 어린이들이 창작자가 되어 소년운동 등의 자생적 문화운동으로, 민족혼을 심어주는 성과를 거뒀다. 또한 동요가 문학에서 부르는 동요로 장르 변화가 시작되었으며, 정서적으로도 식민지의 암담한 현실을 위로해주었다. 소년운동과 동요운동이 맞물려 돌아갔기 때문에 아동문학이 탄생했고 전개되었으며 아동문학의 새로운 장이 열렸다.

김태오와 어린이 잡지 『아희생활』

김태오가 동요를 쓰고, 동요 창작이론을 소개하고 비평 활동을 한 것은 소년운동과 더불어 금정교회 유치부와 주일학교 교사였던 것이 크게 작용했다. 특히 조선야소교 주일학교연합회에서 발행한 기독교 계열의 잡지였기 때문이다. 『아희생활』은 1926년 3월 창간하여 1944년 4월 폐간했다. 창간발행인은 나의수, 편집인은 정인과였다. 1926년 4월에 발행한 『아희생활』 1권 2호를 보면 「아희생활사우방명」에는 광주 최흥종, 김태오, 김창호, 김영식, 강태성, 장맹섭, 최영균, 김형민, 김동명, 이수현의 이름이 올라

---

22 최명표, 「'조선적' 소년운동의 논리와 실천 - 김태오의 소년운동론」, 앞의 책, 선인, 2012, 211쪽.

있다. 최흥종은 목사였고, 장맹섭은 훗날 김현승의 장인이 되는데 금정교회를 다니고 있었다. 그리고 주주 명단에는 1주에 5원 하는 주식을 최흥종은 6주, 김창호는 5주, 김영식, 강태성은 각 2주, 김태오는 2주, 장맹섭, 김동명, 김형민, 이수현, 최영균은 각 1주를 소유했다.

『아희생활』 1권 4호에는 아희생활사 직원 명단도 올라와 있는데 사장 정인과, 편집부장 한석원, 나선수, 이철락, 이윤식, 재정부장 정인과, 차재명, 이순기였고 감사에는 장홍범, 최흥종이었다. 최흥종 목사가 아희생활사의 감사였던 것은 기독교 안에서 가진 영향력을 말해주고 있다. 1927년의 『아희생활』 2권 3호를 보면 아희생활사 이사로 이철락, 나선수, 허대명, 김우석, 정인과, 원한경, 김병희, 송관범, 차재명과 함께 김태오가 올라 있다. 최흥종과 김태오는 아희생활사의 주주이자 임원으로 『아희생활』의 발행에 큰 역할을 했다.

여러 매체에 작품을 발표하고 있던 김태오는 『아희생활』 동요에서 동화, 동국, 동요이론까지 다양한 장르의 작품을 발표했다. 뿐만 아니라 세계명작동화와 안데르센 동화도 번역하였다. 어린 독자들에게 다양한 읽을거리를 제공하기 위해서 여념이 없었다. 그가 『아희생활』에 발표한 작품은 확인된 것만 동요/동시 22편, 동화 11편, 동극 5편, 평론 7편에 이른다. 번역작품 또한 수 편에 이른다. 『아희생활』에 이렇게 많은 작품을 발표한 것은 아동문학가로서뿐만 아니라 종교적인 사명감이 크게 작용했다.

특히 『아희생활』 창간 4주년을 맞은 1930년 『아희생활』 5권 3호에 "한결가튼 도움으로 더욱 새힘과 줄기찬 희망으로 이만큼 자라고 더욱 충실하여진 가온대 이깃브고 즐거운 생일잔치를 마지하게 되니 비록 말과 풍속이 다른" 일본에 있어도 기쁘다고 축하하였다. 그리고 어린 독자들에게 「새로 드리는 네 가지 부탁」을 했다.

> 첫째, 조선을 잘 아는 사람이 됩시다.
> 둘째, 조선말(言語)과 글(文字)을 잘 아는 사람이 됩시다.
> 셋째, 조선력사(歷史)를 잘 압시다.
> 넷째, 굿건한 뜻을 세웁시다.

「언제 오시나」,〈매일신보〉, 1933. 4. 20.

김태오가 어린이들에게 조선이 처한 현실, 조선의 언어와 문자, 조선의 역사를 잘 알고 뜻을 세워야 한다고 강조했다. 한마디로 정리하면 일제로부터 독립하기 위해서는 반드시 해야 할 일을 당부한 것이다. 헐벗고 굶주리는 현실을 알고 모세와 잔다르크 같은 인물이 되어야 하고, 일본말은 할 줄 알면서 조선말과 글을 모르면 안 되고, 이율곡, 이순신, 강감찬 같은 훌륭한 인물과 세계 최초의 인쇄술을 가진 역사가 있었으니 뜻을 세워야 좋은 사람이 되어야 한다고 역설했다. 소년운동의 지도자다운 발언이다. 어린이 잡지 『아희생활』 3권 2호부터는 「말하는 말」이라는 이태리 명작동화를 번역하여 연재하면서 소개했다. 안데르센 동화도 번역해서 소개하였고, 안데르센 탄생을 기념하는 글도 썼다. 그리고 「동요운동의 당면임무」는 1931년 『아희생활』 6권 4호에, 「현대동요연구」는 1932년 7권 7호부터 4회에 걸쳐 발표했다. 그는 『아희생활』에 동화 「진정한 동무」, 「효자 영팔이」, 「정남의 설움」, 「길동이의 꿈」을 비롯하여 편지글 「농촌에 있는 어린 동생에게」까지 열정적으로 작품을 발표했다.

그런 창작 활동은 1933년에 동요집 『설강 동요집』[23]발행으로 이어졌다. 각각의 작품에는 작품을 쓴 시기를 밝히고 있는데 기록에 따르면 1917년부터 동요를 쓰기 시작했다. 「그림자」, 「겨울아침」, 「눈온아침」 등이 1917년에 쓴 것이다. 그는 소년운동을 시작하기 전부터 동요를 창작하고 있었다. 그러다 보니 동요를 쓰는 방법, 동요에 필요한 것을 알게 되었고 동요작가이자 동요이론가로 성장하였고, 동요창작과 관련한 동요의 이론체계를 확립하는 데도 기여하게 되었다. 김태오의 동요 중에 잘 알려진 동요는 「봄맞이 노래」와 「강아지」다.

---

23 김태오, 『雪崗 童謠集』, 한성도서, 1933.

동무들아 오너라 봄맞이가자
너도나도 바구니 옆에끼고서
달래냉이 씀바귀 나물캐오자
종다리도 높이떠 노래부르네

동무들아 오너라 봄맞이가자
시냇가에 앉아서 다리도쉬고
버들피리 만들어 불면서가자
꾀꼬리도 산에서 노래부르네

－「봄맞이 가자」 전문[24]

　　농촌의 봄날 풍경 중의 하나를 잘 잡아낸 동요로 지금은 잘 부르는 동요
는 아니지만 「봄맞이 가자」를 모르는 사람들은 거의 없다. "우리 집 강아지
는 복슬강아지/어머니가 빨래 가면 멍멍멍/쫄랑쫄랑 따라가며 멍멍멍"(「강
아지」)도 시골집에서 마당에서 기르던 강아지들이 꼬리를 흔들며 따라다니
던 추억이 되살아나게 하는 동요다. 강아지와 함께 마을을 돌았던 기억을
더듬게 하고 어린이가 되게 한다. 욕심 없이, 티 없이, 맑게 뛰어놀았던 어
린 시절을 옮겨놓은 동요로 남아 있다. 그가 쓴 동요들은 어린이들의 성장
에 좋은 영향을 미쳤다.

김태오의 문학과 광주의 풍경

　　광주에서 태어나 성장한 김태오는 여러 운동단체에 몸담고 활동했다. 그
가 쓴 많은 작품에 광주의 공간과 지명과 인물이 전경화되어 있는 것도 여
러 운동단체를 조직하여 활동하였기 때문이다. 김태오에게 광주는 문학적
자양분이다. 광주를 떠난 뒤 광주에서 잊힌 사람이 되었을지언정 그의 문학
적 출발은 광주였다. 그의 문학은 광주에서 출발하여 광주로 귀착된다.

24　발표 당시의 원문의 제목은 1930년에 쓴 「봄맞이노래」이며, 원문이 부분적으로 수정 되어 약간 다르다.

1 시집 『초원』 2 「초원」, 〈동아일보〉, 1939. 5. 16.

김태오의 글에는 자주 등장하는 공간은 '양림'과 '광주천'과 '무등산'이다. 양림은 지금의 사직공원 주변의 동산으로 그가 처음으로 동지들과 더불어 소년운동을 시작하기로 결의한 '양파정'이 있는 사직공원 일대다. 광주천은 수정처럼 맑은 물에서 '웃통'을 벗고 물장구를 치며 벌거벗고 놀았던 곳이다. '무등산'은 기운차게 뛰어놀았던, 노루를 잡으러 뛰어다녔고, 토끼몰이 하며 친구들과 뒹굴었던 곳이다. 그가 쓴 많은 작품에는 광주에서의 추억과 향수로 가득 차 있다. 정인섭은 시집 『초원』[25]의 서문인 「"초원"의 정영」에서 "향수가 그 어느 작품에서든지 직간접 느껴진다"면서 "정들인 고향을 떠날 수 없는 시경을 그 창작 기저로 하고 있어 그것을 상상이라는 꿈과 낭만적인 수법"으로 표현하고 있다고 간파했다. 시인이자 평론가인 임화는 더 적극적으로 『초원』을 평가하고 있다.

동시대의 많은 시인들의 영혼과 더불어 고독이 살고 있는 것을 알 수 있다. 벌써 그의 심혼은 안식의 곳으로부터는 멀리 떠나 있다. 그가 가지고 있는 향수란 무엇일까? 이만치 고흔말과 조용한 어조도 설레는 마음에 여유를 가진 시인의 정신의 고향은 우리에게 자못 흥미 있는 땅임이 분명할 것

---

25 김태오, 『草原』, 청색지사, 1939.

이다. 이 시집엔 우리가 알고 싶은 이러한 세계가 시인이 이미 떠나왔으면
서도 또한 부단이 꿈꾸고 있는 세계에 관하여 설화가 녹음처럼 무성하다.

4부에 속하는 약 10편은 그가 시를 쓰는 이유를 우리에게 설명해준다.
인간이라는 것에 대하여 생이란 것에 대하여, 또는 인간과 생이 있다는 것
이 곧 정의라는 믿음에 대하여 작가는 용약하고 있다. 평범하면서도 건전한
일이라는 것이 미덥다.[26]

그는 『초원』의 각 부에 대해서 꼼꼼하게 평을 붙였는데 1, 2부는 향수 속
을 항상 소요하고 있는데, 동요와 같이 전원적인 향토 세계를 담았고, 목가
적인 성질의 5부는 동요의 소박, 온후한 세계와 조화를 이루고 있으며, 시
조, 서정시, 기행시는 고요하고 맑은 시정의 산물이다. 특히 그의 시는 표현
이 오리지널리티를 갖지 않는 점, 조선 시형의 변천이 반영된 게 오히려 의
미있다고 평가하였다.[27] 시집 『초원』에는 태어나고 자랐던 곳에 대한 헌사,
광주의 역사를 안고 있는 시정신을 보게 된다. 다음의 시 「회고의 정」은 시
집에 실려 있지 않은 작품으로 근대 광주 풍경을 그대로 옮겨놓은 듯하다.

> 동무여!
> 그때가 발서 옛날이엇구려!
> 따스한 봄빛이 조으는 듯 흘으고
> 실바람이 들뫼에 살랑거릴 때
> 불탓든 금잔디에 새싹이 나풀나풀 돋아 올으면
> 내ㅅ가에 버들꺽거서 피리맨들어 불며
> 우리는 뒤ㅅ동산으로 뛰어 올라가—
> 네 활개 쩍—쩍 벌리고 누어서
> 히멀건한 하놀을 치어다 보다가
> 또다시 잔디밭에서 맘대로 딩굴며 놀던

---

26 임화, 「김태 오씨 시집 "초원"」, 〈동아일보〉, 1939. 5. 22.
27 임화, 「김태오 씨 시집 "초원"」, 〈동아일보〉, 1939. 5. 22.

앗다! 어릴적 뛰고 놀던 그 동산말이여요.

동무여!
그때가 발서 옛날이엇구려!
『아까시야』 욱어진 楊林숲속으로 거닐면서
꽃 香氣맡으며 노래부르노라면
매암이는 덩달어서 가닥으로 어우러질 때
우리는 다시금 발을 돌리어
웃텅을 벗어붙인채 불모래 강변을 내달어
물속으로 와닥닥 뛰어들어―
헤염치며 크나큰 波紋을 이르키고
물장구치고 물싸홈하고 그리고 또―
물을 한숨에 쑥 드리켯다가 확 내품어 버리면
七色무지개 아름답게 설 때에
우리는 손벽치며 뛰지 안엇는가요
앗다 벌거벗고 자유롭게 놀던 그때 말이여요

동무여!
그때가 발서 옛날이엇구려
앞들에 여러 동무 같이 모여서
소경잡기 내기도 하며―
외로운 갈닢이 울고 나무닢 우스스 떨어지는
어느 달밝은 가을밤에 銀杏나무 밑에서
숨박꼭질하다가 밤이 으슥하면 돌아오지 안엇는가요
그보다도 竹馬타고 大將노름 한다고
앞에 서서 猛虎같은 呼令을 내리면
뒤에 따리든 卒兵들이 軍號를 마쳐
적진을 향해 손살같이 다릴(走) 때
그때의 痛快한 맘이란 어디에 比하리까?
앗다! 竹馬타고 놀던 그때 그 뜰 말이여요

동무여!
그때가 발서 옛날이엇구려!
솜뭉치같은 하—얀 눈송이가
시름없이 퍼붓는 어느 겨울날—
학교에 가서 여러 동무들과 눈싸홈하고
집에 도라오아서 동무와 같이 눈사람 만들어 놓고
이웃집 아이들에게 자랑하던 그때라던지
여러 동무들이 방망이 몽둥이
잡히는 대로 메어들고 씩씩하게
산에 뛰올나 노루며 토끼잡든 그때
앗다! 기운차게 뛰며 놀던 그 無等山말이여요

동무여!
아—옛날의 그러케 자라나던 그때는 발서—
한 때의 안개속 행복이엇구려—
그러나 우리 父母 주견없이
논마지기 밭떼기마저 떠 실어보내니
어이하랴 한 집 두 집 북으로—남으로—
匕首로 어이는 듯한 가슴을 쥐여짜며
끝없이 流浪의 길을 떠날때
아! 동무도 그적에 情든 故鄕을 둥지기 시작한 후로
十年이란 長久한 歲月이 轉轉하는 그 사이
저 亦是 집잃은 이 땅의 가시벌판에서
파란, 역경, 억압, 불만, 불평
이 모든 것이 한날 한시인들 내 머리에
사라질때 잇사오리까마는…
그래도 낯선 異域 北滿—西伯利亞벌에서
눈보라와 싸우시는 동무의 苦生에 比하면
그보다 餘裕잇는 苦生이라고 할가요?

요즘은 저 역시 삶을 잃은 失業群의 한 사람으로써

이 악착한 現實을 咀呪치 안을 수 없습니다.

이것은 동무도 잘 아는 事實임으로―

그리 놀나울 것이 없을 터이오나

그래도 제 自身이 當해 놓고 보니

왜? 이리도 머리가 무겁고 가슴이 벅차답니까

오 그러나 동무여! 나를 동지로써의

뜻을 받으소서.

그리고 앞날의 일을 굳이 약속합시다.

　　　　　　　― 北國流浪의 兄에게(1930. 10. 30.) 「懷古의 情」 전문[28]

　위의 시 「회고의 정」은 내용상으로 광주에서 보냈던 행복했던 시절과 이역으로 떠난 벗을 걱정하는 부분으로 정리된다. 광주에서 행복했던 시절을 봄, 여름, 가을, 겨울로 각각 1연씩으로 배치했고, 이역으로 떠난 벗에 대한 걱정, 화자의 상태와 약속이 각각 1연씩으로 배치했다. 1연부터 4연까지는 어린 시절 함께 뛰어놀았던 공간과 놀이들이 실감나게 묘사되어 있는데 마치 눈앞에서 놀이하고 있는 것처럼 선명한 이미지로 다가온다.

　봄에는 버들피리를 만들어 불면서 뛰어놀고, 여름에는 양림숲의 꽃향기 맡다가 강으로 뛰어들어 물장구치며 물싸움하며 발가벗고 놀았다. 가을에는 은행나무 밑에서 숨바꼭질, 죽마 타기 놀이를 했으며, 겨울에는 눈싸움하고 눈사람 만들고 무등산에 올라 노루, 토끼를 잡으며 놀았다. 그렇게 행복하게 놀았던 동무들이 고향에서 낯선 땅 이역으로 떠나 만주와 시베리아의 눈보라와 싸우는 끝없는 유랑길을 걱정한다. 그리고 실업자가 된 본인의 처지를 얘기한다. 그리고 앞날의 일을 굳게 약속하는 것으로 마무리하고 있다. 일제의 수탈과 지주들의 횡포에 고향을 떠나 이역만리로 발길을 옮겼던 동무를 그리워하며 함께했던 추억을 떠올린 작품이다. 당대의 슬픈 현실을 표상한 작품이다.

28　김태오, 「懷古의 情」, 「동광」 21호, 1931. 5.

「無等山記 −洗心瀑布 갓든길에−」, 〈조선중앙일보〉, 1934. 8. 30.

시 「농부의 노래」, 「목동의 아리랑」, 「추야감」, 「산가」, 「산촌제야」, 「밭가는 농부」, 「향토시초」 등도 농촌을 배경으로 하고 있는데 전원 풍경은 광주의 풍경과 다름이 없다. 시 「농부의 노래」는 "全羅道에서 流行하는 民謠"[29]를 개작하였다는 것에서 알 수 있듯이 성장하는 과정에서 온몸으로 체득한 전라도의 정서가 자연스럽게 스며들어 문학적 토양이 되었던 것이다. 인구 3만 명 정도에 지나지 않았던 광주는 농촌이나 다름없었기 때문에 "어려운 고개는 보리고개/이고개 넘으면 살고갤세//여보소 쇠꼴을 밧비비소/저건너 마실에 연기나네//쇠꼴을 한망채 들러메구/송아지 앞세구 돌아오네"(「목동의 아리랑」)[30]는 목동의 눈으로 그때를 담았듯이 그는 무등산에 올랐을 때를 아주 자세하게 쓰기도 했다. 「無等山記 −洗心瀑布갓든길에−」 일부를 옮기면 등산을 함께했던 사람들의 흥취까지 그대로 전달된다.

이곳의 名勝古蹟을 잠간 紹介하자면 無等山은 一名 瑞石, 又는 武珍岳으로 海拔 三千八百呎(一, 一八六米)에 達하고 延長 五十餘里에 至하야 三尊十臺 (送下, 廣石, 風穴, 藏秋, 靑鶴, 松廣, 楞嚴, 法華, 說法, 隱身)의 奇絕壯絕한 奇巖怪石이 잇고 上峰에서 眺望하면 榮山江, 濟州의 漢挐山, 智異山, 慶南의 南海, 巨濟島 等 諸島가 眼中에 徘徊합니다 그리고 南鐵 極樂江驛 附近에 風咏亭이 잇스니 李朝 中宗時 金添溪彦琚의 創建한 것인데 李退

---

29 김태오, 「농부의 노래」, 〈조선중앙일보〉, 1934. 7. 26.

30 김태오, 「목동의 아리랑」, 〈조선중앙일보〉, 1934. 8. 2.

溪, 金河西, 奇高峯, 李漢陰 諸賢의 名詩 懸額이 만히 잇고 松林속에 水石이 淸麗하야 可謂 南朝鮮 有數의 名亭이라 하겟습니다 無等山麓에는 洗心瀑布, 龍湫瀑布가 잇고 寺刹로는 元曉寺, 증心寺, 藥寺, 圭峰庵 等이 有名합니다 其外에 金忠壯 德齡將軍과 鄭錦南의 遺跡이 만히 잇스나 略합니다 그런데 여름 名物로는 無等山 수박과 白참외를 들 수 잇습니다 그것이 비단 光州 뿐 아니라 無等山 수박은 全朝鮮에 有名한 名物이외다 이제는 우리 一行의 行程으로 이야기를 돌리겟습니다.

一行은 五放先生을 先頭로 구슬땀을 흘리며 石川溪流를 감돌아 가다가 참외를 사먹고 다시금 발을 돌리어 峯峯曲曲을 올라가는 동안 順番을 따러 노래하나식을 하기로 햇습니다 左右로 蒼松이 욱어지고 맑고 깨끗한 샘물이 흐르고 山鳥는 오락가락하는 이 偉大한 自然 속에 안긴 一行은 오늘만큼은 世上에 複難한 온갓 시름을 이저버리고 愉快하게 놀자구햇습니다 압선이로부터 六字백이 瀟湘八景 時調 短歌 朴淵瀑布 關東八景 唱歌 아리랑 打鈴 等等을 거침업시 合唱하고 거드렁거리며 올라간 것이 어느듯 德山嶺上에 올랏습니다 산들바람이 숨을 돌리고 展望하니만치 凱旋將軍이 勝利의 긔ㅅ발을 날리며 一風一雨의 걸어온 자최를 回顧하며 질기는 듯한 一種痛快味를 맛보앗습니다.

(중략)

이튼날 새벽… 元曉寺 曉鍾에 잠을 깨웟습니다. 아츰에 瀑布를 마즌후 朝飯을 먹고나선 바둑, 將棋, 윳노리를 하다가 朝鮮樂器(북, 장구, 꽹과리, 징 등속)를 가지고 한바탕 재미잇게 엉덩춤을 추며 놀앗습니다. 그야말로 碧江聽雨에 風流歌管의 格이엇습니다. 조곰 놀다가 다시금 瀑布를 서너번 맛고 點心을 먹은 後에 집으로 돌아오게 되엿습니다 여긔 한가지 빼지 못할 것은 圭峯庵의 月出落照올시다. (중략) 우리 一行은 여러 가지 노래와 漫談으로 장미빗가튼 落照를 바라보며 歸路를 멀다안코 집으로 돌아오니 午後七時 半이엇습니다.

(一九三四. 八月 故鄕에서)

- 「無等山記 −洗心瀑布갓든길에−」전문[31]

---

31 김태오, 「無等山記 −洗心瀑布갓든길에−」, 〈조선중앙일보〉, 1934. 8. 28.~ 8. 30.

8월 한여름에 오방 최흥종 목사 등 10여 명이 함께 오른 무등산 원효사 계곡의 세심폭포와 세심당에 머물면서 함께했던 흥취까지 옮겨놓았다. 무등산을 '瑞石, 又는 武珍岳'으로도 부르며 무등산의 높이와 넓이, 그리고 '三尊十臺(送下, 廣石, 風穴, 藏秋, 靑鶴, 松廣, 楞嚴, 法華, 說法, 隱身)의 奇絶壯絶한 奇巖怪石'이 있다고 소개한 뒤에 무등산 정상에서는 '榮山江, 濟州의 漢拏山, 智異山, 慶南의 南海, 巨濟島 等 諸島'가 보인다고 설명하였으며, 무등산에는 '洗心瀑布, 龍湫瀑布'가 있고 寺刹로는 '元曉寺, 증心寺, 藥寺, 圭峰庵'이 있다고 소개하면서 '金忠壯 德齡將軍과 鄭錦南의 遺跡'도 많이 있다고 했다.

무등산의 여름 名物로 '無等山 수박'과 '白참외'를 들었다. 무등산 수박은 지금도 명맥을 유지하고 있지만 '백참외'가 당시의 명물이었다는 것은 이 글을 통해서 처음으로 알게 되었다. 일행이 계곡을 타고 무등산 오르는 길에 백참외를 사먹고 '瀟湘八景 時調 短歌 朴淵瀑布 關東八景 唱歌 아리랑 打鈴 等等을 거침업시 合唱하고 거드렁거리며 올라'갔다는 것에서는 1930년대 광주 사람들이 불렀던 노래가 어떤 것이었는지 드러나 있다. 이 등산길은 아마도 지금의 토끼등을 타고 올라 바람재에서 원효사 계곡으로 가는 길인 것으로 추정된다. 그리고 '高麗磁器의 破片'을 발견하고 '녯날의 燦爛하얏든 文化의 보배로운 꼿'이 방치된 것에 대한 아쉬움을 토로하기도 하였다. 마침내 도착한 원효사에 대하여 '距今 一千二百五十餘年前 新羅 文武王時代에 元曉國師가 創建한 歷史的 古刹이오 金德齡將軍이 武士의 氣風을 닥그시든 寺院'이라고 소개하고 세심당에서 유숙한 뒤 다음 날 "아츰에 瀑布를 마즌후 朝飯을 먹고나선 바둑, 將棋, 웃노리를 하다가 朝鮮樂器(북, 장구, 꽹과리, 징 등속)를 가지고 한바탕 재미잇게 엉덩춤을 추며 놀"고 돌아왔다. 여정의 마지막으로 규봉암의 낙조가 아름답다고 끝을 맺었다.

1박 2일의 무등산 등산기에는 무등산의 역사, 무등산에 있는 유적, 무등산에 있는 사찰, 무등산에 서려 있는 김덕령, 정지장군의 유적, 백자도요지, 무등산의 명물 수박과 참외 등 무등산이 품고 있는 것을 일별하였다. 그리고 등산길에 부른 노래, 폭포 맞기, 각종 놀이를 통해서 광주의 문화가 담겨 있어서 당시의 놀이문화를 알 수 있다. 김태오의 작품 중에서 「달밤」

이 가곡으로 널리 알려져 있듯이 그의 작품에는 유난히 달을 소재로 삼은 작품이 많다. 「예 城터의 仲秋明月」은 추석날 밤의 사직공원과 양림동, 광주천의 아름다운 풍경을 재현하였다.

仲秋明月!

이 얼마나 아름다운 音響이냐! 얼마나 맑고 깨끗한 詩的인 그대로냐! 오늘밤은 달도 밝기도 하다. 四時 中에 가장 맑은 때가 가을이오, 가을 中에 가장 맑은 곳이 하늘이오, 하늘 中에도 가장 맑을 때가 달 밝은 때라면 그 中에 으뜸됨이 八月 秋夕이라 하겠다. 그런데 옛사람이 노래하기를―

秋月이 滿庭한데
슬피우는 저기럭아
霜楓이 日高한데
돌아갈줄 모르고서
밤중만 中天에 떠잇어
잠든나를 깨는고. (宋宗元)

오늘은 달 밝은 밤, 그리고 八月 秋夕이다. 아직 南國에는 기러기의 消息은 없으나, 제법 싸늘한 바람에 寒氣가 도는 품이 北天에서 기룩기룩 달 밝은 밤, 높다란 秋空을 훑고 그야말로 맑은 主人公인 기러기가 날라오는 듯한 맑은 밤이다. 그러기에 나는 밤잠을 이루지 못하고 두 벗과 가치 瑞石城 문허진 옛터 社稷壇에 올라 울적한 懷抱를 씻으러 햇던 것이다.

秋夕달 하루밝기로
楊波亭에 오르놋다
문허진 옛城터에
明月따라 逍遙할제
풀숲에 귀뚜라미만
구슬프게 울더라

光州川 구비지고
無等山이 높앗는데
金忠壯 어데가고
鄭錦南은 어데갓노
蒼空에 一輪明月도
수심짓고 가니라

　이러한 卽興詩를 지어 보며 옛날의 歷史的 遺跡을 더듬어 보는 이 나의
가슴에는 싸늘한 傷處를 남길 뿐이다.
　하얀 달빛은 자최없이 大地 우에 떨어지고 잇고나. 그리고 저편 老松이
푸르른 곳에 달빛이 새여 나리여 꿈같은 그림자를 던지고 잇고나. 불어오는
가을바람에 솔닢이 洋琴을 치고, 온갖 잡풀 욱어진 풀에서 가을의 뭇버레들
이 애닯은 심포니를 演奏하고 잇다. 眞珠 같은 이슬방울이 반짝반짝 光彩를
내는 풀밭을 거닐고 잇을 때, 달빛은 유난히도 히고 푸른 빛으로 이 땅을 노
려보고 잇더구나. 뭉게뭉게 서리어 깊은 잠 속에 빠진 듯한 그윽한 밤이다.
나는 다시금 발을 돌리어 不動橋 쇠다리에 앉은 몸이 되엇다.
　푸른 밤 그 中에도 맑은 달밤 힌빛과 푸른 빛으로 繡노은 듯한 맑은 月影
이 물 우로 떨어지는구나. 그리고 가벼운 微風이 살살 물 우로 기어가는
구나. 달은 물 우에서 하늘하늘 춤을 추고, 물결은 金波銀波를 이루며 실줄
기 같은 문의를 짓고 노래하며 흘러가면서 잇구나.

　냇물우에 어른어른
　달이 춤추네
　소반같은 둥근달이
　춤추고 잇네

　산들바람 살랑살랑
　달이 춤추네
　물결따라 하늘하늘
　춤추고잇네

나는 언제인가 이 童謠 비슷한 노래를 지어본 적이 잇엇거니, 果然 저 이쁜 달을 함지박으로 고이 떠서 님에게 보내고 싶은 생각이 떠오른다. 아! 맑은 달밤이다. 더럽고 밉고 거문 것은 다 쫓기고, 푸른 빛 맑은 빛으로 씻은 맑고 푸른 밤이다. 물아! 끝없이 흐르라. 달아! 한없이 맑고 푸르라. 달은 웃고, 물은 노래하고, 나뭇가지는 춤추리라.

아! 거룩한 달밤. 聖母 마리아와 같은 聖靈이 나타나 愛와 平和를 속삭이는 듯한 神秘로운 달밤이다. 저쪽 楊林 건너편에는 자는 듯 꿈꾸는 듯한 蒼白한 실안개가 감돌고 잇는 밤이로구나.

　　　－秋夕날밤에 광주에서

　　　　　　　　　　　　　　　－「예 城터의 仲秋明月」 전문[32]

거의 모든 작가에게 고향은 문학적 원형이자 정신적 원형이다. 김태오가 광주에서 태어나 성장하면서 온몸으로 받아들인 광주의 지형과 지물과 풍습과 풍경, 그리고 온몸으로 뛰어놀았던 무등산과 광주천, 양림동 언덕의 사직공원은 지금도 광주 사람들의 정신적인 원형이다. 환경이 달라지기는 하였지만 무등산과 광주천, 양림동 언덕의 사직공원은 그 자리에 그대로 있다. 위의 글은 근대도시 광주가 얼마나 아름다웠는지, 그리고 이 공간들이 추석날 밤의 평화로움을 어떻게 가득 채우고 있었는지 잘 보여준다. 1930년대 중반 서울로 이주하였지만 광주의 주요 공간과 함께 여러 인물들도 등장한다. 「崔元淳 씨에게」[33]는 존경할 만한 사람으로 최원순을 꼽았다. 광주 출신인 최원순은 일본 유학 시절 도쿄에서 있었던 2·8독립선언 막전막후 책임자였고, 신간회창립 발기인이었으며 동아일보 기자로 옥고를 치러 2020년 3월 독립지사로 국가공훈을 받은 인물이다. 최원순과 김태오의 서로 글을 읽고 생각을 나누며 서신으로 안부를 나눴던 가까운 사이였다.

32　김태오, 「예 城터의 仲秋明月」, 〈동아일보〉, 1934. 9. 27.
33　김태오, 「崔元淳 씨에게」, 『신인문학』, 1936. 1.

김태오의 자리와 과오

김태오는 중앙여자전문학교의 설립자 겸 교수가 되면서부터는 문학과 거리를 두고 교육자·학자로 연구에 몰두하였다. 첫 연구서인 『미학개론』[34]은 김지하가 "어느 전람회에선가 『미학개론(김태오)』이라는 책을 부상으로 받았는데 중학교 땐 어려워서 읽을 엄두를 못 내고 있다가 (서울 중동)고등학교 때 우연히 집어 들었다. 그때도 뭐가 뭔지는 잘 모르겠는데 파보면 재미있는 학문이라는 생각"[35]이 들어 서울대 미학과로 진학하게 된 책으로 "첨단"[36]이었다. 김태오의 미학과 심리학, 교육학, 철학에 걸친 연구는 선구적이고 도전적이었다. 『미학개론』에서 시작하여 『민족심리학』(동방문화사, 1950), 『심리학』(동국문화사, 1954), 『교육학개론』(을유문화사, 1955), 『교육심리학』(을유문화사, 1956) 등이 그것을 말해준다.

아동문학가이자 비평가로, 시인으로, 그리고 민족운동가이자 학자이자 교육자로 살았던 그의 민족운동은 위로부터가 아니라 아래로부터 즉 소년으로부터, 민중으로부터, 지역으로부터였다. 서울로 이주하여 광주와는 거리를 두고 살았지만 "먼 하늘로 떠도는 구름/故鄕 찾아 가리.//송아지 뛰노는 草原에는/풀피리 소리도 어울렸다.//꿩 날리고 꼴망태 메고/아리랑 조로 도라 들다.//마을 앞을 흐르는 시냇물아/배뱅뱅 도느냐 물레방아야//앞산 버꾸기 지금도 우느뇨/파랑새 훨 훨 날러라.//그옛날 행복은 한낱 꿈결이어/그래도 못잊는 내 故鄕"(「故鄕」 부분)을 노래한 광주의 시인이다.

그러나 그의 삶이 완벽했던 것은 아니다. 1942년 〈매일신보〉 일제에 부역한 시 3편 「동양 평화의 문이 열리다」, 「횃불든 소년」, 「승전가」를 쓴 것이다. 전국을 누비며 어린이들에게 민족의 얼을 심었고 독립운동에 투신했던 그였기에 일제에 부역한 작품을 썼다는 것은 상대적으로 큰 실망감을 주는 것도 사실이며, 변명의 여지가 없는 과오를 범한 것이다. 그럼에도 불구하

---

34 김태오, 『美學槪論』, 정음사, 1949.

35 허문명, 「허문명 기자가 쓴 김지하와 그의 시대」, 〈동아일보〉, 2013. 4. 9.

36 진중권, 「김태오 "미학개론"읽기」, 『인문학의 싹』, 인물과사상사, 2011. 344쪽.[『미학개론』의 초판은 6·25 한국전쟁 때 모든 것이 불에 타 소실되는 바람에 수정 보완하고 10장 '딜타이와 하이데거 시론'을 증보해서 1955년 재판을 냈다. 진중권은 『미학개론』 재판(정음사, 1955.)을 텍스트로 삼았다.]

1 『미학개론』. 1949. 2 『교육학개론』. 3 동요, 「등불」,(《매일신보》. 1941. 12. 21.)

고 여기서 그를 논하는 것은 조선소년운동을 시작했고 소년운동가로 의주까지 가서 독립단의 일원으로 독립자금 전달책으로 활동했고, 아동문학가로서 어린이들에게 민족의식을 심어주는 작품을 썼기 때문이다. 그는 1954년 2월 『신천지』에 시 「백마강」을 마지막으로 시를 쓰지 않았지만 근대 도시 광주의 첫 시인이며, '부동교' 다리에서 달빛 스민 광주천의 아름다움을 노래했던 것처럼 김태오라는 시인이 광주 근대 문학의 첫자리에 있었다는 것은 변함없는 사실이다.